이 책의 이론과 실제는

당신을 치유와 성숙의 길로 안내할 것입니다.

개정판

The Theory and Practice of Arts Therapy

예술치료의 이론과 실제

김선명 · 김준형 공저

계축문화사

저자소개

김선명

단국대학교 정보문화기술연구원 문화예술메타버스 센터장
단국대학교 정보문화기술연구원 운영 및 컨설팅 위원
단국대학교 문화예술대학원 문화예술경영학과 예술치료 전공 주임교수
단국대학교 자유교양대학 초빙교수
한양대학교 대학원 보건학박사
건국대학교 미술교육학석사
단국대학교 정보융합기술 · 창업대학원석사 재학
단국대학교 미술학학사, 사회과학사
(재)광화의료법인 러스크병원, 하워드힐병원, 꾸러기소아재활센터 예술치료 센터장 및 자문교수
(사)경기정보산업협회, 문화예술융합 부회장, 문화예술 · 정보융합교육원장, 문화예술미디어위원장)
(재)용인시축구센터 유소년축구선수 예술치료사, 미술치료사, 대전시티즌 프로축구선수 자문교수
(사)한국디지털콘텐츠학회, 이사, 심사위원, 산학협동위원회 부위원장
(사)한국예술치료사협회, 부회장, 수퍼바이저
(사)한국미술심리상담협회, 부회장, 슈퍼바이저
김선명심리상담연구소 소장, 아동미술치료 수련감독자
회화, 조형, 디자인, 보건, 디지털 콘텐츠, 문화예술 메타버스 외 평가 및 심사위원 다수
용인특례시의회의원공무국외출장심사위원장
보정동지역사회보장협의체 운영위원 외 다수.

저서

신비로운 마음의 연금술 미술치료(2022)
(Alchemy of the Mystical mind Art therapy dance therapy)
창조적인 미술치료 · 사진 예술치료(2022).
(Creative Art Therapy · Photo Arts Therapy)
신비로운 마음의 연금술 미술치료 무용치료(2021)
(Alchemy of the Mystical mind, Art therapy and Dance therapy)

논문 및 학술지

대학 운동선수의 스트레스 및 우울 수준에 따른 '빗속의 사람(PITR)그림 반응특성 연구
회상요법을 적용한 집단미술치료가 치매노인의 인지기능, 우울 및 자기표현능력에 미치는 효과
집단미술치료가 대학 운동선수의 스트레스, 우울 및 자아존중감에 미치는 영향 외 다수.
집단미술치료가 대학 운동선수의 정서적 요인에 미치는 효과
모래놀이치료에서 나타난 뇌성마비 아동의 비언어적 의사소통
막스 에른스트 작품의 정신적 배경과 양식구조연구
홀로렌즈 활용 BIM 데이터 기반 MR BAS 렌더링 기술 구현
BEMS 빅데이터를 활용한 홀로렌즈 혼합현실 SCADA 기술 기반의 BAS 구현에 관한 연구
AGV 로봇의 내부 배터리 병렬운전 기반의 전압 가변형 충전기 구현에 관한 연구 외 다수.

김준형

원광대학교 대학원 보건학과 출강
원광대학교 대학원 보건학박사
서울불교대학원대학교 상담학박사

서울사진치료연구소-아트테라피 소장
한국사진예술치료학회장
사진예술치료/영상영화치료 수련감독자
예술치료사(호주 소피아 칼리지)

공저 및 공역

사진치료의 기법과 실제(비커밍, 2016)
사진치료기법(학지사, 2012)
사진미술치료(북스힐, 2011)
시네마테라피(을유문화사, 2006) 외 다수.

논문 및 학술지

애착을 기반으로 한 사진치료가 유아기 자녀를 둔 어머니의 성인애착, 양육효능감, 모-자 상호작용 및 삶의 질에 미치는 효과(박사논문, 2016)
중년여성의 죽음의미 발견을 위한 영화치료 프로그램 개발 및 효과 연구(박사논문, 2010) 외 다수.

빈센트 반 고흐(Vincent van Gogh)

- 책 표지 작품
- 꽃핀 복숭아 나무[The Pink Peach Tree, 1888, Oil on canvas, van Gogh Museum]
- 꽃피는 아몬드 나무[Almond Blossoml, 1890, Oil on canvas, van Gogh Museum]

머리말

예술 안에서 성장해온 학업의 시간은 정신적 · 학문적 성숙과 더불어 많은 것들을 성찰하게 한 값진 인생의 여정이였습니다. 그 여정 가운데 삶은 누구나 자신의 힘으로 해결할 수 없는 난관에 부딪히게 됩니다. 이러한 상황은 모두 인간관계의 다양한 고민과 갈등에서 비롯되며 소통의 부재로 인하여 갈등이 증폭되고 돌이킬 수 없는 상황에 직면하게 됩니다. 저에게도 큰 시련이 있었고 긴 고통의 터널을 빠져나오기까지 힘든 시간을 견뎌야 했습니다. 그 힘든 절망의 시간에 새로운 희망을 마주하던 보석이 바로 예술치료였습니다. 이 학문으로부터 받은 혜택을 어떠한 방법으로 전달하는 것이 가장 행복한 일인지에 대해 생각해 보았을 때 알베르트 슈바이처(Albert Schweitzer)의 명언이 떠올랐습니다.

> 인간의 미래는 인간의 마음에 있다.
> 생생한 진리는 인간의 사색에 의해 산출된 것뿐이다.
> 다른 모든 생명도 나의 생명과 같으며 신비한 가치를 지녔고
> 따라서 존중해야 할 의미를 지닌다.
>
> 진정 행복할 수 있는 사람은 어떻게 베풀 수 있는지 터득한 사람뿐이다.
> 자신이 불행하다는 사실을 아는 사람은 많다.
> 그러나 자신이 행복하다는 사실을 모르는 사람은 더 많다.
>
> 나는 오직 한 가지 외에는 아는 것이 없다.
> 가장 행복한 사람은 가장 많은 사람을 행복하게 해준 사람이다.
> 성공이 행복의 열쇠는 아니다. 행복이 성공의 열쇠이다.

지금 당신이 하는 일을 사랑한다면 성공할 것이다.
우리는 모두 삶의 가장 중요한 순간에 타인이 우리에게
베풀어 준 것으로 인해 정신적으로 건강하게 살아갈 수 있다.

때로는 우리 내면의 불이 꺼지려고 할 때
다른 사람의 불똥에 의해 불씨가 살아나 활활 타오르게 된다.
우리는 내면의 정신에 다시 불을 붙여 준 사람들에게 늘 감사해야 한다.
우리에게 가장 근본적인 것은 우리 자신 속에서 빛을 가지려고 노력하는 것이다.
내부에서 빛이 꺼지지 않도록 노력하면 밖은 저절로 빛나는 법이다.

알베르트 슈바이처 박사는 우리가 사회로부터 받은 혜택을 어떻게 되돌려 주어야 하는지 몸소 실행하면서 주위에 많은 감동을 안겨주신 분입니다.

사람은 홀로서는 존재가 아니라 가족과 사회구성원들의 사랑과 지지를 기반으로 성장하게 되는 것입니다. 사회 전체가 행복할 수 있는 일이 무엇인지 계속 고민하고 실행하는 것이 중요하다고 할 수 있습니다. 우리는 이분의 정신을 이어받아 따뜻한 빛이 되길 희망하는 바입니다.

예술치료를 공부해 본 사람이라면 누구든지 타인이 아닌 자신을 탐색하는 여정이라는 것을 깨닫게 됩니다. 예술치료를 통한 치유는 타인이 나에게 주입하는 것이 아닌 자기 스스로 터득하고 자기 통찰의 지혜를 얻게 됩니다. 즉, 자신의 내면에 빛을 밝히고 긍정적인 정신을 갖게 되는 것입니다.

이 책을 통하여 예술치료에 관심을 가진 모든 이들이 치유의 힘을 경험하고, 학문적 성숙이 이 세상을 얼마나 넓은 마음으로 바라보게 되는지 실질적이며 유익한 정보가 되기를 기대해 봅니다.

미술에서 미술교육, 보건학, 예술치료까지 학문적 소양을 길러주시고 삶의 지혜를 터득하게 해주신 교수님들께 감사드리며 오랜 기간 동안 따뜻한 성품으로 아낌없는 성원을 해주신 단국대학교 총장님과 이사장님께 진심으로 감사드립니다. 앞으로 예술치료 전공 분야가 널리 알려지도록 후학 지도와 연구에 최선을 다하겠습니다.

이 책의 출간을 맡아주신 계축문화사 주영일 대표님과 편집을 위해 수고해주신 편집부에 감사드립니다.

2021년 10월 단국대학교 죽전에서
김선명

차례

제1장

예술치료

제1장

예술치료

제1절 예술의 이해

1. 예술의 본질

"진정한 미술은 인간의 인격 전체에 깊이 뿌리박고 그것을 요구하는 원초적인 재능에서 태어난다. 그것은 영혼의 전(全)생명력으로부터 우러나오는 존재에 대한 심화된 미적 표현이다. 따라서 그러한 미적 표현의 근저에는 인간의 삶과 세계에 대한 심각한 사색과 직관으로부터 우러나오는 존재의 내면을 응시하는 형이상학적 깊이가 있어야 한다"(임두빈, 1988). 우리가 위의 말에서 이해할 수 있듯이 참된 예술은 단순히 기술적 숙련에서 가능한 것이 아니라 예술작품 속에 우리의 영혼에 호소하는 정신적 깊이가 있을 때 가능한 것이라는 사실을 알 수가 있다. 하나의 그림이나 음악이 시각적 쾌감이나 청각적 쾌감을 주는데에만 그친다면 그것은 우리에게 진정한 감동을 줄 수 없는 기술적 소산에 불과한 것이라고 말 할 수 있다. 따라서 예술의 본질을 말한다면 감성적 쾌감을 수단으로 해서 영혼의 깊이를 전달하는 것이야말로 예술의 본질이라고 말할 수 있지 않을까?

실존주의 철학자 야스퍼스(Jaspers)는 예술작품에 있어서의 형이상학적 깊이를 강조하면서 "감각적 매력을 가진 대상을 초월자와는 아무런 상관이 없는 방식으로 모방하고 표현하는 것은 악당들의 잔재주에 불과하다."라고 말한 바가 있는데, 이 말 역시 영혼의 깊이가 없는 그림이나 음악은 참된 예술작품이라고 말할 수 없다는 뜻이다. 그러므로 예술작품에 있어서 정신적 깊이가 가능할 때 인간 심리의 치유적 효과도 발현될 수 있는 것이다.

2. 예술과 심리치료

예술적 활동이 치유적으로 도움이 된다는 믿음은 상당히 오랜 역사를 지니고 있다(Winner, 2015). 예술치료는 '예술'과 '심리치료'의 대비되는 속성이 합쳐져 탄생한 분야로써 예술치료를 이해하기 위해서는 예술과 과학, 두 분야의 상반된 속성을 이해하고 상호보완적으로 작용하는 예술치료의 속성을 살펴봐야 한다.

예술치료의 원형은 원시 종교현상인 샤머니즘으로 거슬러 올라간다. 원시시대의 제의식은 카타르시스(Catharsis)를 통한 감정의 긴장을 해소시키는 마법 행위로써 치료의식이 행해졌다(홍유진, 1993). 카타르시스란, 정신분석에서 무의식 속에 잠겨있는 마음의 상처나 콤플렉스를 표출시킴으로써 긴장과 불안을 해소시키는 정신요법의 일종으로 정화법이라고도 한다(서울대 의학정보, 심리치료, 2020). 치료의식 안에서 예술은 카타르시스를 유발시키는 감각적인 표현양식으로써 활용되었다. 이러한 점에서 샤머니즘과 예술치료는 개념적인 맥락을 같이하고 있으며 철학과 심리학에 기반을 둔 예술론은 예술치료의 학문적 토대를 제시하였다. 프로이트(Freud, S)는 예술이라는 매체를 통하여 무질서한 본능적 충동과 억압된 욕구를 승화(sublimation)할 수 있다고 하였고, 융(Jung, C)은 집단무의식의 개념을 통하여 원형 이미지의 구현으로써 예술을 정의하였다.

예술창작 과정은 무의식 영역을 표출하고 자아를 인식하는 치유와 통찰을 경험하게 하는 촉매제로 작용한다. 이와 같이 예술은 미학적 차원의 예술과 치료적 차원의 예술치료로 나눌 수 있는데 예술치료는 프로이트 이후 심리치료 안에서 예술을 매체로 활용하여 서로 유기적인 관계 속에서 이론적 근거가 되어 예술치료 발전에 크게 기여하였다.

표 1-1. 예술경험과 예술치료 비교

구분	예술경험	예술치료
접근	미학적 차원의 감상, 창작활동	치료적 차원의 진단, 처치
핵심요소	예술	예술, 치료
목적	예술작품의 감상, 창작	전인적 상태로 회복, 예방, 성장
특성	미적 체험을 통한 성취	미적 체험을 통한 치료적 변화
대상	일반대상	치료대상
진행	예술가, 예술교육가, 일반인	예술치료사
진행과정	예술 감상 및 창작 활동	임상 진행 절차

예술치료가 전문적 치료 행위로써 정당성을 확보하려면 심리치료의 기본 조건을 전제로 체계적인 임상이 이루어져야 한다. 심리치료란, "심리적 기법을 사용하여 심리적 고통과 부적응의 문제를 다루는 치료법"이다(서울대 의학정보, 심리치료). 예술치료는 예술을 매개로 하는 심리치료 기제로써 각 분야별 특성에 따라 치료적 개입방식이 달리 적용되지만 예술경험의 유희적 특성인 즐거움만을 목적으로 하지 않으며 전문적인 자격을 갖춘 예술치료사의 치료적 처치 활동이 체계적으로 운영되어야 한다는 점에서 행위의 목적이 동일하다. 예술심리치료는 미술, 음악, 사진, 영화, 연극, 문학, 놀이, 무용, 동작 등의 다양한 예술 활동을 통해 말로써 표현하기 힘든 감정이나 내면을 표현하고 감정의 이완 및 스트레스를 완화시키는 심리치료의 한 영역이다. 앳킨스와 윌리엄스(Atkins, Williams, 2007)는 이러한 '예술심리치료'에 대하여 심상, 연극, 무용, 시, 음악, 스토리텔링, 꿈 작업, 시각예술을 통합적으로 사용하여 인간의 성장, 발달, 치유를 돕는 시술이라고 정의한 바 있다.

제2절 예술치료의 발달

1. 예술치료의 역사

1) 샤먼의 주술적 치료와 예술심리치료

여러 예술심리치료 학자들의 서로 다른 입장에도 불구하고 고대 샤먼의 주술적인 치료가 예술치료의 시작이라는 데에 모두가 뜻을 모으고 있다. 이러한 주술적 치료는 무속을 예술치료의 원형적인 모습이라고 보는데 각 장르별 예술치료의 기원은 다음과 같다. 미술치료의 경우, 고대 샤먼의 주거지였던 동굴 속에서 찾아볼 수 있는 주술적인 목적의 암각화, 무화, 무구, 부적 등을 제작하여 상징적으로 치병을 한 경우로 한국 무당들이 오방신장기 이용으로 공수를 하는 것과 나바호 인디언이 모래그림을 이용하는 것 등이 그 좋은 예가 될 수 있다. 무용, 음악치료의 경우 주술치료로 사용된 듯이 보이는 안무를 시도한 흔적이 동굴바닥에 그려져 있는 표식들과 또 그 무용을 위하여 사용되어 오던 악기들의 발견 등으로 그들이 무용과 음악을 주술치료에 사용했다는 것을 알 수 있으며, 특히, 한국의 굿에서 무가와 춤이 중요한 치병의 효과가 있다고 하는 것은 많은 학자들에 의하여 지적된 바 있다.

예술심리치료는 무의식의 세계와 의식의 세계를 연결하는 동시에 고대와 현대를 잇는 치료법이기는 하나 무속의 치료를 현대에 그대로 적용할 수는 없다고 본다. 그러나 이 무속의 전통이 정신문화적인 차원에서 중요성을 가지고 있고 중요한 연구재료가 될 수 있다.

2) 정신건강 분야와 예술심리치료

18세기 이전까지 의사들의 전유물이었던 정신병 치료 분야가 19세기에 들어와서 간호사와 업무를 분담하게 되었고, 20세기부터는 정신병 분야가 특수한 분야로 전문화됨에 따라 1910년대부터 활동요법은 주로 자원봉사자들에 의하여 이루어져 왔다. 1910~1915년 사이에 발표된 활동요법사(activity therapist)들의 논문들이 창작예술을 통한 치료로서 예술치료에 가까운 것이었다고 존슨(Johnson, 1990)은 지적하고 있다. 그러나 그러한 연구들이 작업요법 중에 활동요법의 일부로 머물다가 1940년대에 와서 작업요법(occupational therapy)이 전문 직종으로 탄생하게 되자 1950년대에 활동요법이 작업요법에서 분리되었고, 1960년대에 활동요법이 창작예술치료(creative arts therapy)와 레크리에이션치료로 분리되면서 활동요법이라는 직종은 없어지고 행정상의 명칭만 남게 되었다.

예술심리치료 중에서 가장 역사가 오래되었다고 할 수 있는 무용치료와 음악치료가 1950년대 초에 전문학회 창립을 선두로 해서 미술치료가 1960년대, 연극치료가 1970년도 후반기에 탄생하게 되었다.

예술요법과 재활요법, 작업요법의 공통점이라면 심신의 건강을 위한 치료가 어떠한 활동을 통하여 이루어진다는 것이라고 볼 수 있고, 다른 점이라고 한다면 그 활동의 성격과 기대하는 치료의 성격이 다르다는 것이다. 작업요법의 경우 어떤 물리적인 일을 통하여 주로 기능적인 변화를 기대하는 것으로 신체장애자나 정신병환자의 경우 어떤 행동의 변화가 요구될 때 구조화된 작업을 함으로써 이루어지는 것으로 창작을 통한 자신의 표현은 오히려 지양되는 경우도 있다. 재활요법의 경우도 보이는 구체적인 작업을 통하여 치료가 이루어진다고 볼 때 개인의 무의식적 세계가 창작예술을 통한 표현으로 의식화한다는 차원이 있고, 정신의 성장 과정을 촉진시킨다는 차원이 있는데, 이는 곧 융이 말하는 개성화 과정이 되는 예술치료와 다르다는 것을 이해하게 된다. 1980년대 후반기부터 진보적인 병원에서는 예술치료를 하나의 독립된 분야로 분리한 경우와 예술치료사가 모든 활동요법 분야를 관할하는 등의 발전을 하고 있다.

3) 우리나라의 경우

1960년대부터 선견지명이 있는 정신건강 전문가들과 예술인들에 의하여 예술치료를 시행해 오고 있다가 1982년 11월 15일에 한국임상예술학회가 창설되었다. 서구의 경우와는 달리 한국임상예술학회는 처음부터 예술 분야를 총망라하여 그 정의를 "그림, 조형, 공예, 음악, 무용, 사이코드라마, 인형극, 시, 독서 및 기타 여러 가지 창조적 행위와 표현활동을 통한 예술요법의 각 분야를 위시하여 예술표현정신병리학 및 병적학 분야의 많은 종류와 여러 차원에 걸친 각종 활동을 포함한다."고 학회보 제1권(1983)에서 밝히고 있다. 미국의 경우는 각 예술치료가 독립적인 노선을 지키다가 1985년부터 개최되어 오고 있는 미술, 무용, 음악, 연극 등의 예술치료협의회가 만들어진 취지와 흡사한 점이 있다. 1982년 한국임상예술학회를 시작으로 한국에 예술심리치료가 처음 도입될 당시만 하더라도 '예술심리치료'는 임상심리와 정신의학 분야에 관심이 있던 몇 몇 인사들이 임상 현장에 국소적으로 활용하던 수준에 머물렀다. 1990년대 이후에는 한국음악치료협회와 한국미술치료학회 등 단일형태의 예술치료 관련 기관 및 학회들이 발족되면서 각기 다른 독립적 행보를 이어갔다. 1990년대 후반에 이르러서야 치료 현장과 연구 분야에서 통합적 개념의 '예술심리치료'가 시도되었고, 예술치료 분야가 점차 심리치료의 일환으로 인식되기 시작하였다(원상화 외, 2009). 이후 20년 이상의 시간이 지나는 동안 예술심리치료 관련 협회나 학회 역시 양적인 팽창과 더불어 질적인 성장을 이루며 안정적인 자리매김을 하였다.

예술치료가 국내외에서 관심의 대상이 되는 것은 과학, 물질, 지성 만능주의로 치우쳐온 현대인들의 정신적인 위기라고 할 수 있는 노이로제, 우울증, 마약, 비행 등의 문제가 생물학적인 치료만으로는 가능하지 않다는 것을 깨달았기 때문이라고 하겠다. 개인의 정신세계나 한 사회의 전반적인 흐름이 어느 한 곳으로 지나치게 치우치게 되면 반동적인 현상이 나타나게 마련이라는 점에서 이러한 현상은 필연이라 하겠다. 예술치료에서의 예술작업은 그 자체가 심리치료과정에서 요구되는 공감대적인 그릇(emphatic vessel)과 적절한 치료환경(facilitating environment)을 가능하게 한다는 점에서 아동, 청소년, 폭력의 희생자, 치매노인과 일반인 등도 보다 건전해지도록 하기위한 치료를 가능하게 한다.

현재 국내에 여러 가지 형태로 나타나는 정신적인 문제들, 아동, 청소년과 기타 소외된 계층의 문제에 있어서 예술치료의 실용화와 전문화는 시급하다고 하겠다.

4) 현대 심리치료와 예술심리치료

예술심리치료란 창작이라는 작업을 정신심리치료 이론의 틀에 맞추고 적절한 창작기법을 사용하여 상기한 예술심리치료의 목적을 달성하는 것이라 할 수 있다.

예술심리치료는 미술, 음악, 무용, 놀이, 연극치료 중 두 가지 이상의 예술매체를 적용하는 통합적인 형태로서 미국을 중심으로 서구에서 조직력을 갖추고 활동하고 있는 심리치료 분야이다(김진숙, 2011). 예술심리치료는 창작예술을 통한 심리치료라고 할 수 있으므로 현대 심리치료 분야와 밀접한 관계가 있다.

예술심리치료의 역할을 세가지로 나누어 보면, 첫째, 창작행위 자체가 가지는 치유성, 둘째, 저항심을 저하하여 치료관계 성립, 셋째, 심리 역동의 구조를 재정비하는 것 등으로 볼 수 있다. 예술치료 중에는 미술, 무용, 음악, 연극, 사진, 시 치료 등을 포함할 수 있는데 각 장르가 사용하는 창작기법은 다르지만, 창작성의 개발로 상기한 요소의 원칙에 따라 치료를 하는 것이라는 데에 공통점이 있다. 예를 들면, 멜라니 클라인(Melanie Klein)과 안나 프로이트(Anna Freud)는 1920년~1930년에 활동했던 여성 정신분석학자로서 클라인은 독일과 영국을 중심으로 활동하였고, 안나 프로이트는 그녀의 아버지 프로이트의 후광을 받으며 오스트리아 비엔나에서 활동하였다. 그들 모두가 프로이트의 추종자였다는 것과 소아 정신분석가로서 주로 놀이치료와 역할극(role play)을 소아 심리치료에 사용했다는 것이 공통점이다. 안나 프로이트가 놀이치료를 어린이들의 저항을 감소시키는 방법으로 사용한 반면 클라인은 어린이들의 정신분석을 위한 방법으로 실시하여 그의 초기이론인 두 위치 이론(two position theory)

을 정립함으로써 대상관계심리학(object realations theory)의 창시자가 되었다.

1970년대부터 정신분석학자이자 조각가인 로빈스(Robbins)가 대상관계심리학과 예술치료의 접목을 통하여 심층 예술치료를 시도하였다. 특히, 무용, 연극치료자인 루이스(Lewis)의 경우 융 학파의 이론과 대상관계 심리학을 상황에 따라서 병용함으로써 신축성 있는 접근을 하고 있다.

놀이치료는 여러 분야에서 다양한 목적으로 사용되어 오고 있다. 비분석적인 방법의 놀이치료 및 역할극은 1940년대부터 1950년대에 걸쳐 에릭슨(Ericson), 엑스라인(Exline) 등에 의하여 시행되어 왔다. 그러다가 1960년대에 정신분석가이며 미술치료사인 루빈(Rubin) 등의 학자들은 다양한 장르의 예술치료를 접목함과 더불어 활발한 연구 및 치료 활동을 하였다. 이와 같이 프로이트는 인간의 무의식을 다양한 예술창작 행위를 통하여 심리치료의 폭을 넓히고 이론적 기틀을 마련하였으며 현대 예술심리치료의 발전에 큰 공헌을 하였다.

2. 예술치료의 정의

'예술'의 어원을 찾아보면 원래는 고대 그리스의 테크네(techne)라는 말에서 유래된 것이다. 테크네는 넓은 의미로 오늘날의 미술을 포함한 제작 기술 전반을 뜻하는 말이었다. 이 용어가 라틴어에 와서 아르스(ars)로, 그리고 후에 영어로 아트(Art)가 되면서 오늘날 의미하는 미술을 뜻하게 되었다.

치료는 테라피(Therapy)라는 의학적 처치를 뜻하는 그리스어 테라피아(Therapeia)는 치료를 의미한다(Bruscia, 2003). 그러나 치료란 의사가 행하는 의술(medical treatment)이 아닌 테라피의 개념이며, 사전적 의미는 약물이나 수술을 이용하지 않고 정신적 · 신체적 질병을 치료한다는 것이다(Kenny, 1982). 다시 말해, 치료 대상자의 건강상태가 부조화에서 조화로운 상태로 이동하는 것을 의미한다. 이는 증상의 완화 내지는 환자의 행동 수정 및 개선을 의미하며 일반 의학에서 말하는 치료처럼 증상이 완전히 사라지는 것을 의미하지는 않는다. 또한, 치료의 대상과 그 목표가 특정 질병의 유무가 아니라 사람의 행동과 심리상태의 변화에 초점을 두고 있기 때문이다. 그 어원과 적용을 살펴볼 때, 테라피는 시중을 들어주며, 돌보고, 양육하고, 의학적으로 치유하는 넓은 의미를 지니고 있다. 예술치료에서 사용하는 치료는 '보조하다' 또는 '사람을 도와주다'의 의미를 갖는 용어로 내담자의 문제에 초점을 맞추어 상세한 진단과 그의 상태를 기초로 치료계획을 세우는 목표지향적 임상작업이라는 좁은 의미로 정의되기도 한다(홍은주, 2008).

예술이 치료와 병행을 이룬 것은 1800년대부터 시작되었는데 예술과 의학의 결합으로 1803년부터 1813년 사이에 프랑스 의사 사드(Sade)는 정신질환자를 위한 하나의 치료 방법으로 춤추기, 음악 듣기, 오페라, 무용 공연, 긴장 완화를 위한 목욕하기 등을 내용으로 치료를 위한 예술 활동을 시작하였다. 19세기 말에는 환자들과 외부 여러 작가들이 매주 정기적으로 문예 토론을 하면서 예술 활동이 치료에 통합되기 시작하였다. 예술이 치료적 도구로 쓰일 수 있었던 것은 첫째, 내담자의 자발적인 표현수단으로서 예술활동 자체가 인간의 가시 세계를 의식 속에 불러일으킨다는 것과 둘째, 정서적 교감을 나누며, 매체와 상호작용을 하면서 감정을 느끼고, 자신에 대한 자각이 일어나 심리적, 신체적 역동성을 가지고 자신을 표현할 수 있도록 돕기 때문이라 할 수 있다. 예술치료란 예술작업을 통하여 내담자의 갈등이나 장애를 진단하고, 예술활동을 통해 증상을 완화 또는 치유하여 심리적으로 안정을 찾는 과정을 말한다. 이러한 과정에서 무의식을 탐색하고, 그 속에 감춰있는 내면 세계를 표출함으로써 정화를 경험하고 마음의 안정을 찾게 되는 자가치료 능력을 갖는 것이다. 또한 예술치료에서는 예술작품이 외부적인 상황의 묘사보다는 인간의 내면세계의 부정적인 감정을 음악, 미술, 무용, 연극, 사진, 영화, 문학 등과 같은 예술활동을 통해서 상담이나 치료, 또는 정신건강 증진을 위해 활용되고 있다.

3. 예술 매체별 특성

예술치료 임상에서 매체는 각 분야의 핵심적인 도구이자 재료로 활용된다. 미술치료에서는 회화재료, 종이, 붓, 점토작업재료, 다양한 오브제 등의 미술재료가 치료 도구로 활용되며, 음악치료는 인간의 몸, 음성, 악기, 음원, 음향기기 등 소리와 리듬을 매개로 사용한다. 행동적 요소를 중시하는 연극치료는 인형, 가면, 사진, 분장 등을 투사 도구로 활용하고, 무대, 조명, 음향, 연극 소품(대도구/소도구)을 통한 극적 체험을 제공할 수 있다. 무용 · 동작치료에서는 몸을 둘러싼 공간과 움직임, 자세, 호흡 등 리듬적인 요소가 반영된 신체 동작이 중시되며, 읽기, 쓰기, 말하기의 치료적 활동이 이루어지는 문학치료는 시, 소설, 희곡, 동화, 드라마와 같은 문학 작품과 편지, 일기, 저널, 산문 등의 비문학작품을 매개로 하고 있다. 사진 · 영화치료는 빛을 이용한 영상매체를 활용하고 있다. 예술의 매체별 특성은 예술치료의 주된 도구이자 재료로 활용된다. 예술 매체별 특성을 살펴보면 다음과 같다.

1) 미술치료

미술치료의 정의는 두 가지 범주에 따라 정의할 수 있다. 첫째는 미술을 치료로 보는 견해(art as therapy)로 미술작품을 만드는 창조적 과정이 치료 효과가 있다는 말이고, 둘째는 미술 심리치료적 견해(art in psycholotherapy)로 미술은 상징적 의사소통의 한 수단으로 미술치료를 통해 얻어진 작품이 문제점, 감정, 갈등을 전달하는데 도움을 준다(전영신, 2003)는 것이다. 즉, 미술작품을 만드는 활동을 통하여 얻어지는 창조적 과정이 인간의 내적 성장과 외적 발달의 통합과 균형에 도움을 주어 발달을 촉진하고 정서적 안정과 내적인 문제에 대한 성찰을 촉구하여 자존감과 대인관계를 향상시켜주는 역할을 하는 것이다.

2) 음악치료

음악치료란 음악을 이용하여 인간의 신체적, 감정적 · 정신적 문제상태를 교정하기 위한 활동을 말하며, 음악으로써 치료적인 목적을 가지고 클라이언트를 치유하기 위한 것이다. 즉, 음악이 변화의 매개물로서 치료적인 관계를 형성하도록 도와준다. 이는 음악치료가 인간의 성장발달과 자아실현을 도와 심리적 · 정신적 · 생리적인 건강을 회복시키고 유지하게 해주는 것이다. 그래서 음악치료는 신체적 · 발달적 · 행동적 · 사회적 기술의 습득을 통한 일상생활의 적용과 활용을 가능하게 한다.

3) 사진·영화치료

사진과 영화는 클라이언트의 무의식적 욕망을 이미지로 반영하고 이미지의 상징과 은유를 통해 자신의 정서나 경험을 불러일으켜 억압된 클라이언트의 정서를 의식화하는 촉매제 역할을 한다. 이들 매체는 사진과 영화의 감상적 측면과 표현적 · 창조적 측면을 활용할 수 있다.

사진치료는 사진의 상징에 대해 클라이언트와 토의할 수 있도록 안내하는 역할을 하여, 이를 통해 치료적인 작업을 할 수 있다. 영화치료는 안전한 거리에서 영상 텍스트가 형성하는 맥락 내에서 자신의 역할을 객관적으로 조망하고, 등장인물에게 공감하면서 자신의 문제를 새롭게 해석하고, 바람직한 해결방법을 모색할 수 있다.

4) 무용/동작치료

무용/동작치료는 개인의 정서적 · 육체적인 통합을 돕기 위한 과정으로 움직임을 이용한다. 자유로운 움직임을 통해 신체 이완과 정서적 이완을 유도하고, 인간 내면의 본질 중에서 불안전하고 파괴되어진 면을 치료하는 것이다. 즉, 신체의 지각적인 활동을 통해 육체적 긴장을 완화시켜 정서발달을 촉진하고 사회성을 증진시킨다(류분순, 2000).

5) 독서치료

독서치료(Bibliotherapy)는 문학, 영화 등을 통해서 가능하며, 글쓰기 치료(Writig therapy)는 시, 산문, 사진, 연극, 일기, 편지, 고백록 등의 텍스트 만들기를 통해서 치유를 경험하는 치료법이다. 또한, 넓은 의미에서의 통합적인 성격을 띤다. 이는 독서치료, 글쓰기 치료, 이야기 치료 및 드라마 치료를 모두 치료적 매체로 수용할 뿐만 아니라 더 나아가 치료의 구조화를 위해 그림, 음악, 춤 동작과 요가, 명상 및 놀이에 이르기까지 다양한 치료적 매체를 모두 치료적 도구로 활용한다.

6) 사이코드라마

사이코드라마는 문제를 가지고 있는 사람이 스스로 무대 위로 올라와 자신의 정서적 문제나 갈등을 직접 행동으로 표현하고 학습하는 이점이 있다. 또한, 사이코드라마가 일상생활에서 경험된 시나리오에 가장 유사하기 때문에 집단 장면에서 그동안 억압된 감정을 극적으로 강렬하게 분출함으로써 정서적 갈등을 완화시키며 인간의 잠재력을 발굴하는데 크게 공헌하고 있다.

7) 모래상자 놀이치료

융(Jung)의 분석심리학을 이론적 근거로 한 모래상자 놀이치료는 자유롭고 보호받는 공간에서 무의식을 모래상자 안에 이미지화하면서 개성화 과정을 이루어 갈 수 있다. 또한, 무의식의 이미지를 나타내는 상징물(피겨)을 모래상자 안에 배열하고 표현하는 과정을 통해 내면을 치유한다. 모래상자 놀이치료는 모든 연령의 클라이언트들에게 적용이 가능하며, 개인 상담뿐만 아니라 집단 상담에도 효과적이다.

4. 예술치료의 효과성

다양한 예술 활동이 치료적 도구로 쓰일 수 있었던 것은 클라이언트의 자발적인 표현수단으로서 예술활동 자체가 인간의 가시 세계를 의식 속에 불러일으킴으로 매체와 상호작용을 하면서 감정을 느끼고, 자신에 대한 자각이 일어나 심리적, 신체적 역동성을 가지고 자신을 표현할 수 있도록 돕기 때문이라 할 수 있다. 또한, 예술치료에 있어서 다양한 매체 활용과 기법 그리고 지각, 시각, 청각, 미각, 촉각, 후각의 통합을 이루기 위한 치료라는 것이다. 이것은 클라이언트의 예술매체에 대한 선택의 폭을 넓힘으로써 다양한 활동을 경험하게 하고 자신이 원하는 예술 분야로 접근할 수 있기 때문에 방어가 감소되고 자율성을 향상시킬 수 있다고 볼 수 있다.

예술매체를 통한 예술작업이 갖는 심리적인 치료성은 다음과 같이 정리할 수 있다. 첫째, 예술작업을 통한 심상의 외면화 과정 속에서 개인의 마음속에 억압되어 있는 심리적, 정서적인 요소를 표현하게 함으로써 갇혀 있던 정신세계를 일단 환기시킨다. 둘째, 창작과정 동안 작품을 만드는 과정 안에서 개인의 심리적인 갈등을 파악하게 된다. 셋째, 현대심리치료 이론에 입각하여 클라이언트의 심리적인 문제를 예술작업으로 전환하여 개인의 심리적 갈등 완화 및 병리적인 정신구조를 재편성하게 하고, 근원적인 자기실현을 향하게 하는 길목으로 인도하기도 한다. 종합해 보면 예술치료에서의 창작과정은 곧 치료과정이라고 볼 수 있으며 예술치료의 치료적 의미라고 할 수 있다. 또한, 예술치료사는 클라이언트가 호소하는 내용을 성실히 들어주는 것, 적당한 시기에 창작 방법을 활용하여 증상의 경감이나 치유가 되도록 유도해 주는 것, 전인적인 인간이 되도록 도와주는 것, 정신의 성장 과정을 촉진하도록 도와주는 것, 더욱 건전한 성격으로 전환하도록 도와주는 것, 타인의 감정에 대한 이해심이 증진되도록 도와주는 것 등이 포함된다. 치유의 진정한 의미는 예술치료가 증상의 경감을 지속적으로 유지하도록 근본적으로 변화하게 하는 치료라 할 수 있다. 예술치료에서 예술이란, 모두가 가지고 있다고 보는 '보편적인 창조성'을 실현하는 도구로서 의미를 가진다. 따라서 예술심리치료의 특성과 효과를 크게 3가지로 나누면 첫째, 표현하는 행위 자체가 갖고 있는 치유적 작용과 둘째, 표현된 것을 통해서 클라이언트와 치료자의 교류가 생성되는 것, 셋째, 표현활동과 매체를 통해서 집단 내에서 일어나는 역동적 작용이라고 할 수 있다.

제3절 예술치료의 과정

전문적 치료 행위로써의 예술치료의 임상은 체계적 절차를 필요로 한다. 임상의 시작으로부터 종결까지의 전반적인 과정을 나타내는 '임상 과정'은 임상 장면에 따라 차이가 있을 수 있으나 보편적으로 비슷한 절차를 따르는데 예술치료의 임상 절차는 "치료사가 초기면담을 통하여 클라이언트의 주 호소 문제를 파악하고, 진단하여 치료 목표를 설정하면서 시작된다". 미술치료 역시 구체적인 치료 프로그램을 결정할 때 클라이언트의 가족관계, 갈등대상, 문제해결을 위해 어떤 치료 목표를 세워야 하는지 판단해야 한다. 음악치료는 임상의 진행절차를 "의뢰 상담, 진단평가, 치료계획, 치료적용, 평가, 치료종결"로 제시하고 있으며, 연극치료는 치료의 전체 과정과 일 회기 과정에 동일하게 적용될 수 있는 "관계 형성, 진단평가, 탐색, 자기 고백, 직면, 회복훈련, 마무리 평가"의 과정으로 전개될 수 있다. 또한, 독서치료는 신뢰관계 형성과 진단을 위한 준비단계, 자료의 선택과 제시단계, 이해의 조성단계, 추후 후속 조치 및 평가단계로 이루어지며 이외 무용 · 동작치료와 영화 · 사진치료의 경우에도 치료계획, 프로그램 구성 및 적용 등의 보편적인 임상진행 절차가 적용되고 있다.

표 1-2. 예술치료 임상진행 절차 8단계

No.	절차	내용
1	의뢰 상담	• 의료현장과 교육현장의 요청 • 본인, 보호자 요청, 방문, 전화상담
2	초기면담	• 사전면담(본인 혹은 보호자), 주 호소 문제, 증상 파악 • 기본인적사항, 가족관계, 생육사, 양육사 파악
3	진단평가	• 예술치료 분야별 진단 도구 적용, 사전검사 • 병력과 현재 상태 파악, 취약점과 기능의 제한점 파악
4	치료계획	• 치료목표(전체/회기별), 치료방법(기법/모델/매체) 설정 • 치료 유형, 치료 기간, 치료도구 설정
5	치료적용	• 예술치료 프로그램의 회기별 운영(치료과정) • 문제점 및 결핍요소 제거, 치료 목표를 향한 긍정적 변화 유도
6	치료평가	• 치료 목표 달성 여부 점검 • 사례정리 및 분석, 추후 치료 방향 설정
7	치료종결	• 치료 목표 도달에 따른 치료의 종결 • 현실대처능력 증진, 긍정적 변화를 통한 사회 복귀
8	슈퍼비전	• 결과보고서 정리 및 임상감독 지도 • 사례분석을 통한 치료 점검, 전체 치료결과 및 예술치료사

제4절 예술치료의 실제 : 그림자 다루기

1. 그림자의 이해

집단문화는 우리에게 어떤 특정한 양식에 따라 행동할 것을 요구하여 자기(self)에서 자아(ego)와 그림자(shadow)가 분리된다. 심리치료의 용어로 그림자는 억압된 무의식이다. 우리 자신으로부터 분리되고 거부되고 숨겨진 것으로 다른 사람들에게 투사하거나 자신에게서 부인된 것으로, 우리가 자신의 그림자를 의식하지 못하거나 알아차리지 못한다는 것은 신경증이라고 불리는 왜곡되고 불건강한 방식으로 스스로를 표현하게 된다. 그림자 투사란 자신의 그림자를 다른 사람에게 내려놓는 것으로 예를 들면, 창의적인 부모의 그림자가 자녀에게 투사하는 경우를 볼 수 있다. 그림자에 대한 두 가지의 선택은 첫째, 그림자를 소유하는 것으로 자신의 억압된 무의식적 충동,

느낌, 욕구, 잠재력을 알아차려 인생에서 보다 더 자유로운 선택을 할 수 있게 하는 것이고, 둘째, 그림자에 의해 점령당하는 것으로, 자신의 의식적 선택과는 완전히 별개로 부인한 충동과 감정이 자신의 삶에 지대한 영향력을 미치게 한다.

2. 페르소나와 동일시 극복

내가 나로서 있는 것이 아니고 다른 사람에게 보이는 나를 더 크게 생각하는 특징을 가지고 있다. 페르소나에 입각한 태도는 주위의 일반적인 기대에 맞추어 주는 것이며, 외계와의 적응을 위해 편의상 생긴 일종의 콤플렉스이다. 이러한 자신의 페르소나를 극복하는 과정이 개성화로 가는 첫 번째 단계이다.

3. 그림자 작업 목표

억압을 풀고 우리의 심리적 건강과 명료함을 개선시키기 위해 그림자를 재통합하여 그림자의 긍정적인 에너지를 모든 삶의 영역으로 확장하는 것이다. 그림자는 묶여 있는 엄청난 에너지와 창조성을 찾아내고 자기와 그림자의 균형을 잡는 것이 필요하다.

4. 개성화

개별적인 존재, 고유성을 가진 존재가 되는 과정으로 자신이 되게 하는 가능성에 자아의식이 받아들여 실천에 옮기는 능동적인 행위이며 이는 무의식을 의식화하는 작업으로 가능하다.

5. 그림자 작업하기

1) 1분 모듈

(1) 아침

- 아침에 첫 번째 할 일은(잠자리에서 일어나기 전에) 지난 밤 꿈을 검토하고 감정

적으로 걸려 있는 사람이나 대상을 파악한다.

- 그 사람 또는 대상을 마음에 간직하면서 그 사람 또는 대상에게 말을 시킨다(또는 그것과 공명하거나, 직접 대면할 상황에 대해 상상하면서 느껴본다).
- 마지막으로, 그 사람 또는 그 대상의 관점을 취하여 그것이 되어 본다.

(2) 저녁

- 잠자리 들기 전에 마지막으로 할 일은, 하루 동안 당신을 괴롭히거나, 마음이 끌렸던 대상을 선택한다.
- 앞에서와 마찬가지로, 마음속에서 그 대상을 만나, 그에게 말을 걸고 그가 되어 본다.

  * 이 연습을 할 때는 어떤 것도 쓸 필요는 없다. 전체 과정을 단지 자신의 마음속으로 진행할 수 있다.

2) 순수한 원초적 정서를 변화시키는 작업

- 당신이 무엇을 느끼고 있으며, 그것이 신체적으로, 에너지적으로, 어떻게 나타나는지를 주시하라.
- 판단하고 억압하거나 그 정서에 반응하려는 경향성을 이완하고, 그것을 있는 그대로의 알아차림으로 포용하며 허용하라.
- 당신의 정서가 누구 또는 어떤 것에 관한 것이라면 그 대상과 당신과의 관계를 이완하라. 정서적 에너지를 거기에 머물게 하라.
- 그것이 내면에서 일어나는 것을 주시하라. 당신의 정서적 패턴과 에너지에 대한 완전한 책임감 속으로 이완하라.
- 당신의 정서와 그것이 일어나는 상황 또는 관계를 느껴보라. 정서의 에너지가 흐르도록 호흡하고 허용하라. 파괴적이기보다는 건설적으로 그것이 어떻게 일어날 수 있는지에 대해 주시하라. 어떻게 정서가 움직이고 순환하면서 바뀌는지에 대해 몇 차례 호흡을 하고 주시하라.
- 정서의 일시적 본질을 깨달을 때까지 주의를 기울이고 그 원시 에너지를 스스로 해방시키도록 허용하라. 그것은 마치 물이 끓어 수증기가 되는 것과 같이 자유롭

고 방해 없는 긍정적 표현이다.

6. 그림자 작업 효과

- 이전에는 힘들었던 감정까지 포함하여 삶의 더 많은 부분을 직접적으로 허용하고 체험하고자 하는 기꺼운 마음
- 이전에는 무감각하고 두려워했던 것에 대한 생동감과 힘
- 정서적으로 매여 있던 상황에 대해 완전하게 존재할 수 있는 능력
- 그림자 정서에 대한 진지한 개방성과 이완된 호기심
- 자기 수용과 자기 연민에 대한 내적 분위기
- 정서적으로 사로잡히는 경향성의 감소와 삶을 보다 명료하게 볼 수 있는 능력

7. 그림자 다루기 실제

1) 긍정적인 성격 특성 다섯 가지 작성하기

- 관대함

예) 열정적인, 관대함, 침착함, 성실함, 정직함

2) 긍정적인 것들과 반대되는 성격 특성 다섯 가지 작성하기

- 이기적인

예) 나태함, 이기적인, 덤벙대다, 불성실하다, 거짓말하다

3) 몸풀기

몸이 이끄는데로 긍정적, 부정적 자세를 표현해본다.

(1) 그림자의 긍정적인 측면

- 왜 그런 자세를 취하게 되었나요?
- 자세를 취하는 동안 떠오른 생각은 무엇이었나요?
- 그림자의 긍정적인 극은 무엇을 의미하나요?

(2) 그림자의 부정적 측면

- 왜 그런 자세를 취하게 되었나요?
- 자세를 취하는 동안 떠오른 생각은 무엇이었나요?
- 그림자의 부정적인 극은 무엇을 의미하나요?

4) 음악 감상

아주 편안한 자세로 누워 몸의 감각과 떠오르는 이미지에 주의를 기울인다.

5) 자신의 느낌이나 이미지를 그림과 사진으로 표현하기

그림 1. 그림자 다루기

6) 알아차리기

- 그림자 차원의 긍정적인 극과 부정적인 극의 관계는 무엇을 의미하나요?
- 그림자의 부정적인 특성을 어떻게 하면 수용할 수 있을까요?
- 가능하다면 그림자의 부정적인 특성들을 어떻게 긍정적인 것으로 전환시킬 수 있을까요?
- 그것을 일상생활에 적용한다면 어떤 것들이 달라질까요?

*클라이언트가 인식할 수 있는 정도에 따라 가능한 많은 그림자 형상들에 대한 과제를 반복하는 것이 가능하고 바람직하다.

참고문헌

김진숙, (2011). 샤머니즘과 예술치료. 서울: 학지사.

류분순, (2017). 무용·동작 심리치료. 서울: 학지사.

서울대학교 의학정보, (2020). 심리치료.

원상화, (2009). 독일예술심리치료의 발전동향과 한국예술심리치료 발전을 위한 제언. 예술심리치료연구, 5(1), 1-21.

임두빈, (1988). 世界觀으로서의 美術論. 서울; 汎潮社.

주리애, (2017). 미술치료학. 서울: 학지사.

최병철, 문지영, 문서란, 양은아, 여정윤, 김성애, (2017). 음악치료학. 서울: 학지사.

최윤영, (2020). IT기반 통합예술치료와 단일예술치료의 임상구조 비교 연구. 동덕여자대학교 대학원, 박사학위논문.

홍유진, (1994). 카타르시스 - 굿과 연극의 심리치료. 서울: 들불.

홍유진, (2017). 내면의 나를 깨우는 통합예술치료. 서울: 학지사.

홍은주, 박희석, 김영숙, (2017). 아동·청소년을 위한 예술치료의 이론과 실제. 서울: 학지사.

Atkins, S. et al., (2003). Expressive arts therapy: creative process in art and life. Boone, N. C.: Parkway Publishers.

Atkins, S. S., & Williams, L. D., (2007). Source book inexpressive artstherapy. Parkway Publishers, Inc.

Bruscia, K. E., (2003). 음악치료. 최병철역. 서울: 학지사.

Kenny, C. B., (1982). The Magic of Music Therapy, USA: Ridge View Publishing Company.

Winner, E., (1982). Invented World The Psychology of the Arts. 이모영, 이재준 공역 (2004). 예술심리학. 서울: 학지사.

제2장

미술치료

제2장

미술치료

제1절 미술치료의 이해

1. 미술의 본질

미술의 근원적 뿌리는 선사시대의 동굴벽화에서 그 기원을 찾을 수 있는데, 벽화를 그리는 행위는 성공적인 사냥과 심리적 안정, 풍요를 비는 마음에서 동물이나 기하학적인 그림을 그렸다. 아프리카 화가나 이집트 화가, 티벳의 불자, 주니 족의 조각 예술 행위 속에도 종교적, 정신적 의식을 기록으로 남기게 되었으며 미술이 인류의 역사와 함께 시작되어 인간의 삶에 발자취를 남기며 공존해 왔다. 그러나 임상 차원의 치료적 접근방법으로 미술을 인식하게 된 역사는 그리 길지 않다.

미술은 시대적 · 문화적 · 사회적 · 경제적 · 정치적 상황을 반영하여 시대의 역동 및 새로운 삶을 위한 고찰을 보여주는 시각예술로 인류 역사와 함께 시작된 이래로 지금까지 인간의 삶과 밀접한 관련이 있다(정여주, 2003). 어원상 아트(art)는 인간이 만들어낸 모든 종류의 물건을 제작할 때 필요한 기술을 의미하는데 고대에서 근대에 이르기까지 '예술'은 '기술'의 뜻이 포함되어 이 두 개념이 미분화된 상태로 통용되다가 근대에 이르러 예술은 그 자체가 목적으로서 실생활에 이바지하는 기술과 뚜렷이 구별되었다(한국미술치료학회, 1997).

한편, 선사시대의 미술은 삶과 생존을 위한 주술적 역할을 가지고 있었던 반면, 근대 이후 미술은 표현주의와 초현실주의를 시작으로 인간의 무의식에 대한 연구가 주목받기 시작하였다. 따라서 현대미술에서도 예술가들은 치유를 위하여 자신의 경험과 감정을 미술작업을 통하여 표현하고 있다.

2. 미술과 미술치료

예술학 분야의 미술과 인문사회과학 분야에서의 치료 또는 심리치료라는 용어의 합성어인 미술치료(Rubin, 1999)는 두 가지 학문 분야가 통합되어 기존에 없던 새로운 전공이 만들어진 것으로서 미술은 명사로 또는 형용사로 사용되기도 한다. 미술치료는 "증거기반의 연구결과를 토대로 미술이란 매체를 통해 심리치료를 하는 학문"으로서 미술치료의 정체성을 치료에 두고 있는 것으로, 미술치료는 사회과학적 성격의 학문이다(장연집, 2002). 이 정의에서는 미술의 기능적인 부분보다 이미지 언어라는 의미가 있고 심리치료에 집중되는 경향이 있기에 예술대학에서 다루는 미술의 미적 기능과 효과성이 다르다고 할 수 있다. 미술교육에서 다루는 미술 또한, 미술의 본질적인 측면에서 치유적인 속성을 가진다고 하더라도 미술치료에서의 속성이 다르다. 미술치료에서는 미술 활동을 하거나 미술작품을 만들어내는 그 자체를 목적으로 하지 않고 미술과 관련한 일련의 활동이 클라이언트의 심리치료를 목적으로 활용되는 도구가 된다. 그래서 미술치료에서의 미술은 클라이언트의 미술작품을 지칭하기도 하지만 그 작품을 창작하는 과정과 미술치료사와 함께 소통하는 과정을 모두 포함하여 지칭한다. 또한, 미술치료에서의 치료 미술은 클라이언트가 혼자서 하는 미술작업을 통해 치유가 일어나는 것을 뜻하는 것이 아니라 미술치료사와 함께 소통하는 관계 속에서의 미술 활동을 말한다.

3. 미술치료와 미술교육의 공통점과 차이점

1) 미술치료와 미술교육의 공통점

(1) 미술교육과 미술치료는 개인의 삶과 자아의식을 풍요롭게 만들어 개인의 성장을 도와주는 역할을 한다.
(2) 자신의 생각과 감정을 표현하는 시각적 이미지를 중시한다.
(3) 적절한 자극을 통하여 아동의 성장발달에 효과적인 역할을 한다.
(4) 사람들의 정서발달에 중요한 의미를 부여한다는 측면이 있다.
(5) 미술을 통하여 내면의 문제나 희망, 창의적인 생각을 안전하고 자유롭게 표현할 수 있어서 다른 접근방법에 비해 효과성이 높다.

2) 미술치료와 미술교육의 차이점

미술치료;

(1) 내담자에게 맞는 미술치료 프로그램과 매체를 적용한다.

(2) 미술 매체와 환경은 내담자의 정서적 환경과 심리적 상황에 따라 결정된다.

(3) 치료과정에서 내담자의 창조적, 주관적인 경험을 중요시 한다.

(4) 내담자의 내적 갈등을 해결하기 위해 갈등 상황의 감정을 표출하게 하여 심리증상을 완화하거나 치유하는 치료적 목적을 가지고 있다는 것이 미술교육과 다른 점이라고 할 수 있다.

미술교육;

(1) 교육적 목적을 뚜렷하게 가지고 있다.

(2) 아동의 일반적인 발달에 따른 목표 단계화가 가능하다.

(3) 교사의 계획된 주도하에 실행되며 결과를 중시한다.

(4) 타인과의 작품 비교 및 객관적 평가를 받는다.

(5) 미술교육의 목표에 따른 재료와 환경을 결정한다.

(6) 창의성과 인지적 능력의 성장을 촉진시킨다.

(7) 자아표현과 심리적인 표출의 한 측면으로 의미 있는 활동이다.

제2절 미술치료의 발달

1. 역사

인류 역사와 더불어 미술은 인간의 문화, 사회, 인격의 발달과정을 보여주는 예술로서 실존의 의미를 추구하는 인간과 밀접한 관계를 맺고 있다. 미술 활동은 삶에 대한 의지와 용기를 키우는데 기여하며 자기 동일시의 경험도 하게 된다(정여주, 2003). 미술치료는 미술의 이미지를 통하여 자기 자신이 누구인가를 이해할 수 있도록 하며, 언어로는 설명할 수 없는 자신의 생각과 감정을 쉽게 표현하도록 하며 이러한 자기표현을 통해 삶을 풍요롭게 한다는 개념에서 발달해왔다. 미술사학자이자 정신분석학자인 에른스트 크리스는 인간에게 미술이라는 것은 깊은 내면을 치유하는 힘이 있으며 이것은 '이미지의 마술적인 힘'이라고 하였다. 미술치료는 19세기 유럽의 정신과 의사들이 미술 활동을 작업치료 관점의 한 부분으로 클라이언트 치료에 미치는 예술적, 정서적 효과로 받아들이면서부터 시작되었다. 19세기 후반 유럽에서는 산업화와 더불어 정신병리적 현상이 증가하면서 미술치료의 필요성이 증대되었으며, 정신병원에 입원해 있는 클라이언트들의 그림 분석을 통해서 미술 활동이 클라이언트들의 심리를 파악하는 중요한 단서를 제공하고 있음을 발견하게 되었다. 또한, 그 시기에 심리학, 미술, 문학 분야에서는 무의식에 대한 관심이 높아지면서 예술적 표현을 통하여 인간의 내적 세계를 이해하고 분석하는 시도가 활발해졌다.

미술치료는 미술과 심리학, 정신의학 분야가 서로 유기적 관계를 맺으며 성장하여 탄생하였는데, 치료의 대상과 목표가 특정 질병의 유무가 아니라 인간의 행동과 심리상태가 조화롭고 건강한 상태로의 변화에 초점을 두고 있다. 미술치료의 태동에 영향을 준 시대적 사조와 변화의 물결은 18세기 이후 미술로부터 시작되었다고 볼 수 있는데, 미술치료의 직접적인 영향을 준 미술사조는 낭만주의, 표현주의, 초현실주의 및 아웃사이더 아트라고 할 수 있다. 1920년대 초 프랑스를 중심으로 전 세계에 퍼진 예술사조로 1924년 앙드레 브르통의 '초현실주의 선언'으로 시작되었고, 정신의학을 전공했던 앙드레 브르통은 프로이트의 정신분석학에 깊은 관심을 가지고 있었으며 그가 초현실주의 혁명을 위한 하나의 해결책으로 '무의식의 탐험'을 제시했던 것은 프로이트의 학문적 배경에서 영향을 받은 것이기도 하였다(김선명, 1995). 정신분석가인 프로이트(Freud), 융(Jung)은 클라이언트의 그림을 분석하여 치료에 적용하였다.

프로이트는 꿈을 무의식의 상징적 심상으로 보았고, 융은 다른 문화권에서도 나타나는 공통된 상징성에서 인류의 보편적 무의식을 개념화하였다. 결국, 이러한 시도들은 미술치료의 학문적 기초가 되었다.

1) 프로이트 (S. Freud)

프로이트는 현대 정신치료와 심리학의 기초를 완성한 학자로서 그가 정신 심리학 분야에 남긴 업적은 지대하다. 프로이트는 최면술의 권위자 브로이어(Breur)의 문하

생으로 수련을 받으면서 "압력" 혹은 "주의집중"이라고 부른 최면술을 통하여 잊어버렸던 기억을 되살리게 하는데 그들의 기억이 영화필름이나 그림책을 보듯이 나타난다는 것을 발견하게 되었다. 이후, 최면술 사용을 그만둔 뒤에도 프로이트는 클라이언트들에게 내면세계의 표현을 영상이나 그림(visual image)을 통하여 표현하게 하였다. 예를 들어, 당신이 여행자로서 차창에 기대어 바깥을 내다보고 있다고 가정했을 때 "바깥에 보이는 풍경에 대해 자세히 묘사를 하라"는 등의 방법을 사용하면서 이러한 사고 과정(though process)이 무의식을 의식화하는 데에 무리가 없는 좋은 방법이라고 그의 제자들에게 가르쳤다.

초기 프로이트 학파는 신비 속에 갇혀 있는 무의식 세계를 발굴하기 위하여 꿈, 백일몽과 그림 등을 사용했는데, 이들 모두는 무의식의 영상을 통한 표현이라는 점에서 그 공통점을 찾을 수 있다. 이러한 관점에서 초기, 프로이트의 치료방법은 억압되어 있던 마음의 상처나 무의식의 내용을 의식화하는 것이 신경 쇠약증의 증상으로부터 회복될 수 있는 길이라고 했다.

프로이트의 유명한 '꿈의 해석'(1900)에 대한 연구에도 "꿈이 무의식으로 가는 왕도"라고 하였고, 꿈의 의식화를 위해서 꿈을 그림으로 그리게 하는 것이 효과적이라고 하였다. 그 이유는 클라이언트들에게 꿈을 이야기로 하는 것보다 그림으로 클라이언트들의 심리를 분석하는 예술치료적 방법으로 효과적이었기 때문이다.

또한, 프로이트의 유명한 학설 [외디푸스 콤플렉스]는 고대 희랍신화 외디푸스(Oedipus)에서 따온 것으로 프로이트가 일찍이 '외디프스 콤플렉스'를 '햄릿 콤플렉스'로 부르려고 했다는 이야기가 있는 것으로 미루어 보아 연극과 신화에 대한 그의 관심을 짐작할 수 있다. 이러한 배경으로 그는 일찍부터 미술(art)의 치료적인 효과에 대하여 언급하였는데, "art는 환상세계와 현실세계를 잇는 가교라는 것이고, 예술가가 그 길을 찾는 방법은 혼자서 환상세계를 추구하는 것만으로 가능한 것이 아니고 창작을 통하여 환상세계를 현실세계로 구체화시키는 것에서 그 길을 발견할 수 있었다. 이러한 창작활동은 무의식 세계라 할 수 있는 심리세계에 유배되어 있는 마음의 갈등과 좌절감을 외면화(구현)함으로써 해방감과 고통의 경감이 가능하게 하는 길" 이라고 했다(Freud, 1917). 즉, 프로이트는 꿈 속에서의 상징적 심상으로 생생하게 표현되는 무의식의 개념을 발전시켰다.

프로이트의 입장은 예술이 사회가 받아들일 수 있는 출구를 만들어 충동적인 요소를 창작을 통하여 승화시킨다는 것과 또 이러한 요소가 예술가나 관객들에게 자기애적(narcissistic) 욕구를 충족시켜 준다는 것이다. 미술의 치료적 입장이 용인되는 한 창작행위를 통해 그들이 충족시키지 못했던 성장 초기의 억압된 자아의 요구나 욕구를 표현할 기회를 주게 된다. 그리고 충동적인 표현을 수용하게 되면서 그림이 치료적인 효과가 있다고 하였다. 즉, 프로이트의 초기 학설이었던 무의식의 의식화를 미술치료(art therapy)와 연결시킨 것으로 미술을 통하여 본능적 충동 요소, 이드(id)가 자리하던 곳을 이고(ego)로 대치시킨다는 것이 중심이론이다. 그 이후, 그림이나 놀이를 통한 치료법은 프로이트의 딸 안나 프로이트(Anna Freud)에 의하여 발전되었는데, 그림이나 놀이를 사용하게 된 이유는 어린이들의 경우 언어 차원의 자유연상이 불가능하고 소아의 정신 집중에 그림 그리기 등의 창작활동과 장난감 등의 놀이가 치료자와의 간격을 메워주고, 심리적 저항의 벽을 허무는 좋은 도구가 되기 때문이었다.

2) 융 (C. G. Jung)

융의 창작행위와 그의 치료는 포괄적이며 적극적이라고 볼 수 있다. 예를 들어, 프로이트는 창작행위가 자유연상을 통해서 무의식 세계를 의식적 세계로 표현하는 것이다라고 정의한 반면, 융은 여러 가지 예술적인 기법, 즉 무용, 미술, 이야기(신화) 등을 통한 적극적 명상으로 다양한 시대를 거쳐온 상이한 문화들 속에서 공통의 상징을 지니는 보편적인 (모든 인류가 공유하고 있는 보다 깊은 차원에 집단무의식) 무의식상태를 연결하는 우주적인 개성화 과정을 치료과정으로 보았다. 이러한 관점에서 융은 예술치료사였다고 해도 과언이 아니다. 융 학파의 학자들은 예술에 대한 조예가 깊었으며 대부분의 예술치료사는 융의 관점에 동조하였다.

3) 미술치료를 정립한 학자들

미술을 심리치료적 관점과 연계하여 인식하게 된 것은 1940년대 나움버그(Naumburg)와 1950년대 크레이머(Kramer)에 의해서 미술치료가 새로운 영역으로 발전되었다.

(1) 나움버그(Naumburg) : 치료 안에서의 미술치료(Art in Therapy)

나움버그는 뉴욕의 독일계 유태인의 집안에서 1890년에 태어나 뉴욕에서 성장하였다. 초기에는 미술교육자로서 활동하면서 심리학, 특히 그 당시만 해도 희귀했던 정신분석을 공부하여 프로이트와 융 그리고 설리반(Sullivan)의 영향을 많이 받았다. 나움버그는 초기에 융의 이론에 영향을 받았고, 후에 프로이트의 정신분석 지향적 미술치료에 착수하게 되어, 1914년 뉴욕의 월든학교(Walden school)를 창립하였다. 그녀는 학교를 정신분석학의 원칙 아래 운영하면서 학교의 모든 교사들에게 교육 분석을 받게 했고, 프로이트의 이드(id) 심리학을 기초로 하여 그림을 통하여 무의식을 의식화하는 것을 중심사상으로 하여 어린이들이 그림 표현을 자유롭게 할 수 있도록 하였으며, 미술교육의 한 방식으로서 자발적인 그림(spontaneous art) 그리기를 시도한 후 그것을 '역동적 접근의 미술치료'로 개발하였다. 또한, 뉴욕 정신분석학교에서 행동장애 아동의 미술치료를 시행하면서 임상경험을 넓혔고, 후에 성인 미술치료에서도 이러한 기법을 적용하여 1941년에는 신경증 및 정신증이 있는 클라이언트들에게 정신역동적 접근의 심리치료 모델을 정립하였다. 그녀는 1950년 뉴욕대학교와 사회연구를 위한 뉴스쿨에서 미술치료를 가르치다가 1983년 사망하였다.

나움버그는 치료자와 클라이언트 사이의 치료적 관계 형성과 전이와 역전이의 해결, 자유연상, 자발적 그림표현과 그 해석, 그림의 상징성 등을 중시하였다. 학자들은 나움버그의 미술심리치료(Art psychotherapy) 이론을 심리치료 과정 과정 중에서 그림을 매개체로서 이용하는 방법의 '치료 안에서의 미술'(Art in therapy)로 구분하기도 하였다.

나움버그의 정신분석 지향적 미술심리치료에서의 미술의 장점은 첫째, 말보다는 그림으로써 자신에게 일어나는 내적 욕망이나 꿈, 환상을 직접적으로 표현하도록 한다. 둘째, 무의식을 그림으로 투사하면 언어적 표현보다는 검열 기능을 약화시키기 때문에 치료과정이 촉진된다. 셋째, 그림으로 나타난 것은 영속성이 있어서 내용 자체가 망각에 의해 지워지지 않으며 그 내용을 부정하기 힘들다. 넷째, 전이 문제가 더 쉽게 해결된다. 즉, 클라이언트의 자율성은 자신의 그림을 해석할 수 있는 능력에 의해 고무된다.

(2) 크레이머(Kramer) : 치료로서의 미술(Art as Therapy)

크레이머는 나움버그보다 25년 이후 1916년 8월 29일 오스트리아 비엔나에서 태어났으며 비교적 자유분방한 예술적 가족 분위기에서 1931년 화가 디커 브랜다이즈(Dicker Blendise)에게 회화 수업을 받으며 자기비판적 훈련과 창의성과 감각을 활성화하는 방법을 배웠고 정신분석가들과 친숙하게 지냈다.

유태인이였던 그녀는 1차 세계대전에서 모든 가족을 나치 캠프에서 잃고 1938년 미국으로 이주하여 파란만장한 삶을 살았다. 뉴욕에 정착하여 살아가면서 미술가로서의 자신의 특기를 살려 어린이집 등에서 미술을 가르치다가 월트윅(Waltwick) 학교에서 미술치료사로 일하게 되었다. 이 학교에서 8~13세 비행 남학생들을 만나서 특별히 아동의 미술표현이 가지는 심리적인 측면에 관심을 갖게 되었던 것이 미술치료사가 된 동기라고 알려져 있다. 크레이머는 자아심리학의 영향을 받았고 아동미술치료에 많은 연구를 했고, 미술교육학자로서 미술치료를 미술교육적 관점으로 중요시하였다. 1950년대 미술 활동의 창조적인 행위에 치료적 가치를 두고 프로이트의 승화이론을 바탕으로 미술치료사는 클라이언트가 만든 작품을 해석하는 것이 아니라 클라이언트의 무의식 세계를 표출하도록 도와주는 것이 목적이며, 클라이언트는 미술의 창조적인 과정을 통해 자기표현과 승화, 자아성숙의 통합과정을 돕는 것으로서 '치료로서의 미술(Art as Therapy)'의 창조적인 측면을 강조하였다. 즉, 미술작업과정에서 자신의 원시적 충동이나 환상에 접근하면서 갈등을 재경험하고 자기 훈련과 인내를 배우는 과정 속에서 갈등을 해결하고 통합한다는 것이다(한국미술치료학회, 1997). 이러한 생각은 전술한 바와 같이 자아 심리학의 통찰을 사용함으로써 프로이트의 견해를 뛰어넘고 있다. 그러나 창의적 과정에 존재하는 치료적 과정을 이해하는 데는 프로이트의 성격이론에 근거하고 있다. 크레이머는 초기에 미술치료를 다음과 같이 정의하였다. 미술은 인간 경험과 동일한 것을 창조함으로써 인간 경험의 영역을 확장시키는 수단이며 예술가는 자신이 경험하고자 하는 것을 선택, 반복할 수 있다. 긴 역사를 통해서 미술은 인간의 본능적인 충동과 사회적 요구 간의 갈등을 해소하도록 도움을 주었다. 그러나 초자아와 원초아의 상반된 욕구는 영원히 해결하기 어려운 것이였다. 미술치료자들은 성격이 혼란된 사람들에게 유용한 창조적 경험을 가능하게 하였다. 요컨대, 크레이머의 견해는 미술 그 자체로 심리치료에서 미술치료자가 공헌하고 있다고 설명하였다. 크레이머는 알버트 아인슈타인 의과대학의 정신의학 분야의 예술치료 자문위원, 조지 워싱턴대학의 강의 교수를 역임한 바 있으며, 뉴욕대학교의 예술치료 대학원 과정을 설립하여 부교수로 재직하다가 2014년 2월 22일 사망하였다.

Naumberg (Art in Therapy) **치료 안에서의 미술**	Kramer (Art as Therapy) **치료로서의 미술**
• 심리치료과정 중에서 미술을 매개체로 활용 • 정신분석적 심리치료 방법 • 자발적 그림표현과 해석, 상징성 중시 • 무의식의 이미지를 드러내는 미술표현 사용	• 미술작업 과정의 창조성, 미술교육적 관점 중시 • 자기표현, 승화작용, 자아성숙 • 치료사는 클라이언트의 미술작업 과정의 승화와 통합과정을 돕는 것

(3) 울먼 (Ulman) : 통합적 입장

미술작가로서 활동해 온 울먼은 1950년대 초반에 정신병원에서 일을 시작했을 때, 미술치료사로서가 아니라 미술교사의 자세로 일했다고 술회하고 있다. 특히 크레이머가 지은 어린이 커뮤니티의 미술치료『Art therapy in a children's community』라는 책을 읽고, 울먼은 정신분석과 미술적 통찰 사이의 미묘한 관계를 실감하였으며 정신분석적 방법으로 클라이언트들을 치료할 때, 대다수 클라이언트들은 그림에 내포된 상징적 내용을 말로써 표현하려 하지 않는 것에서 발견하였다. 즉, 그림에서 그들의 작업으로부터 가치 있는 것을 얻을 수 있다고 생각을 하였다.

울먼은 나움버그의 '치료 안에서의 미술'(Art in Therapy)과 크레이머의 '치료로서의 미술'이란 용어를 포함하는 정의를 내리기 위해서 노력해 왔고, 미술 과정은 일반적인 성숙 과정에서 처럼 충동과 통제, 공격과 사랑, 환상과 실제, 무의식과 의식 사이에서 필연적으로 갈등하는 요소들을 통합하는데 일반적인 위협은 미술의 통합적인 특징을 인정하는 것이었다. 즉, 성격 내에서 반대하는 힘을 단합시키거나 개인의 욕구와 외부 세계의 욕구를 화해시키는 힘이라고 하였다. 미술치료의 실행에 있어서는 두 측면의 적용 타당성을 인정하였다. 임상가로서의 자신의 생활에서 울먼은 치료로서의 미술을 사용하는 경우에는 미술심리치료를 사용했고, 미술심리치료가 통하는 곳에서는 치료로서의 미술을 사용하여 이 둘 간에 서로 융통성 있는 선택을 했다. 즉, 그녀는 나움버그와 크레이머의 정신역동 지향적 미술치료를 통합하면서 쟁점 부분에 관해서는 융통성을 부여하고 있다고 볼 수 있다.

울먼은 클라이언트의 작품이 예술이냐 아니냐를 논하는 것보다는 대상에 따라서 상동적인 표현이나 강박적 표현도 허용되어야 한다고 했다. 말하자면, 때로는 예술적 성취감을 중시해야 하고, 나움버그의 미술작품이 치료에 관련이 있다는 '치료적 측면'과 크레이머의 미술활동이 치유의 과정이 될 수 있다는 '창조적 측면' 모두를 포함하여 미술치료를 독립된 분야로 발달시켰다. 미술치료라는 용어는 1961년에 「Bulletin of Art Therapy」의 창간호에서 울먼(Ulman)이 처음으로 사용하였는데, 이 논문에서 울먼은 "미술치료는 교육, 재활, 정신치료 등 다양한 분야에서 널리 사용되고 있으며, 어떤 영역에 사용되고 있든지 간에 공통된 의미는 시각예술이라는 수단을 이용하여 인격의 통합을 돕기 위한 시도이다"라고 제시하였다(Ulman, 1961). 먼저 미술과 치료가 지니는 각각의 의미를 살펴볼 필요가 있다. 미술치료에서 '미술'은 작품의 외적인 묘사가 아니고, 한 개인의 내면세계를 표현한 창작과정의 소산물이라는 점에 중점을 둔다. 따라서 예술성보다는 창작과정을 통해 작품에 내포된 심리상태와 상징성을 더 중요시 한다. 한편 미술치료에서 '치료'는 창작활동을 통해 그 증상이 경감되도록 지원하는 목표를 가지고 있다. 치료 방법으로는 내담자들의 호소내용을 경청하는 것, 내담자에게 맞는 치료를 적용하는 것, 증상이 경감이 되도록 도와주는 것, 자기 탐색과 인식, 자아 성장이 촉진되게 도와주는 것, 공감 능력이 증진되도록 도와주는 것 등이 포함된다.

이와 같이 울먼은 미술치료 분야에 많은 업적을 남겼는데, 1969년 미국미술치료협회(AATA: American Art Therapy Association) 설립에도 큰 기여를 하였다(한국미술치료학회, 1997).

우리나라에서도 처음에는 정신병원에서 클라이언트의 심리치료에 미술매체를 적용하였지만, 본격적으로 미술치료가 소개된 것은 1992년이다. 그 이후, 많은 사람들은 이 분야에 호기심과 관심을 가지고 미술치료에 대한 연구를 하여 임상에 적용하였다(정여주, 2003).

(4) 정신분석학과 미술치료를 통합한 루빈(Judith A. Rubin)

루빈은 나움버그의 후예임을 자칭하는 정신분석학적 미술치료의 지도자로서 미국공인 정신분석학자이자 미술치료사이다. 1970년대부터 미국미술치료 협회장을 역임하고, 피츠버그 의과대학 교수 및 관련 단체 대표를 지내면서 지칠 줄 모르는 애정으로 평생동안 미술치료의 발전을 위해 헌신적으로 일한 현존하는 정신분석학적 미술치료의 대표자이다.

루빈(1987)은 나움버그가 클라이언트의 예술을 "상징적 언어"의 형태로 본다는 것에서 그녀의 역할이 아직도 언어적 모델의 정신분석학적인 관점에 머물고 있다고 지적하면서, 정신분석 또는 정신분석적 치료에서 클라이언트는 가능한 한 자유롭게 자신을 표현하고 나서 치료자와 클라이언트는 더 효율적으로 기능하는 것을 방해하는 것, 즉, 내재화된 갈등을 이해하기 위한 작업이 병행되어야 함을 강조한다. 크레이머와 윌슨(Wilson)이 특정한 정신분석학자들의 개념이나 이론을 미술치료 상황에서 나타나는 클라이언트들의 작품을 해석하는 것을 중심으로 이끌어 나갔다면, 루빈은 현대 정신분석학적 심리치료 개념에 입각한 치료과정 위주로 이끌어 나갔다는 것에서 임상가들에게 실제적인 도움이 된다고 볼 수 있다.

루빈은 정신분석에서 미술 매체가 가지는 치료성에 대해, 첫째, 자유연상의 효율적인 기법, 둘째, 효율적인 저항 극복, 셋째, 전이 · 역전이의 창조적인 대면 등 세 가지로 집약하였다. 루빈은 대상관계심리학이라는 후기 정신분석학적 미술치료의 선구자로서 아직도 활발하게 활동하고 있다. 그는 생의 초기발달 단계에서 어머니를 위시한 주위의 대상들과의 관계에서 성격이 형성된다는 대상관계적인 이론에서 보는 인간의 심리적인 문제를 미술치료가 적절하게 다룰 수 있다고 보는데, 그 이유는 생의 초기의 대상관계는 언어 차원의 것이 아니고 비언어적인 차원이라는 것, 그리고 적절하지 못했던 모-자 관계 및 기타 대상관계를 예술작업을 통하여 회복할 수 있다는 것이다. 따라서 대상관계심리학에서 미술이나 미술작업은 상실된 초기대상 및 대상관계를 대처한다고 보고 있다.

(5) 미술치료에 있어서 상징화가 가지는 치유성을 강조하는 윌슨(Laurie Wilson)

윌슨은 뉴욕대학교 미술치료 대학원 주임교수로서 코넬 대학에서 미술사 전공으로 박사학위를 받았다. 그녀는 정신분석학자가 되는 수련 과정에 있었고, 네벨슨(Nevelson)의 [작품과 생애, 1981]를 분석하는 것으로 박사학위를 받았던 만큼 미술가들의 작품과 생애의 정신분석에 몰두해 있었다. 윌슨은 자아강화를 강조하는 자아심리학의 발달적인 관점이 정신분석학적 미술치료에 도움을 준다고 주장하면서, 미술을 통하여 원래의 대상인 어머니와 동일하다고 보는 대체물로서 표상에 대한 상징을 만들 수 있도록 도와주는 것이 미술치료라고 하였다. 그녀는 이것을 상징화 과정의 심리학(Psychology of the Symbolic Process)이라고 불렀다.

상징체계와 관련된 언어는 개인의 발달과 경험에 중심이 된다. 언어의 사용이 힘든 발달 지체에서 오는 정신적인 문제를 가지고 있는 사례들 또는 언어사용을 두려워하는 클라이언트들에서 말보다는 시각적 심상을 상징화하는 훈련에서 더 나은 발전을 가져올 수 있다. 발달적으로 손상된 클라이언트들은 더 높은 단계의 기능인 언어를 형성할 수 있는 단계에 이르기 위하여 시각-운동기능의 훈련으로 상징화하는 능력을 성취하게 할 수 있다. 따라서 미술치료사들은 상징 형성의 특징들과 자아기능 발달에 대한 상징 형성의 관계성을 인식하는 것을 배움으로서 바람직한 발달을 촉진할 수 있다고 본다.

2. 미술치료의 개념

미술치료라는 용어는 학자들의 관점에 따라 '예술치료', '창의적 매체에 의한 치료', '표현치료', '창의성 치료', '미술 매체에 의한 심리치료' 등으로 다양하게 사용되고 있다. 이러한 "미술 활동은 클라이언트의 무의식을 의식화하는데 매우 유용한 장르로서 음악, 무용, 연극, 영화, 사진, 문학 등과 같은 다양한 예술 분야 중에서 미술이라는 매체와 기법을 통하여 클라이언트를 이해하고 문제를 해결해 나가는 심리치료 기법 중의 하나로 정의하고 있다. 따라서 학문적, 임상적, 예술적인 측면에서 특수성을 지니고 있는 미술치료는 심리치료의 토대 위에 미술 활동을 통해 클라이언트의 정서적, 인지적, 행동적 측면에서 바람직한 방향으로 이끌어 가고 있고, 육체적, 정신적, 심리적, 사회적, 영적 건강상태를 포괄적으로 평가하고 건강한 상태로 이끌어주는 가장 효율적인 치료법 중의 하나라고 할 수 있으며, 새로운 세계 의학 발전에 중요한 역할을 할 잠재력을 충분히 지니고 있다(김선현, 전세일, 2006). 또한, 미술이 '인간을 위한 예술'로서 치유적 역할을 할 수 있다는 관점을 갖게 되면서 미술치료는 인간의 병에만 초점을 두는 것이 아니라, 인간의 잠재력, 성장 가능성을 개발하는 자기 경험과 자기 본성을 회복할 기회, 즉 인간의 건강한 힘을 재발견하며 병을 예방하는 차원에서도 치료의 의의를 찾고 있다(정여주, 2003). 미술치료(art therapy)라는 용어는 미술(art)과 치료(therapy)라는 두 가지 영역이 합쳐서 탄생된 개념으로서 여기서 말하는 미술의 범위에는 단지 그림만을 의미하는 것이 아니라 공예, 디자인, 조소, 서예 등 미술의 전 영역을 치료로 활용하는 것을 포함한다. 또한 치료(therapy)는 그리스어 테라페이아(therapeia)치료법에서 유래된 말로서 배려와 보살핌, 돌봄의 의미를 지닌다.

미술치료란 치료적 틀 안에서 비언어적 시각예술인 미술을 매개로 심신의 어려움을 겪고 있는 사람을 대상으로 그들의 미술작품을 통하여 심리를 진단 · 치료하기 위한 것이다(한국미술치료학회, 1997). 따라서 미술치료는 미술, 정신의학, 심리학, 상담학,

보건학, 재활의학, 대체의학, 교육학 등의 다양한 학문과 유기적인 관련을 맺고 있다.

미술치료는 미술 매체를 사용하여 인간 내면의 심상을 표현하게 함으로써 무의식을 활성화하고 그 속에 묻힌 창조적 기능을 자극하여 인간의 무의식에 잠자는 자가치료 능력을 발휘하게 한다. 이를 통하여 인간은 그의 내면에 왜곡, 상실, 억제되었던 부분을 재발견하고 통합시킴으로써 인격의 발전을 가져올 수 있게 된다. 그러므로 미술치료는 작품의 예술성보다는 작품 활동을 통한 카타르시스, 승화 과정, 그리고 의사소통에 관심을 두고 충동과 통제, 사랑과 증오 등 무의식과 의식 사이의 필연적인 갈등 요소들을 미술의 전체성과 상징성을 통하여 통합시킴으로써 인격의 발전을 더욱 촉진시켜 줄 수 있다. 따라서 미술 창작과정 속에는 갈등이나 감정, 내면 문제 등을 전달하는 메시지가 담겨지기 때문에 과정(process)과 만들어진 작품(product)이 함께 고려되어져야 한다(한국미술치료학회, 1997).

미술치료는 자신의 마음을 미술이라는 예술의 한 장르를 통해서 드러내게 함으로써 그들의 마음을 알고, 동시에 상담 과정을 거쳐 치유해 나가는 것이다. 인간의 심리적 부적응은 외부로 표출하지 않고서는 치유될 수 없다. 그래서 드러내지 않으면 그것이 질병으로 되며 표현하는 과정에서 자신의 내면 감정을 인지하게 되고 스스로 자아 통찰하게 되어 자아 성장이 되는 것이라고 할 수 있다. 이러한 미술 작업을 통한 심리치료가 가능한 것은 미술 작업이 우리의 내면의 정신세계를 외면의 시각적 언어라는 구체적인 모습으로 표현하게 한다는 창작만이 가질 수 있는 특성 때문이라 할 수 있다. 따라서 내면의 갈등 부분에 건강한 변화를 주는 것으로서 이해–수용–관계의 과정 중에 일어나는데 치료자는 클라이언트의 작품 즉, 마음을 이해하고 클라이언트의 시각적인 표현을 언어나 행동을 통해서 읽을 수 있다. 이러한 수용을 통해 치료자와 클라이언트의 라포가 형성되는데 이것은 클라이언트에게 심리적 안정과 함께 비로소 자아개념을 이루는 데 도움을 주게 되는 것이다.

3. 치료적 요인

1) 미술치료의 치료적 특성

미술치료는 미술 매체를 통해 자신의 무의식을 자연스럽게 표출할 수 있도록 도와주는 등 많은 특성이 있으므로 치료의 효과도 다양하게 입증되었다. 즉, 로살(Rosal, 1996)은 미술치료는 미술 매체를 통해 자신의 내면과 외면의 모습을 묘사할 수 있고, 내면의 생각과 느낌을 알 수 있으며, 개인적인 상황과 사회적인 상황을 그림으로 표현함으로써 문제해결 능력을 증가시킨다고 하였다. 모든 미술 활동이 그렇지만, 미술작업을 통해 집중력이 높아지고 기억력과 정서적인 안정을 찾을 수 있으며, 창조적인 작업 속에서 알파파의 패턴이 높아지게 된다. 또한, 미술 활동은 뇌혈류를 원활하게 하게 증가시켜 우울한 감정을 감소시키며 스트레스 호르몬인 코티졸을 낮추고 세로토닌을 증가시킨다(조정옥, 2019). 미술치료는 미술 매체를 통하여 내면의 무의식을 표현하기 때문에 방어가 적고, 긴장과 불안을 완화시켜 준다. 또한, 조형 활동을 통해서 개인의 갈등을 해소하고 동시에 개인의 내적 세계와 외적 세계 간의 부조화를 조화롭게 통합시켜준다. 아울러 미술치료는 심상 표현과 창조적 활동을 통하여 스트레스를 감소시키고 의식적, 무의식적인 메시지를 전달하여 갈등적 요소를 치유하는데 매우 효과적이라고 할 수 있다.

2) 미술치료의 장점

미술은 한 인간의 세계에 대한 자기이해, 즉, 자신이 이해하고 바라본 세계를 시각적 이미지를 이용하여 조형적으로 나타낸 것이므로 한 사람에 의해서 창작된 그림은 그 개인의 연령, 성별, 성장 환경, 주변 환경에 따라 그의 심리적 상태와 그가 속한 사회 환경을 반영한다고 할 수 있다(이재화, 2004).

특히, 미술치료는 자신을 표현하는데 어려움을 가진 클라이언트가 자신의 무의식 감정 표출을 용이하게 하여 창조적인 창작 활동을 통해 자신의 내면을 통찰함과 동시에 자신의 삶에 긍정적인 영향을 미치게 하였다.

웨드슨(Wadeson, 1980)은 미술치료의 장점을 다음과 같이 제시하였다.

첫째, 미술은 심상의 표현이다. 우리는 언어보다 심상으로 사고하는 경우가 많다. 언어적 치료법에서는 경험이나 꿈, 환상이 언어로 해석되는데 반해 미술치료에서는 심상으로 그려지고 표현된다. 즉, 예술 매체는 심상의 표출을 자극하여 창조적 과정으로 나아가게 한다. 둘째, 미술은 방어가 감소된다. 언어는 의식과 이성의 통제를 받는다. 그러나 미술은 비언어적 수단이므로 통제를 받지 않고 온전히 자신에게 집중할 수 있으며 예상치 않았던 우연한 이미지가 나타나게 된다. 이러한 점이 미술치료에 있어서 가장 중요한 잠재성 중의 하나라고 할 수 있으며 이 표현에 대한 인식은 클라이언트의 통찰, 학습, 자아 성장으로 발전되는 촉매제가 되기도 한다. 셋째, 미술은 구체적 유형물이 형성된다. 눈으로 보고 만져 볼 수 있는 자료를 얻을 수 있고 저항적인 클라이언트들의 감정이나 사고 또한 그림이나 조형물을 통해 구체화 된다. 또한, 자신도 모르게 자신의 작품을 보고 자신의 실존을 깨닫게 된다. 넷째, 미술은 자료의 영속성이 있어서 자신을 회상할 수 있다. 미술작품은 보관이 가능하므로 클라이언트가 만든 작품을 필요한 시기에 재검토하여 치료 효과를 높일 수 있다. 때로는 새로운 통찰이 일어나기도 하며 클라이언트 자신이 이전에 만든 작품을 다시 보면서 당시 자신의 감정을 회상하기도 한다. 그러므로 주관적인 기억의 왜곡을 방지할 수 있다.

미국미술치료학회(AATA)의 윤리강령에 따르면 7년까지는 미술 활동을 통해 얻어진 결과물들을 철저한 관리 속에 보존하도록 하고 있다. 그 결과물은 주로 치료 종결시에 결과물을 통한 회상과 통찰, 마음의 재정리 등에 중요한 역할을 하며 자료를 보관함으로써 그 클라이언트의 존재에 대한 인식과 존중의 의미를 가진다. 다섯째, 미술은 공간성을 지닌다. 언어는 의사소통 방식이고, 미술의 공간성은 경험을 복제한 것이다. 자신의 가족을 말로 소개하고 그림으로 동시에 나타낼 수 있다. 미술에서는 가깝고 먼 것이나 결합과 분리, 유사점과 차이점, 감정, 특정한 속성, 가족의 생활환경 등을 표현하게 되므로 개인과 집단의 성격을 이해하기가 쉽다. 여섯째, 미술은 창조성과 신체적 에너지를 유발한다. 미술 작업을 시작하기 전의 개인적 신체적 에너지는 다소 떨어져 있지만, 미술 작업을 진행하고, 감상하며, 토론하고, 정리하는 시간에는 대체로 활기찬 모습으로 변화되는 경우가 많다. 그것은 단순한 작업이나 신체적인 운동이라기보다는『창조적 에너지』의 발산이라고 볼 수 있다. 따라서 창조 능력이 향상되면서 자신감과 성취감, 자아존중감, 문제해결 능력, 통찰, 승화, 객관화, 합리화의 단계가 생겨난다.

또한, 미술은 언어로 표현하기 힘든 클라이언트의 갈등이나 감정을 안전하고 은유적으로 표현할 수 있도록 도와준다. 따라서 미술을 통한 상징적인 표현은 누구에게도 심리적, 정서적인 피해를 주지 않는 안전한 방법으로 내면을 표현할 수 있다(김선명, 2015).

3) 집단미술치료의 효과

집단미술치료는 미술치료와 집단치료가 결합된 것으로 궁극적으로는 심신의 어려움을 겪고 있는 사람들을 대상으로 하여 미술작업을 통해 그들의 심리를 진단하고 치료하는데 목적이 있다(한국미술치료학회, 1994).

한편, 정신의학자 얄롬(Yalom, 2005)은 집단미술치료에서의 집단은 개인들의 단순한 집합체가 아닌 상호작용을 통해 변화를 추구하는 역동적인 집단으로 개인치료에서는 기대할 수 없었던 새로운 잠재적 치료 효과를 거둘 수가 있다고 하였다.

얄롬은 집단에서만 발견되는 치료적 요소를 다음과 같이 정의하였다.

첫째, 희망의 주입이다. 집단미술치료는 지지적인 공동사회의 일원이 되는 것을 포함한다. 집단의 지원과 나눔의 경험은 자연스럽게 희망을 주입시키는데, 특히 집단 구성원들의 문제를 극복하거나 해결한 긍정적인 경험들과 관련되어 있거나 외상이나 상실, 가족 내의 갈등 등 극복사례에 대한 이야기를 할 때 그렇다.

둘째, 상호작용이다. 집단은 사회적 상호작용을 위한 기회를 제공한다. 더 중요한 것은 집단이 건강과 행복에 연관되어 있는 사회적 지지를 제공한다는 것이다. 집단 내에서 진행하는 미술작품 제작을 통해 집단구성원들이 치료 중에 제작한 미술작품에 대한 의견을 교환하고 집단과제를 수행하면서 결속된다.

셋째, 보편성이다. 집단을 통해 참가자들은 다른 사람도 비슷한 문제와 걱정, 두려움을 가지고 있고 사람들의 경험은 서로 다르기보다는 유사하다는 것을 알게 된다. 경험들은 보편적이나 사람들이 만드는 이미지는 매우 개인적이고 독특한 방법으로 보편적 의미를 전달할 수 있다. 공통적인 상징이나 경험을 나누는 것은 미술치료 집단의 중요한 기능이며 상호 관심사의 교환과 대화를 통해 고립감을 감소시킨다.

넷째, 카타르시스이다. 개별 미술치료에서처럼 집단작업은 고통스러운 감정이나 경험들의 표현과 정화에 특히 도움이 될 수 있다. 우호적인 집단 안에서 얻는 카타르시스는 고통스럽거나 외상적인 사건들을 극복하고 슬픔이나 상실에서 오는 우울, 불안, 공포 등 기타 감정들을 나누는데 유용하다.

다섯째, 이타심이다. 집단미술치료는 힘든 시기에 서로 돕는 것을 강조한다. 이러한 이타주의는 도움을 받는 사람뿐 아니라 도움을 주는 사람에게도 치유의 효과를 거둘 수 있다. 집단미술치료는 구성원들이 긍정적이고 서로에게 도움이 되는 방법으로 상호작용할 수 있는 창조적 활동을 제공하여 집단 구성원간의 교류와 지원을 촉진시킨다. 이러한 치료적 특성은 대부분 집단 미술치료에 적용되고 치료사는 미술체험 활동을 통해 이러한 치유 가능성을 이용한다.

특히, 집단미술활동에서의 집단은 일반적인 개인들의 단순한 집합체가 아니라 상호작용을 통해 변화를 추구하는 역동적인 집단으로서 공동 작업을 하는 과정에서 자신의 감정을 조절하고 타인을 배려할 수 있는 기회를 제공하며, 서로의 관계를 긍정적으로 나아갈 수 있도록 도와줄 수 있다(Wadeson, 1980). 또한 집단미술치료는 집단 내 상호작용으로 긍정적 모방행동이 촉진되고, 동일한 주제를 가지고 협동 작업을 하는 동안 공동체 의식을 갖게 되며 자신의 왜곡된 감정과 사고를 버리고 보다 나은 긍정적인 삶의 자세를 갖게 하는 잠재적 치료효과를 거둘 수 있다(김갑숙, 정미숙, 1999).

위와 같은 의견을 종합해 보면 집단미술치료는 첫째, 개인의 사회적 통합에 필요한 태도와 자기 관리능력의 습득을 통해서 문제해결 능력을 제고시켜주고, 둘째, 신체, 생리적 전반적인 기능을 향상시켜 스트레스, 불안, 긴장 등과 같은 부적 정서를 해소 내지 완화시켜주며, 셋째, 미적 감각 및 집중력이 향상되고, 넷째, 협동심 및 공동체 의식의 제고를 통해 대인관계기술을 향상시키고, 다섯째, 미술작품을 통해 의사소통의 도구로도 이용될 수 있다. 또한 새로운 표현방법과 새로운 생각을 탐구할 수 있도록 도와준다(김선명, 2015).

제3절 미술치료의 접근법

미술치료는 진단만 내리는 것이 아니라 치료과정도 포함된 영역이다. 따라서 미술치료의 프로그램을 크게 진단 프로그램과 치료 프로그램으로 나누어 보면 다음과 같다.

1. 진단적 접근

아동은 그림을 통해 자신을 표현하고 자신에 대해 말할 수 있다. 아동들의 본래의 마음은 그림을 통해 자연스럽게 나타나는데, 자신이 느끼지 못한 성격과 고민도 그대로 옮겨질 때가 많다. 즉 마음이 슬프면 얼굴에 그늘이 드리우는 것처럼 현재의 갈등이나 고민이 반영된 그림은 바로 마음의 얼굴이 된다. 미술치료사는 이것을 아동이 보내는 신호로 받아들이고 아동과 같이 비밀을 하나하나 풀어나가는 자세로 진단해 나간다면 치료에 도움이 될 것이다. 미술치료는 모든 사람을 대상으로 한다. 어린이든 직장인이든 장애인이든 누구나 미술치료의 대상이 된다. 그렇다면 이런 다양한 사람들을 한 가지 기준으로 설명하거나 단정 짓는다는 것은 매우 위험한 일이다. 미술 결과물 하나만을 가지고 일대일 대응법으로 '이런 양식의 그림은 이런 아동이다.'라고 절대적으로 단정 지을 수 없다는 의미이다. 그래서 진단을 할 때는 그 대상의 연령, 상황, 특성을 고려해야 하며, 언어화시키는 작업이 반드시 필요하다. 이것이 밑바탕이 되어 있을 때 미술치료가 진단을 위해 쓰이게 되는데, 그 방법에는 지시적 방법인 투사 검사와 일반적인 미술 검사, 자유화법 등이 있다.

1) 투사 검사

(1) HTP(집, 나무, 사람 검사)

집, 나무, 사람 검사는 1948년 벅(Buck)이 프로이드의 정신분석학을 바탕으로 만든 검사인데 나중에 헤머(Hammer)와 코피츠(Koppize)에 의해 더욱 발전되어 아동의 심리검사에 유용하게 활용되어 오고 있다. 이 검사는 A4용지 4장과 연필, 지우개 등을 사용하여 일정한 검사 방법에 의해 실시되는데 그림만 그리는 것이 아니라 각각 그림에 대한 20가지 질문을 하여 그림에 보충된 자료를 얻는다. 이 검사에서 집 그림은 대체로 가정생활과 가족 관계에 대한 것을 반영할 수도 있지만 집 자체가 자아상의 상징이 될 수 있다. 나무는 개인 성장의 변화 과정을 사람 그림은 자아상에 대한 것을 더욱 잘 반영한다.

(2) KHTP(동적 집, 나무, 사람 검사)

한 장의 종이에 집, 나무, 사람을 다 같이 그리는 것으로 요소간의 역동성을 잘 알 수 있다. 클라이언트에게 "집, 나무, 그리고 어떤 행동을 하는 사람의 전체 모습을 그리시오. 사람의 전체 모습을 그릴 때 만화나 혹은 막대기 모양의 사람은 그리지 마시오."라고 말한다.

(3) DAP(인물화 검사)

먼저 사람을 그리고, 다른 종이에 반대되는 성을 그리게 한다. 변형된 형태는 비속의 인물화, 동물화, 집단의 구성원화 등이 있다.

(4) FCCD(동그라미 중심 부모자녀화)

부모와 자산과의 관계를 깊이 탐구할 수 있으며 따로따로 부상, 모상, 자기상을 그리게 한다.

(5) PSCD(동그라미 중심 가족화)

한꺼번에 부모와 자녀를 동그라미가 그려진 종이에 그린다. 부모상은 현실적인 부모가 아니라 심리적 부모로 보고 있으며 인물상 주변에 시각적 자유연상은 상징, 낙서에 내재되어 있는 사고와 정서를 발견할 수 있다.

(6) FDT(가족화 검사)

현재 가족을 나타내는 것으로 가족 구성원을 그린 순서, 화지에서의 크기, 위치, 분포, 상태, 가족 구성원의 생략과 과장 등의 특징에서 부모나 구성원 간의 관계를 파악하는 것이 목적이다.

(7) KFD(동적 가족화)

동적 가족화는 가족이 무언가 하고 있는 그림을 그려 보는 것인데, 가족의 역동성 및 아동이 가지는 가족에 대한 감정을 반영해 준다. 동적 가족화는 기존의 가족화 검사에 움직임을 첨가하여 번스(Burns)와 카프먼(Kaufman)에 의해 정신분석학과 융이론을 바탕으로 발전된 검사인데 가족의 역동성을 파악하기가 더욱 용이하다. 이 검사도 A4용지 1장과 연필, 지우개 등을 사용하여 일정한 검사 방법으로 실시한다. 변형된 형태로는 동적 사업화, 동적 종교화, 학교 생활화 등이 있다.

(8) CFD(합동 가족화)

검사 및 치료 목적으로 사용되며 가족 전원이 상담과 함께 둥근 테이블에 앉아 누가 어떤 부분을 그렸는가를 분석하기 위해 각자 한 가지 색으로 그림을 그린다.

(9) LMT(풍경 구성법)

처음엔 정신분열증 클라이언트에 모래상자 놀이치료의 적용이 가능한 예비 검사로 사용되었으며 진단 및 치료 과정에 도움을 준다(테두리를 사용하였는데 이것은 클라이언트에게 줄 수 있고 저항을 줄 일 수 있다는 장점이 있다.). A4크기의 종이에 강, 산, 밭, 길, 집, 나무, 사람, 꽃, 동물, 돌 등 10가지를 차례로 그리게 한다. 마지막으로 아동 자신이 그리고 싶은 것을 그리게 한 후 색칠을 하게 한다.

2) 그림 진단

그림으로 진단할 때 중요하게 관찰하여야 할 부분은 결과와 더불어 활동 과정이다. 그림 분석은 크게 전체적인 평가와 형태적 분석, 내용적 분석, 태도적 분석이 있다. 먼저 전체적인 평가에서는 그림의 첫인상을 중요시하고, 그림이 얼마나 조화롭고 짜임새가 있는가, 구조는 잘 되어 있는가?, 이상한 것은 없는가에 주목한다. 다음 형태적인 분석에서는 그리는 시간, 순서, 크기, 위치, 필압, 스트로크, 대칭성, 방향, 상세함, 음영, 생략과 왜곡, 투명성 등이 있다. 예를 들면 그림 그리기를 시작함에 있어서 시간이 오래 걸리는지, 바로 들어가는지를 본다거나, 무엇부터 그리는가? 무엇을 그릴 때 가장 어려워하는가? 그렸다 지우기를 반복하는가? (자신감 저하, 양가감정을 가진 대상이 있을 경우에 해당이 되는 경우가 많다) 등을 본다.

그림을 다 그린 후에는 전체적으로 그림의 크기와 필압, 그림의 위치, 선의 특징을 관찰해야 한다. 작은 그림은 에너지가 작고 환경에 대한 부적응을 필압이 약하면 억제가 높은 아동이라고 본다. 그리고 세부 묘사에 집착하는 부분은 없는지, 대칭적으로 그리지는 않는지를 봐야 한다. 과도한 상세함은 외부와 적절히 통합이 되지 않는다고 보며 생략과 왜곡은 그 부분의 갈등을, 투명성은 인격 통합의 상실과 현실 검증력의 상실로 본다. 보통 화면 구성의 경우는 그림이 위에 치우쳐져 있으면 공상적이고 이상적이라고 진단하며 불안정하거나 우울한 경우 하단에 치우치고, 위축되고 과거 지향적이면 좌측면, 미래지향적이며 성공 지향적일 때 우측면에 그림이 그려져 있다고 볼 수 있다. 다음, 내용적 분석에서는 특히 강조된 것이 없는지, 전경과 배경이 공간성이 어떠한지, 그림 요소들과 상관관계, 색채, 상징을 다룬다. 태도적 분석에서는 어떤 재료를 선택하는가? 활동하는데 어려워한다거나 시작하기 어려워하는가 등을 본다. 이 모든 것은 아동 개인에 따라 각기 다르게 해석될 수 있어 그림의 진단은 아동의 개인성을 고려하지 않고 일률적으로 해석되어서는 안 된다.

따라서 가장 중요한 것은 아이의 설명과 의도, 느낌을 충분히 듣고 위의 모든 것을 종합적으로 해석해야 하는 것이다. 예를 들어, 똑같은 빨강을 사용하더라도 조화롭게 칠해졌을 때와 이중적으로 칠해졌을 때, 거칠게 표현되었을 때가 모두 해석이 달리 되며, 빨강에 대해 아동이 어떻게 느끼는지에 따라서 해석이 달라지기 때문이다. 이와 같이 활동 과정과 아동의 설명이 가장 중요한 진단의 근거라고 볼 수 있다.

2. 치료적 접근

많은 사람들이 미술치료의 영역 중에서도 특히 미술치료의 프로그램이나 기법에 대해 궁금해한다. 그리고 그 프로그램을 사용하면 정말 아동이 변화가 있는가를 알고 싶어 한다. 실제로 미술치료에는 다양한 프로그램이 있는 것은 사실이지만 아동의 변화를 위해서 '어떤 프로그램을 적용했는가?' 프로그램을 적용한 이유가 중요하다.

종이서부터 연필, 나무, 꽃잎, 각종 폐활용품 외, 이 세상의 모든 재료가 미술 매체로 활용될 수 있다. 즉, 미술치료의 재료는 무궁무진하며 유에서 무를 창조할 수 있는 융통성과 독창적이고 창의적인 분야이기 때문이다. 그러기 때문에 미술치료 프로그램은 매우 광범위하고 다양해질 수 있다. 그래서 미술치료의 기법을 알기 전에 클라이언트에게 적용되어야만 하는 분명한 목적이 있어야 하며 때에 따라서 순발력 있게 미술치료 프로그램을 제시할 수 있어야 한다.

예를 들어, 점토 활동은 다양한 신체 활동으로부터 모양 만들기, 사람 만들기에 이르는 과정까지 활용되는데, 같은 점토를 가지고도 발달 단계에 따라 아동 성향에 따라 다르게 적용되며, 얼마든지 응용, 변형되어 시행될 수 있다. 따라서 치료 방향이 분명히 제시되어야 그 목적 아래에서 가장 적절한 프로그램을 적용할 수 있게 될 것이다.

미술치료 프로그램을 시기별, 발달단계별로 나누어 일반적인 몇 가지를 살펴보면 다음과 같다.

1) 시기별 프로그램

(1) 초기

초기에는 관계 형성 단계이기 때문에 치료 교사와 아동이 친밀감을 형성할 수 있는 프로그램들이 제시되어야 한다. 또 미술에 대한 흥미 유발과 재료에 대한 감각을 키워 주어야 한다. 놀이나 게임을 적용하고 자연스런 신체 접촉이 일어날 수 있도록 하는 것이 필요하다.

애칭 표현화는 자신이 갖고 싶은 이름이나 듣고 싶은 이름을 정하고 소개하는 시간을 가진 후에 그 애칭을 그림으로 표현하는 기법이다.

테두리 기법은 클라이언트에게 화지를 제시할 때 용지의 테두리를 그어서 주는 방법이다. 공포나 부담을 줄일 수 있어 많이 사용하는 방법인데 자를 그어 선을 그리지 않는다. 스타터 시트(starter sheet)는 그림 그리는데 저항이 있거나 공포를 줄여서 그림 그리기를 자극하는데 사용한다. 종이에 치료자가 직접 잡지에서 얼굴 사진을 오려 붙여 주거나 부분 사진을 주기도 한다. 무의식과 유희시기 그리고 상징 직관적인 형상화 시기인 6세 이전에 나타나는 난화 이야기법은 게임을 하며 난화를 그려나간 후 이야기를 만드는 것인데 친밀감 형성에도 크게 도움이 된다. 눈을 감고 낙서하듯 난화를 그리다가 형상을 찾아내어 이야기를 만들어내는 방법도 있다.

그림으로 대화하기는 치료자와 클라이언트가 한 가지 색을 선택하여 말이 없이 그림으로만 대화를 주고받는 방법이다. 친밀감 형성과 상대방의 감정을 이해하는데 도움이 된다.

점토 활용은 긴장의 이완에 도움이 되고, 음악을 들으며 점토를 자유롭게 뭉치고 두드리며 만들기, 눈감고 촉감의 느낌을 살려 만들기, 릴레이식으로 점토 돌려가며 만들기, 칵테일 파티(둘 이상의 집단에서 각자 만들고 싶은 것을 만들어 종이 위에 구성한 다음, 말없이 조형물을 움직여 가며 자신과 상대방의 감정을 이해하는 일) 등 여러 가지 방법으로 활용된다.

풀 그림은 정서의 안정과 이완 등에 효과가 있다. 거부나 저항이 심한 아동에게나 퇴행이 필요한 성인에게도 유용하다. 작업의 촉진과 스트레스 감소에도 쓰인다.

자신의 장점 표현하기는 자신의 장점을 손 본뜨기나 상자를 이용하여 표현해 보는 것인데 자신에 대한 긍정적인 부분을 발견하고, 집단 미술치료에서는 상호 간의 이해에도 도움이 된다. 이외에도 자유화법이나 갈겨 그리기, 그림 완성하기 등 다양한 프로그램이 있다.

(2) 중기

이 시기는 표출 단계이기 때문에 자아 개념과 표현력을 향상시킬 수 있는 프로그램이 제시되는데, 발산이 충분히 이루어질 수 있도록 해야 한다.

자화상은 충분한 시간을 주고 그릴 수도 있고, 자신의 특정적인 모습을 중심으로 재빨리 그릴 수도 있다.

거울은 자신의 얼굴을 거울에 비추어 보면서, 다양한 표정을 지어 보고 그려 보는 것이다. 상징은 나를 상징할 수 있는 것을 그려보거나 만들고, 대화를 하는 방법이다.

은유화법은 자신을 나무, 동물, 냄새, 꽃 등 다른 것으로 표현해보고, 의인화시켜 이야기해 보는 방법이다. 아동들의 경우는 '내가 만일 변신한다면?' 혹은 '다시 태어난다면 무엇으로 변해 있을까?' 등으로 접근할 수도 있다. 내가 아는 나와 다른 사람이 아는 나는 자신의 외면과 내면을 통찰하여 자신을 새롭게 정립하고 인식하기 위한 프로그램이다.

나의 과거, 현재, 미래는 자신의 모습을 다시 한번 돌이켜 보고 자기 인식 및 개념을 형성한다. 콜라주로 표현하는 방법도 가능하다.

광고는 나 자신을 광고하는 광고지를 만드는 것이다. 정서는 하나의 그림 안에 반대되는 정서를 표현해 보는 것이다. 상황 설명이 주어지기도 한다.

인물 콜라주는 다양한 정서를 표현하고 있는 인물 사진을 붙여 보고 그 인물이 하는 말을 상상하여 이야기해 보는 방법이다. 내가 되고 싶은 얼굴과 버리고 싶은 얼굴은 가면으로도 표현할 수 있고 그림으로도 가능한 방법인데, 자기 욕구를 인식하고 내면 안에 수용되지 못하는 부분을 통합하는 기회로도 와줄 수 있다.

인생 곡선 그리기는 자신이 살아온 인생을 돌아보면서 시기별로 감정이나 만족도를 표현해 보는 방법이다. 그래프도 가능하고 콜라주나 그리기 등으로도 응용할 수 있다.

신체 본뜨기는 큰 화지에 몸의 외곽선을 따라 그리고 그 몸을 꾸며 보는 것인데, 좋아하는 것과 싫어하는 것을 덧붙인다거나 필요한 것을 덧붙이는 식으로 응용될 수 있다.

(3) 말기

말기에는 자발적이고 적극적인 표현을 유발시키고 현실 의식을 높일 수 있는 프로그램이 제시된다. 또한 상호작용을 활발하게 하는 활동이 요구된다. 종결기에는 변화를 관찰할 수 있는 기법을 사용하기도 한다. 전시회를 열어 그동안 진행되어 온 과정을 정리해 보는 시간을 가져 보는 것 또한 의미 있을 것이다.

내가 나에게 바라는 것 · 남이 나에게 바라는 것은 현실상에서의 나를 인식하고 외부 세계와의 연결점을 찾아준다. 나의 미래를 표현하기보다 미래지향적으로 긍정적인 삶을 생각해 볼 수 있도록 돕는다.

색 물총놀이는 색의 혼합을 통해 참여자의 응집력과 상호작용을 자극시키고 발산에도 도움이 된다. 이것은 초기나 중기에 써도 좋다.

돌려 그리기는 내가 그린 그림 위에 다른 사람의 그림이 덧붙여 그려지도록 하는 게임이다. 초기에도 효과적인 프로그램이고 상호이해와 사회성에 좋다.

말과 그림은 각자 한 장의 그림을 그린 후, 차례대로 한 사람씩 자기의 그림을 보지 않고 언어만을 사용하여 설명하고 다른 집단원이 그 설명을 듣고 그림으로 그리는 것이다. 다 그린 후 얼마나 비슷하게 그려졌는지 알아본다.

만화 이어 그리기는 초기에도 좋은 프로그램으로 만화를 한 칸씩 차례대로 그려나가는 것이다. 그 그림과 내용이 어떻게 이어져 갈지 모르기 때문에 흥미롭고 상대방의 의도와 감정을 이해하는데 도움이 된다.

선물 주고받기는 상대방에게 필요한 것들을 그려주거나 잡지에서 오려 붙여 주는 것인데, 집단 안에서의 나를 존재감을 인식하고 친밀감을 형성하는 데도 좋다.

종결기에 사용하기 좋은 프로그램이다.

전지그림은 참여자들이 다 같이 한꺼번에 전지에 그리는 것인데, 집단의 역동성을 알아보는데 좋고 사회성에도 도움을 준다.

나에게 상장주기는 프로그램을 종결하면서 자신에게 좋았던 점이나 잘해 준 것에 대해 상장을 만들어 주는 것이다. 성취감이나 자아존중감, 자기 정리에 도움이 된다.

2) 발달 단계별 접근

아동을 대상으로 하는 미술치료에서 발달 단계는 매우 중요하다. 아동의 현재 발달 수준에 맞는 프로그램을 제시함으로써 아동의 인지 및 정서의 발달을 도울 수 있다.

0세에서 2세 수준의 영아기에는 신체 경험을 통해 다양한 근육 지각과 감각 수용의 변별을 할 수 있게 할 뿐 아니라 자신에 대한 기본적 의식이 생길 수 있는 프로그램이 제공되어야 한다. 저항이 적은 재료부터 출발하여 자연스럽게 확대되어야 하며 자신의 움직임과 혼을 가질 수 있도록 하여 마음 놓고 탐색할 수 있게 하는 것이 중요하다. 이 시기는 물과 흙 곡식 등 전 미술 재료를 가지고 할 수 있는 놀이가 좋고 점토 활동 및 풀 놀이도 유용하다. 크레용이나 컬러 펜을 이용한 선 놀이도 중요한 프로그램 중의 하나가 된다.

2세에서 6세 수준의 유아는 자신과 사물의 변별, 상징화 능력의 발달, 자율성의 발달 등을 목표하는 시기이다. 명확한 개념을 심어주기 위해 모방 놀이와 연상 놀이를 적용해야 할 시기인 것이다. 이 시기의 유아는 정서의 기복이 심하고 조절력이 약하다. 자신과 주변에 대한 인식을 가지는 신체의식 프로그램과 주변 탐색 프로그램이 적용된다. 그래서 이때는 사물 찍기나 콜라주 기법과 같은 활동이 유용하다.

7세에서 12세에 해당하는 아동기는 집단의식을 발달시키는 것이 가장 중요한 과제이다. 다른 사람의 감정에 관심을 가지며 자기 통제력을 발달시키고, 선택하고 결합할 수 있는 능력을 길러야 하는 시기인 것이다. 이들에게는 집단 미술치료의 프로그램이 유용하게 쓰일 수 있다. 집단 프로그램에는 공동 화지에 다 같이 협동화 그리기, 색 물총놀이, 돌려 그리기, 얼굴 그림 그려주기, 데칼코마니 합쳐 구성하기 등 다양한 프로그램이 해당된다.

제4절 미술치료의 실제

1. 무지개 찾기

1) 무지개 명상

- 편안한 자세로 앉아서 눈을 감습니다.
- 편안하게 호흡을 하며 자신의 숨소리를 듣습니다(7회 이상).

- 눈을 감은 채 자신의 얼굴 크기의 원을 그립니다.
- 그 원 속을 천천히 빨간색으로 채워 빨간 원을 만듭니다.
- 빨간색 원을 주황색으로 바꿉니다.
- 주황색 원을 노란색-초록색-파란색-남색-보라색 차례로 바꿔갑니다.
- 마지막으로 보라색 원을 투명한 원으로 만듭니다(실패하면 1번부터 다시 합니다).
- 투명한 원에 자신이 꿈꾸고, 원하는 이미지를 선명하게 그려 넣습니다.
- 자신이 원하는 이미지를 충분히 보고, 듣고, 느낀 후에 조용히 눈을 뜹니다.
- 여러번 반복하면 꿈꾸는 이미지가 자신의 무의식을 움직이게 됩니다.

알아차린 점 예: 명상 속에서 나는 따뜻하고 빛나는 황금색의 물체가 나에게 영적인 강함을 주기 위해 비추고 있는 것을 보았다. 나는 진홍빛의 따뜻함 속에서 넋을 잃고 진홍색의 흐름 속에 빠졌다.

2) 무지개 그리기

빨강, 파랑, 노랑색으로 젖은 종이 위에 물감으로 색칠하도록 한다.

그림 2-1. 무지개 그리기

3) 탐색하기

- 어떤 부분이 행복해 보이는가?
- 어떤 부분이 우울하거나 혼란스럽거나 또는 단절되어 보이는가?
- 당신이 칠한 7가지 색들은 당신에게 무엇을 말하는가?

- 그 말에 대해 답을 한다면 당신은 어떤 대답을 할 수 있는가?
- 알아차린 점이 있다면 무엇인가?

2. 자화상 상자 만들기

키예스(Keyes, 1974)는 자기가 개발한 기법을 "자기 상자(The Self Box)"라 불렀으며, 사람들에게 상자 안에 무언가 감춰져 있는 것을 상징할 수 있는 것을 놓아두고, 상자의 바깥 표면에는 그림을 그리거나, 그림을 풀로 붙이거나, 혹은 좋아하는 물건을 눈에 보이는 형태로 표현하도록 지시하였다. 페르소나는 임의로 6개의 부분으로 나뉠 수 있다; 신체적 페르소나, 영적 페르소, 가족 페르소나, 사회적 페르소나, 직업적 페르소나, 그리고 정서적 페르소나. 상자의 여섯 면 각각은 이 페르소나들의 한 가지 측면을 나타낸다.

1) 회기 구성

자화상 상자는 양면의 6개 부분으로 나누어져 있기 때문에 6~12회의 서로 다른 회기 혹은 주말 워크숍처럼 한 회기를 매우 길게 갖는 식으로 진행하였다. 어떤 사람은 한 번에 상자의 한 면에 접근하는 것을 선호하였다. 또 다른 사람들은 몇 주 동안이나 끝나지 않은 상태로 머무는 것을 좋아하지 않았으며 상자를 1 회기 혹은 2 회기 안에 끝내길 바랐다. 치료사는 실용적이어야 할 뿐 아니라 시간 조절에 있어서도 유연해야 할 필요가 있다.

2) 활동

(1) 공적인, 사적인 자기 탐색

① 상자 바깥 면 – 공적인 측면(연필로 작성)

- 신체적 자기
- 사회적 자기

- 가족적 자기
- 직업적 자기
- 정서적 자기
- 영적 자기

② 상자 안쪽 면 – 사적인 측면

- 신체적 자기
- 사회적 자기
- 가족적 자기
- 직업적 자기
- 정서적 자기
- 영적 자기

클라이언트는 그러고 나면 여섯 개의 페르소나 측면을 바깥 면에, 그리고 여섯 개의 개인적인 삶의 측면을 안에 담은 육면체를 가지게 된다.

① 상자 바깥 면 – 공적인 측면(연필로 작성)

- 신체적 자기 : 깨끗하다, 밝다, 표준
- 사회적 자기 : 성실하다, 일에 대한 열정이 있다.
- 가족적 자기 : 책임감을 지닌다, 학비로 인한 부모님께 부담을 감소해야 한다.
- 직업적 자기 : 진로 계획, 열심히 공부하기
- 정서적 자기 : 조심스럽다, 섬세하다, 자신 없다.
- 영적 자기 : 건강한 생활을 지키고 있다.

그림 2-2. 자화상 상자 바깥면

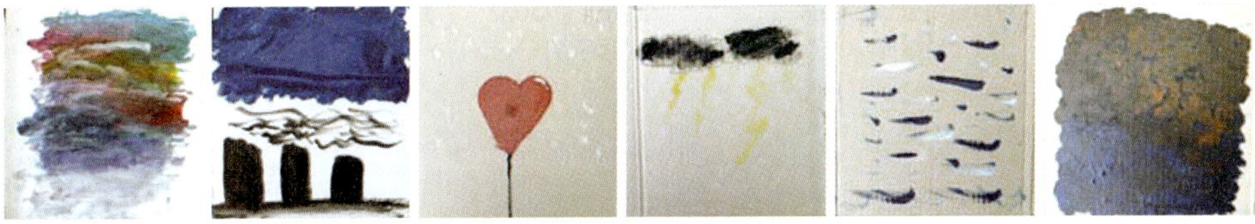

② 상자 안쪽 면 – 사적인 측면

- 신체적 자기 : 건강이 좋아지고 있다.
- 사회적 자기 : 20대 중반을 겪고 세계관을 바꿨다.
- 가족적 자기 : 사랑한다.
- 직업적 자기 : 스트레스를 많이 받다, 걱정이 된다.
- 정서적 자기 : 우울하다, 상처를 받다, 자유롭고 평범한 생활을 살고 싶다.
- 영적 자기 : 복잡하다, 마음이 진정하지 않다.

그림 2-3. 자화상 상자 안쪽면

(2) 상자 꾸미기

① 공적인 측면

㉠ 클라이언트는 공적인 면 중 하나를 골라 시작한다. 어느 것을 고를지는 그다지 중요하지 않지만, 클라이언트가 선호할 수 있고 무엇이 덜 까다로운가에 달려 있을 것이다. 역으로 어떤 사람들은 가장 어려운 것을 먼저 선택해서 씨름을 할 수도 있다.

㉡ 치료자는 사람들에게 그들이 가장 편안하게 여기는 측면을 선택하도록 용기를 불어넣어 줌으로써 과도한 불안을 피할 수 있게 한다.

㉢ 클라이언트는 공적인 페르소나를 보여줄 수 있는 몸동작을 결정한다.
논의를 위해서, 클라이언트가 공적인 신체적 자기를 선택하였다고 가정하자. 그는 아마도 자신을 그가 건강한 생활 방식에 흥미를 가지고 있다는 것을 대중들에게 보이기 위해 조깅 자세를 취하는 자신을 묘사할 수 있을 것이다. 자세를 과장해도 문제 될 것은 없다. 클라이언트는 자세를 취하고 치료자나 파트너가 사진을 찍는다.

㉣ 작품은 실질적인 이유로 상자에 직접 만들진 않는다. 사람들이 이따금 변화를 주고 싶어 하는데 상자 자체에 만들어진 작품은 변화시키기 어렵기 때문이다. 또한 상자 안쪽의 비좁은 면에서도 작업하기가 쉽지 않다.

ⓜ 클라이언트가 원한다면 사진을 오린 다음에 포스터 보드나 사각형 도화지에 붙인다. 사진에는 필요하다면 마킹펜과 색종이 같은 미술재료로 어떠한 배경이든지 추가될 수 있다. 클라이언트는 조깅트랙, 길거리, 혹은 체육관을 그릴 수 있을 것이다. 작업이 끝나면 상자의 해당하는 면을 찾아서 붙인다.

② 사적인 측면

공적인 자기 과제 이후, 클라이언트는 공적인 측면에서 했던 것처럼 개인적인 자기 과제를 만든다(종종, 그 과제는 다음 회기에서 이루어진다. 상자의 한 면을 끝내는 데는 한 시간 혹은 그 이상이 걸리기 때문이다).

(3) 과정의 반복

상자의 한 면, 안쪽과 바깥쪽을 완성하면, 클라이언트는 다른 면을 택해서 과정을 반복한다. 바깥 쪽 먼저, 그 다음엔 안쪽을 완성한다. 결국 예닐곱(6,7회) 회기가 끝나면, 클라이언트는 바깥쪽에는 공적인 페르소나, 그리고 안쪽에는 개인적인 삶을 담은 자화상 육면체 상자를 갖게 된다. 클라이언트가 안쪽 면이 개인적인 것으로 남아 있기를 원한다면, 그는 상자의 뚜껑을 풀로 붙여 닫아서 아무도 그 안에 어떤 사진들이 들어 있는지 볼 수 없게 한다.

그림 2-4. 자화상 상자

3) 자화상 상자 만들기 통해 알아차린 점

(1) 신체적 자기

- 통합을 위해 필요한 부분

(2) 사회적 자기

- 통합을 위해 필요한 부분

(3) 가족적 자기

- 통합을 위해 필요한 부분

(4) 직업적 자기

- 통합을 위해 필요한 부분

(5) 정서적 자기

- 통합을 위해 필요한 부분

통합을 위해 필요한 부분 예:

(1) 신체적 자기

- 겉으로 보이는 모습은 누군가에게 잘 보이기 위한 모습으로 운동을 하는 등 자세를 고민하지만, 사적인 측면에서는 누워있고 많이 쉬는 모습을 보인다. 자세는 공적인 순간에만 바른 자세를 유지하려고 애쓰는데 평상시에도 노력해야 할 것 같다.

(2) 사회적 자기

- 공적인 이미지를 선택한 것이 누군가를 항상 이해하려고 노력한다. 고민을 들어주고 도와주는 착한 이미지를 가지고 있다. 하지만 내면에는 그러한 것을 귀찮아하고 스스로를 돌보려는 모습이 훨씬 강하다. 나 스스로를 조금 더 챙기고, 거절이 필요할 때는 거절하고 나를 챙기는 것도 필요할 것 같다.

(3) 가족적 자기

- 좋은 아들이고 싶고 가족의 화목을 중요하게 생각한다. 가족들과 영화도 보러가고 같이 놀러 많이 다닌다. 그러나 겉으로 보이는 것과 다르게 부모님은 갈등이 있으시다. 그런 부분이 나는 조금 힘들다. 이런 부분을 이해하고 착한 아들로서 남아야 하는지 갈등이 된다.
- 내가 가족을 객관적인 마음으로 바라보면 참 좋겠다는 생각이 든다.

(4) 직업적 자기

- 공적인 모습은 성공한 사람이 되고 싶다. 하지만 내적인 모습은 사실 내 직업이 조금 귀찮다. 에너지 소모도 크고 피곤함도 많이 느낀다. 신체적으로 에너지가 많이 소모되는 직업이다. 요즘에야 느끼는 부분인데 계속 이 직업을 고집하지 않아도 된다는 느낌이 든다.

(5) 정서적 자기

- 공적인 모습은 항상 내면의 밝음을 유지하려 애쓰고 내적으로는 희망이 가득차다. 공적인 부분이 훨씬 힘들어 보인다. 내적으로 이해하고 좋은 마음을 가지려 할 수 있는 반면, 공적인 모습은 계속 미소를 지어야 한다는 점이 힘들다. 그냥 무표정으로 가만히 있어도 난 기분이 좋은 상태인데, 표현하려고 하는 것이 더욱 힘든 것 같다. 굳이 내 정서를 인위적으로 표현하지 않으려고 한다.

3. 준비물

15Cm × 15Cm × 15Cm 크기의 보드지 상자(다른 크기의 상자도 사용 가능), 12개의 30Cm 크기의 사각형 포스터 보드 혹은 도화지, 연필, 잡다한 미술 재료들, 풀과 가위 등

4. 치료적 효과

클라이언트는 처음 시작할 때는 공적인 것과 개인적인 것 사이를 꽤나 명확하고 분명하게 구분한다. 사진과 미술작업이 진행되면서 무엇이 공적이고 개인적인지 점점

더 명확해지고 공적인 자기와 개인적인 자기를 분리시킨 상태에서 유지하는 것이 점점 더 중요해진다. 다른 말로 표현하자면, 페르소나가 무너지기 시작하는 것이다. 몇몇 사람들은 심지어 상자 뚜껑에 핸들도 달았다. 다른 사람들이 개인적인 내용을 살펴볼 수 있게 초대한 것이다. 이론적인 관점에서 보면, 왜 페르소나가 자화상 상자 과제로 인해 무너지기 시작했는지가 매우 분명하게 드러난다. 비밀과 연관되어 있을 가능성이 있다(융이 1929년에 언급). 무엇이든 봉인된 것은 비밀이다. 비밀을 갖는다는 것은 공동체로부터 비밀의 소유자를 소외시키는 정신적 독처럼 작용한다.

몇몇 사람들에 의해 공유된 비밀은 개인적인 비밀이 파괴적인 강도만큼 도움이 된다. 개인적인 비밀은 죄책감의 짐처럼 작용하며 그 비밀을 소유한 불행한 이를 그의 친구들과의 친교로부터 갈라놓는다. 하지만 우리 자신이 무엇을 감추고 있는지를 알거나 심지어 자신이 억압하고 있는 것만 알아도 자신이 무엇을 억압하고 있는지 모를 때 보다 덜 해롭다. 비밀을 소중히 하고 감정을 숨기는 것은 결국 자연에 의해 우리에게 병으로 돌아오고 마는 정신적 죄이다. 즉, 이러한 것들을 개인적으로 지킬 때 말이다. 하지만 그것들이 타인과의 친교 속에서 이루어질 때, 그들은 자연을 만족시키고 심지어 유용한 선행으로도 간주된다. 건전하지 못한 것은 오직 스스로 혼자 비밀을 간직하는 것이다. 그것은 마치 인간이 그의 동료들 안에 있는 모든 어둡고, 불완전하고, 어리석고 죄스러운 것들을 주시할 수 있다는 빼앗아갈 수 없는 권리를 가진 것과 다름없다. 이와 같은 경우에는 물론, 우리가 비밀로 하는 것들은 우리들을 지켜주기 위한 것이다. 자연의 눈에는 우리가 자신의 열등감을 감추는 것이 죄와도 같다. 우리가 열등한 측면을 가지고 사는 만큼 말이다. 인류에게는 어떻게든, 그 어느 때든 자신의 미덕에 대한 자부심에 어떠한 대가를 치루더라도 자신을 방어하고 내세우기를 멈추고 대신에 스스로를 오류를 범할 수 있는 인간이라고 고백하지 않는 사람이라면 누구든지 가혹하게 처벌하는 어떤 종류의 양심이 있는 듯하다. 그가 고백할 수 있을 때까지는 뚫을 수 없는 벽이 그를 다른 인간들 사이에 있는 한 인간이라는 생생한 느낌으로부터 차단시킨다. 그러므로 상자 안의 개인적인 측면을 치료자에게 허용하고 가능하면 다른 치료 집단원들에게도 허용하는 것은 건강하며 치료적이다. 진정 개인적인 비밀을 지키고 있는 것은 심리적으로 해로우며 반면에 소수의 타인들과 공유하는 것은 친교의 느낌을 낳고 자신을 방어하고 보호하려는 욕구를 약화시킨다(Fryrear, Corbit, 1992).

참고문헌

김갑숙, 정미숙, (1999). 학교 부적응 학생의 집단미술치료 사례연구. 미술치료연구, 6(2), 167-188.

김선명, (1995). 막스 에른스트 작품의 정신적 배경과 양식구조 연구.

김선명, (2013). 집단미술치료가 대학 운동선수의 우울감 및 스트레스에 미치는 효과. 한국미술치료학회. 미술치료연구, 20(4), 811-834.

김선명, (2014). 집단미술치료가 대학 운동선수의 스트레스, 우울 및 자아존중감에 미치는 영향. 한국미술치료학회. 미술치료연구, 21(2), 215-238.

김선명, (2015). 집단미술치료가 대학 운동선수의 정서적 요인에 미치는 효과. -스트레스, 우울감, 자아 존중감을 중심으로- 한양대학교 박사학위논문.

김선현, 전세일 옮김, (2006). 임상미술의 이해, 이론과 실천. 서울: 학지사.

김선현, (2006). 통합의학에서의 미술치료의 역할에 관한 연구: 한·독·미·일 미술치료 프로그램 비교연구를 중심으로. 한양대학교 대학원, 박사학위논문.

이재화, (2004). 미술치료가 청소년의 자기성장에 미치는 영향 : Kohut의 자기심리학을 중심으로. 원광대학교 보건환경대학원, 석사학위논문.

장연집, (2002). 미술치료학의 특수성과 연구방법론. 심리치료 : 다학제적 접근. 2(1)

전세일, (2006). 통합의학 속의 미술치료의 역할. 임상미술치료학연구, 1(1), 40-49.

정여주, (2003). 미술치료의 이해. 서울: 학지사.

조정옥, (2019). 예술철학. 예술치료 이야기. 성균관대학교 출판부.

최재영, 김진연, (2004). 미술치료. 서울: 조형교육사.

한국미술치료학회, (1994, 1997). 미술치료의 이론과 실제. 대구: 동아문화사.

한국심리학회, (2014). 심리학 용어사전.

한국예술치료학회, (2010). 예술치료용어사전. 경기: 양서원.

Fryrear, J. L., & Corbit, I. E. (1992). Photo art therapy: A Jungian perspective. Springfield, IL:Charles Thomas. 김준형 외 역(2011). 사진미술치료, 서울: 북스힐.

Rosal, M. L., (1996). Approaches to Art Therapy with Children. Burlingame. CA: Abbeygate.

Rubin, j. A., (1999). Art Therapy : An Introduction. Philadelphia, Brunner/Mazel.

Rubin, J. A., (2005). Child Art Therapy. Hobken, NJ: Wiley Rubin.

Ulman, E., (1961). Art Therapy : Problems of Definition. Bulletin of Art Therapy. (1),

10–20.

Wadeson, H., (1980). Art Psychotherapy. New York: John Wiley & Son.

Yalom, I. D. and Molyn, L., (2005). The Theory and Practice of Group Psychotherapy (4th Ed.), New York: Basic Books.

Yalom, I. D., (1993). The Theory and Practice of Group Psychotherapy. 최해림, 장성숙 공역(2008). 집단정신치료의 이론과 실제. 하나의학사.

제3장

음악치료

제3장

음악치료

제1절 음악의 이해

1. 음악의 본질

원시시대의 예술은 음악, 미술과 무용이 한데 어우러진 종합예술이라 할 수 있다. 음악이라는 개념의 유래는 그리스어(무시케) 뮤즈로 거슬러 올라간다. 고대 그리스에서 이 용어는 문예, 음악과 무용이 일체화한 예술과 음의 예술을 말하며, 이들은 끊임없이 서로 결합하여 새로운 형태를 만들었다. 음악에는 음악의 소재와 정신적 이념이라는 두 개의 요소가 포함되어 있다. 이들 두 요소는 음악 안에서 서로에게 영향을 미쳐 하나의 모습을 형성한다. 음악의 다섯 가지 요소인 리듬, 화성, 음색과 형식이 서로 합쳐져 하나의 의미를 가진 체계화된 형태로서 음악의 소재를 나타내고, 정신적으로는 사람의 마음을 평안하게도 하지만 경우에 따라 생리적인 또는 심리적인 혼란을 불러일으킬 수도 있다. 이러한 본질을 지닌 음악을 단순하게 정의하자면 시간 속에서 조직된 소리의 예술이라 할 수 있다. 물리학자들은 음악 자체의 객관적 속성들을 통하여 그 결과로서 음악을 정의하고, 심리학자들은 물리적이며 객관적인 소리의 속성에 의해서 정의한다. 그리고 인류학자들은 각 문화 속에서 음악의 기원과 음악적 공통성의 보편적 기준에 따라서 음악을 정의하고, 사회학자들은 사회적인 인식에 의하여 음악을 정의한다. 또한, 철학자들은 음악을 언어의 상호관계, 그리고 다른 예술 양식들과의 비교에 의하여 정의를 내린다(Bruscia, 1989).

음악치료를 위한 기본적인 전제 조건을 살펴보면 첫째, 음악성은 선천적으로 내재되어 있는 것으로 인간의 정상적인 성장과 발달에는 소리와 리듬을 필요로 하며 만족되어야 하는 본능적인 욕구들 중 하나이다. 엄마가 유아에게 불러주는 자장가와 요람 노래는 모성의 청각 자극으로 발전한다. 이는 중간선율(transitional tune)로써, 중간선율은 대상관계 이론에서 말하는 중간대상(transitional object)의 개념에 해당한다. 음악은 정서적 안정이나 의사소통의 중요한 역할을 한다. 비언어적 도구로서 음악은 언어로 표현하기에는 어려운 것도 음악적인 표현이 가능하다. 모든 인간이 선천적으로 율동, 동작, 소리, 노래 등을 이용하여 즉흥적으로 음악을 만들어 낼 수 있는 내재된 능력과 음악에 대한 자율적인 표현 방법을 가지고 있다고 설명할 수 있다.

둘째, 음악적 환경에서 보인 행동은 음악 외적 환경에 전이된다. 신체적인 기능면에서 외부 환경에서 필요로 하는 기능들을 중심으로 음악적 활동을 계획한다. 음악의 정서적인 측면에서 음악은 자아보다는 자유롭고 표현적인 환경에서 본능을 자극하고 감정을 불러일으키는 과정을 제공한다. 셋째, 사람들은 모두 음악을 감상하고 음악을 통해 자신을 표현할 수 있다. 음악을 감상하고 연주를 하는 과정 동안 자신의 감정을 경험한다. 음악을 감상하면서 정서가 자극되고 음악을 연주하는 동안 자신의 에너지를 표출할 수 있는 것은, 인간이 감정을 가지고 있기 때문이다. 인간 개개인이 가지고 있는 음악적 기호와 선호도는 기능면에서 심리적인 의미가 있다. 넷째, 음악적 활동은 인간의 모든 측면과 관련이 있다. 음악적 활동은 인간의 인지, 신체/운동, 언어/의사소통, 사회/정서, 생리/화학적 측면에서 모든 감각 기관을 총동원해야 하며, 기본적인 지각 및 인지 과정, 정서의 체험을 나눠야 하고, 자신만의 생각과 느낌을 표현하고, 타인의 음악 세계와도 교감할 수 있으므로 음악은 일종의 총체적인 체험이다. 또한, 음악은 인간의 감각 운동, 지각 및 인지과정을 통괄하고 사고와 정서를 자극하여 변화시키며, 자신을 표현하고 창의력을 발휘할 만한 매체가 되고 사회, 오락 및 종교 활동을 하려는 목적으로 사람들을 결속시키는 힘이 있다. 다섯째, 음악적 작업은 내재된 동기를 바탕으로 한 인식의 연속성을 유도한다. 음악 감상과 연주를 통한 음악적 경험들은 동작과 활동이 계속적으로 연계되어 연속적으로 일어나는 현상을 기본으로 한다. 음악적 감각과 함께 인식의 주기가 시작되는데, 인식은 에너지를 동원시켜 심리적, 신체적 감각을 경험하도록 하고, 이에 따른 내재된 욕구나 필요를 충족하도록 이끈다. 사람들이 음악에 몰입되는 과정에서 겪게 되는 몸과 마음의 전체적인 경험이 결국 경험자의 자신감을 통한 존재 의식을 강화하고, 보상이 없더라도 그 경험 자체를 유의미하게 생각한다.

2. 음악과 인지발달

음악은 인간발달 과정에서 매우 의미있는 역할을 한다. 음악은 인간의 행동과 감정에 영향을 주고 다양한 경험을 하도록 하여 행동이나 감정에 바람직한 변화를 일으키게 하고 무의식 속에 억압되어 있는 것들을 쉽게 의식화할 수 있도록 도움을 준다.

1) 삐아제(Piaget)의 인지발달과 음악

(1) 감각운동기 : 출생부터 2세까지

아이는 출생 후 6개월 동안 양육자의 익숙한 소리와 다른 소리를 구별할 수 있고, 소리의 근원(source)이 어디에 있는지를 안다. 18개월이 지나게 되면 목소리의 음악적 특성 즉, 음색, 강도, 억양 등을 인식하는 능력과 음색(노래 소리와 악기 연주 소리)의 차이를 구별하는 능력이 발달한다.

(2) 전조작기 : 2세에서 7세까지

언어 발달, 사고의 성장 및 다양한 동작을 포함하는 음악적 활동을 경험한다. 따라서 언어 발달과 신체적 발달, 사회성 발달을 촉진시키는 다양한 음악 활동은 이 단계의 발달적 욕구에 적합하다.

(3) 구체적 조작기 : 7세에서 11세까지

이 시기의 아동들은 문제해결 능력이 발달한다. 이는 기보법(musical notation), 리듬 개념이나 화상 개념 등을 학습하는 데 도움이 되며, 음악적 활동(성가대, 합창단, 음악 밴드)을 통해 단체 내에서 협동심을 키우고 사회적 상호작용의 기회와 사회적 경험을 하도록 한다. 이러한 사회적 경험은 개인의 정체성(individual identity)을 발달시키는데 매우 중요한 역할을 한다.

(4) 형식적 조작기 : 11세부터 성인기

추상적으로 생각하는 능력이 발달되면서 자신의 환경과 관련되는 문제를 경험적, 체계적으로 해결할 수 있는 능력이 발달한다. 음악교육, 음악 감상이나 연주 등을 통해 일상에서 음악이 차지하는 부분이 많아진다. 따라서 아동의 인지발달은 음악과 상호 연관성이 높다고 할 수 있다.

2) 음악 능력의 발달

하르게브스(Hargeaves)는 음악능력발달 5단계를 감각운동, 형상, 도식, 규율과 체계, 초인지 또는 전문성 단계로 구분하였다.

(1) 감각 운동 단계(sensorimotor phase)

청각 자극에 대한 영아의 행동에 트레헙(Trehub, 1984)은 영아들은 음악의 전체적인 선율을 인식할 수 있는 능력이 있다고 하였다. 영아들은 선율을 구성하는 흐름과 전개를 인식하는 능력은 있으나, 선율을 구성하는 개별적인 음에 대한 구체적인 정보는 아직 인지하지 못한다.

(2) 형상 단계(figural phase)

상징적인 능력이 발달하는 시각적 표상의 단계로, 소리 즉, 리듬을 나름대로 시각화할 수 있는 능력이 나타나며, 학습된 동요나 노래 구절을 재생산할 수 있다. 아동은 음을 보존할 수 있는 내재된 능력이 있음을 보여주며, 선율의 전체적인 흐름(contour)만을 인식하기보다는 음악에 대한 개괄적인 규율이나 논리도 인지할 수 있다.

(3) 도식 단계(schematic phase)

단순한 선율이나 리듬 오스티나토(ostinato) 등을 사용하는 일관성 있는 표현양식(coherent idiom)이 가능하다. 음악의 시각적 개념은 물론 공간적 개념에 대한 인지력이 발달되는데, 음의 길이는 물론 높낮이를 인식하고 이를 시각적으로 표현할 수 있는 능력이다. 음이 가지고 있는 공간적 특성과 음의 배열에 대한 구조를 이해하고 이를 가시화할 수 있는 능력을 의미한다.

(4) 규율과 체계 단계(rule and system phase)

8세에서 15세까지를 말하며 이 단계는 8세 이후로 아동들은 음악 내에 있는 특정한 패턴과 규칙들을 접하고 이해할 수 있는 능력이 생기기 시작하기 때문이다.

음악과 연관된 다양한 영역에서의 적절한 음악성과 음악적 기술들을 발휘한다(Sloboda와 Deliege, 1996). 파슨(Parson, 1987)의 연구에 의하면 5세까지는 미적 경험이 시각적으로 강하지만 성장하면서 청각적인 지극을 받아들이는 것에 한층 더 이해도가 증가한다.

(5) 초인지 혹은 전문성 단계(meta-cognitive/professional)

15세 이후부터 시작되는 이 단계는 처음에는 초인지 단계로 불렸는데, 이는 음악을 지각하고 인지하는 과정에서 '사고에 대한 사고'(thinking about thinking)가 가능하기 때문이다. 사고하는 동시에 사고 내용의 전개를 평가하고 판단할 수 있는 능력이 발달의 두 가지 수준에서 보이게 된다.

첫째, 상징적인 수준(symbolic level)에서는 음악을 받아들이는 과정에서 음악적 표현과 이에 대한 감정적인 반응을 경험하고 타인과 나눌 수 있으며, 둘째로 체계적인 수준(systematic level)에서는 연상, 심리적 혹은 음악적 접근 등 고차원적인 기술에 근거하여 음악적 경험을 분석하고 이해하는 능력이 발달한다.

특정한 음악적 규율에 얽매이지 않고 탐색할 수 있는 능력이 발달한다. 이러한 능력은 음악과 같이 창의적이고 추상적인 직업에 있어서 가장 필요하다. 하르게브스는 이 단계를 "전문성 단계"라 하였다. 이 단계에서는 전문성의 기본인 창의성과 음악적 스타일의 융통성이 발달하고, 이러한 융통성은 결국 음악과 관련된 기술들을 성취하게 해주며 새로운 음악적 작업에 적용할 수 있는 능력을 배양한다.

제2절 음악치료의 발달

음악의 치료적 활용은 선사시대에서도 찾아볼 수 있을 만큼 그 역사가 길다. 플래도, 아우렐리아누스, 피타고라스 등의 고대 그리스 학자들은 음악이 인간의 정신, 영혼 및 육체적 건강에 미치는 영향에 대하여 논하였고, 중세에서 근대에 이르기까지 많은 의학자들은 음악을 인간의 건강회복을 목적으로 사용하였다. 19세기 정신병동 클라이언트들을 위한 치료의 자극제로 음악이 사용되기 시작하였다(원초롱, 정현주,

2010).

1. 음악치료의 역사

1) 원시시대

원시시대의 예술은 3000년전부터 시작되었다. 가장 오래된 기록은 성서에 있다. 구약에서 목동 다윗이 사울 왕의 질병을 위해 하프를 연주할 때 악신이 떠나고 제정신이 들었다는 것이 바로 그 예라고 할 수 있다(성서, 사무엘 상권, 16장 14절~23절).

다윗은 심적 장애자인 사울 왕에게 음악을 치료적으로 사용한 최초의 음악가라고 할 수 있다. 사울 왕은 우울증을 동반한 편집 광적인 정신 질환자였는데 다윗의 하프 연주로 악령을 쫓았다는 기록이 있다. 그러나 그 치료효과는 다윗의 지혜와 용모에 대한 사울 왕의 질투로 오래 지속되지는 못하였다(McClellan, 1991).

음악, 미술과 무용이 한데 어우러진 것으로, 주로 종교의식과 마술에 음악을 활용하였는데 주로 타악기에 의한 반복적인 소리는 정신과 건강에 영향을 미칠 수 있는 존재로 간주되어서 중요한 종교적 의식에 사용되기도 하였다. 원시인들은 주술사를 음의 영감을 부여받은 존재로 여기고, 음을 주술적, 종교적 영혼과의 교류 수단인 정령과 동일시하므로서 이런 초 감성적 현상이 결국 정신장애와 관계가 있다고 믿었다. 질병을 몰아내는 의식에서 음악은 클라이언트를 보조하거나 육체적인 건강을 회복하려는 의지를 강화시키기 위한 목적으로 주로 사용되었다. 이 시대의 음악은 영혼 교류의 수단으로 주로 이용되어지고 있음을 알 수 있다(나유미, 1999).

2) 고대시대

고대의 음악치료에 대한 기록은 거의 없어 구체적으로 파악하기 어렵지만, 이 시대의 모든 국가는 치료를 위한 신들이 존재했으며 음악의 신과 동일하였다(문선혜, 2004). 고대 유대인들에게 음악은 소극적인 감정을 강화시키며 그들을 절정에 끌어올리고 정신으로부터 그들을 해방시키는 흥분제와 긴장제의 역할을 하였으며, 유태인의 기록에도 치료제로서의 음악에 대한 내용이 풍부하다.

고대인들은 인간 정신과 신체의 부조화가 질병의 원인이라 생각하여 초 자연적인 힘을 가진 음악이 병을 치료할 수 있다고 생각했다. 음악이 인간에 미치는 영향은 인간의 인성, 기질, 도덕성에 영향을 미치므로 좋은 음악을 감상해야 한다고 철학자들에 의해 인식되었다. 고대인들에게 있어서 음악은 그들의 신체적, 정신적 문제의 해결 도구 내지는 치료제로 생각했다.

3) 르네상스 시대

르네상스는 인류 역사상 초대의 역동적이고 창조적인 시대 중의 하나로 의학과 음악 분야에서도 많은 변화가 일어났다. 인간중심 사상과 여러 규범의 부활운동으로 인해 의학과 음악에 많은 변화를 초래하였다. 베살리우스(Vesalius)의 해부학의 발달로 사람들에 과학적인 치료 방법이 적용되기 시작하였다. 또한, 청각기관에 대한 해부학, 음향학에 대한 연구 및 실험 물리학, 해부학, 생리학의 발달, 음악과 인간에 대한 객관적 연구가 시작되었다. 이러한 과학적인 접근들이 음악치료에도 변화를 야기하였다.

4) 18세기

18세기에 와서 음악은 여전히 유럽의 의사에게는 질병 치료의 도구로 사용되었고 점차 인간에게 미치는 음악의 효과를 연구하기 시작했다. 그 결과 신체리듬과 음악 리듬의 관련성과 음악이 호흡과 소화에 미치는 효과 등을 과학적으로 규명하기 시작하였다. 18세기 이탈리아의 카스트로 가수로 유명했던 파리넬리(Farinelli)는 당시 스페인 국왕 필립 5세가 심한 우울증을 겪고 있을 때 그의 곁에서 노래를 불러 국왕을 우울 상태에서 벗어나 예전의 건강한 상태로 되돌아오게 만들었다. 그 후 10년간 국왕이 죽을 때까지 매일 같은 노래를 부르게 했다. 이 시기는 인간의 생리적인 변인을 중심으로 한 음악이 인간에게 미치는 영향에 대한 연구가 활발히 진행되면서 합리적으로 생리학과 신경학에 대한 의학적 지식의 성장을 가져왔다. 몸의 리듬과 음악의 리듬, 맥박과 음악의 박자 사이의 연관성을 발견하였으며 숨쉬기, 혈압, 소화에 미치는 음악의 영향을 관찰하였다(신상철, 1986).

5) 19세기

19세기에 해부학, 외과, 세균학, 생화학, 신경학, 신경정신과 등에서 많은 임상연구가 진행되면서 새로운 지식이 발견됨에 따라 병을 예방하고 치료하는데 많은 과학적인 방법들이 사용되었다(정현주 외, 2006). 19세기 중엽부터 현대 신경학의 발달에 의해 두뇌가 인지발달의 중심이 되고 있음이 밝혀졌다. 우리가 음악을 수용하는데 있어서 우반구와 좌반구의 기능의 조화가 중요한데, 인간의 언어 기능과 행동에 영향을 주는 우반구는 음악의 인지와 음악의 행동과 관계하여 음의 높이를 감지하고 선율, 리듬, 음악적 스타일 등의 구체화되지 않은 형태 감각을 기억한다는 것이다. 그리고 좌반구는 본질적으로 논리적인 사고를 하며 구체화된 언어와 수학적 기능을 담당하여 악보를 읽고 분석한다는 것이다. 따라서 신경학적 장애가 있는 경우 음악적 활동에 어려움을 겪게 된다고 보았다(문선혜, 2004).

6) 20세기

20세기에 들어오면서는 일반 의학의 위기와 한계가 드러나면서 정신치료의 중요성이 부각되기 시작하였다. 음악치료가 과학적인 근거를 가지고 많은 의사에게 탁월한 임상분야로 받아들여진 것은 정신의학 분야이다. 음악의 치료적 활용은 정신 의료기관을 중심으로 시작되었고, 1, 2차 세계대전을 겪으면서 미국, 유럽 등 여러 나라에서 음악치료가 학문화되기 시작했다. 세계 제2차대전이 끝난 후부터 음악치료는 재향 군인 병원을 중심으로 하나의 전문 분야로 발전하게 되었다. 전쟁 후 미국의 경우 많은 부상 군인들이 정신적 충격을 경험하게 되었는데, 이들 클라이언트들을 돕기 위해 음악인들이 병원에서 음악을 연주하게 되었다. 또한, 단순히 그들을 위로하고 시간을 소모하는 활동보다는 음악을 통하여 치료적인 접근을 하는 것이 절실히 요구되면서 정신과 의사나 음악교육자들은 기존의 접근과는 다른 새로운 치료를 시도하였다(Hilmon, 1994).

2. 음악치료의 정의

음악치료(Music Therapy)는 예술과 창의성을 중시하는 '음악'과 과학적 측정을 기초로 하는 '치료(therapy)'의 합성어로 음악을 매개로 하는 심리치료이다. 즉, 음악치료 전문가가 클라이언트의 필요와 요구를 진단하여 치료적 목적을 설정하고 적절한 음악적 치료를 시행하며, 시행된 치료과정과 결과를 평가하는 체계적인 치료과정이다. 그러나 음악이 갖는 다양성과 '치료'라는 말이 포함하는 대상과 영역의 다양성 때문에 음악치료는 그 정의가 쉽지 않다. 부르시아(Brucia, 1998)는 음악치료를 훈련된 치료사가 개입하여 음악적 경험과 치료적 관계를 통해 클라이언트를 역동적으로 변화시키는 체계적인 중재의 과정이라고 설명하였다.

1) 체계적인 중재의 과정

음악치료는 목적 지향적이며, 조직화 되고, 지시에 기초하며, 통제된다는 점에서 체계적이다. 그것의 진행적 요소 세 가지를 들면 진단과 치료 그리고 평가이다.

치료로서 이 과정은 치료사의 중재가 필요한데 중재란 어떤 변화에 영향을 주기 위해 현존하는 조건을 완화시키는 목적성 있는 시도를 말한다.

치료에서 중재의 세 가지 조건을 살펴보면, 첫째, 클라이언트는 건강의 목적을 달성하기 위해 외부의 도움을 구해야만 한다. 둘째, 결과와 상관없어도 목적성 있는 중재가 있어야만 한다. 셋째, 중재란 치료사와 클라이언트의 관계적 구조에서 치료사에 의해 인도되어야 한다. 음악이 치료로서 사용될 때 음악은 중재에서 일차적인 역할을, 치료사는 이차적인 역할, 치료에서 음악이 사용되었을 때 치료사는 일차적인 역할을 그리고 음악은 이차적인 역할을 하며 음악치료의 중재가 소리, 미 그리고 창의성에 초점을 두는 점에서 독특하다.

2) 훈련된 치료사

음악치료사는 서비스를 제공하기 위한 전문적인 기술을 가지고 있어야만 하고 동시에 적절한 권위를 가진 기관에 의해 인정되어야 한다. 클라이언트의 필요에 따라 이차적인 또는 일차적인 치료를 제공할 수 있어야 한다. 음악치료는 클라이언트에게 대단히 구체적인 종류의 도움을 제공한다. 음악과 치료사는 클라이언트에게 공감과 이해, 인정과 교정, 언어와 비언어적 자기표현, 교류 그리고 커뮤니케이션을 위해, 그들 스스로에 대한 피드백과 삶의 성찰을 위해, 동기와 자기 변혁을 위해, 직접적인 조력과 중재를 위해 그들의 자원을 연합할 수 있어야 한다.

3) 건강의 증진

치료의 목적은 건강을 증진하는 것이다. 건강에는 두 가지 인식. 하나는 질병의 발병학적인 인식, 다른 하나는 건강의 모든 단계를 포함하는 건강 유지적인 인식이다.

4) 음악적 경험의 사용

음악치료는 중재의 중개인(agent)으로 음악경험에 의존하는 것으로서 다른 치료방법과 구별된다. 네 가지 특정한 종류의 음악경험이 음악치료에서 주된 방법으로 제공된다. 즉흥연주, 재창조연주, 작곡 그리고 감상이다. 소리나 활동들이 얼마나 본질적으로 음악적이냐에 따라 그 경험은 전음악적(permusical), 음악적(musical), 부가음악적(extramusical), 주변음악적(paramusical) 또는 비음악적(nonmusical)으로 구분한다.

5) 형성된 관계

다양한 음악경험의 종류는 자아나 내면세계의 다양한 계층 사이의 관계를 발달시키기 위한 기회로 클라이언트에게 제공된다. 이와 같은 관계들은 개인의 내면, 음악의 내면, 개인 간, 음악 간 그리고 사회문화적으로 묘사될 수 있다. 치료적 과정에 핵심적인 중요성은 치료사와 음악에 대한 클라이언트와의 관계이다.

6) 변화의 역동적인 힘

음악치료의 주요 요소들은 클라이언트, 음악 그리고 치료사이다. 음악치료의 역동성을 분석하는 것은 클라이언트가 음악에서 경험하는 다양한 방법을 분석하는 것이다. 음악경험이 객관적인가, 주관적인가, 활력을 주는가, 집단적인가 또는 초자아적인가에 따라 여섯 가지 역동적인 모델이 사용된다.

한국음악치료학회(Korean Music Therapy Association, 1997)의 정의는 "음악치료는 음악 활동을 체계적으로 사용하여 사람의 신체와 정신기능을 향상시켜 개인의 삶의 질 향상을 추구하고 더 나은 행동의 변화를 가져오게 하는 음악 활동의 전문 분야"라고 하였다(김종인, 2003).

3. 치료적 효과

여러 형태의 음악 활동은 사람의 행동과 심리상태에 여러 가지 반응을 일으킨다. 박자가 일정하고 리듬이 강한 음악은 춤을 추고 싶게 만들고, 부드러운 멜로디의 느린 서정적 음악은 평화롭고 목가적인 장면을 연상시킨다. 여러사람들이 모여서 합창을 할 때 음악은 사람들 사이의 새로운 유대관계를 형성하게 만든다. 이렇듯 음악은 인간의 생리적(Physiological), 심리적(Psycological), 사회적(Social) 반응을 유발시킨다. 바로 이점이 음악치료의 이론적 근거를 형성한다.

1) 생리적 반응

음악이 인간의 신체에 직접적인 반응을 일으킨다는 연구는 지난 수십년간 활발히 이루어져 왔다. 예를 들면, 음악이 혈압, 심장 박동, 호흡수, 뇌파, 피부 반응(Galvanic Skin Response) 등에 영향을 미친다는 것이다. 연구결과가 때로는 숫자상 통계적인 관심을 끌만큼 크지 못한 경우도 있었지만, 음악이 신체적 반응을 야기시킨다는 점에는 큰 이견이 없다. 최근에는 음악감상과 신체 이완법이 인간의 면역체계에 긍정적 영향을 미친다는 연구가 미국의 템플(Temple) 대학의 딜레오 머란토(Dileo Maranto) 교수팀에 의해 밝혀졌다. 이런 연구결과는 음악치료가 암 클라이언트의 면역 증가요법의 하나로 사용되는 이론적 근거를 마련하기도 했다. 또 음악은 진통 중인 클라이언트의 주의를 통증이라는 부정적 자극으로부터 음악과 연상을 이용한 긍정적 자극으로 이끌어 내어 통증을 경감시킨다. 음악이 일으키는 이러한 생리적 반응은 분만시 산모의 통증의 조절, 클라이언트의 면역력 증가, 기타 안정이 필요한 클라이언트의 신체적 이완 등에 음악치료의 적용 가능성을 시사한다.

2) 심리적 반응

음악이 인간의 정서적 반응을 일으킨다는 것은 주지의 사실이다. 음악심리학에서 특정 음악과 정서적 반응에 관한 많은 연구가 이루어졌는데, 음악 자체가 특정 정서를 유발하기보다는 음악을 듣는 사람의 과거 경험과 문화적 배경, 기호와 음악 교육 등이 음악을 들을 때의 정서적 반응과 관계가 있다는 것이 밝혀졌다. 그러나 리듬, 화성, 선율 등의 음악의 요소와 화성적 구조 등이 음악을 듣는 사람이 개인적으로 갖게 되는 음악적 의미를 어느 정도 결정한다. 음악의 성격은 크게 흥분을 지향하는 음악과 안정을 지향하는 음악으로 나눌 수 있다. 흥분을 지향하는 음악은 빠른 빠르기, 강한 박자, 음악적 구조의 갑작스런 변화 등의 성격을 포함하고, 안정을 지향하는 음악은 이와 반대되는 성격을 갖는다. 그러므로 흥분을 지향하는 음악은 노인성 치매 클라이언트를 위한 음악치료에서 신체적 자극과 움직임을 유도할 때 사용할 수 있고, 안정을 지향하는 음악은 흥분을 가라앉히고 신체적 이완을 촉진할 필요가 있는 암 클라이언트의 통증 관리에 사용할 수 있다. 이때 사용되는 음악은 클라이언트의 기호와 개인적 반응을 충분히 고려하여 선택하여야 한다.

3) 사회적 반응

힐먼(Hilmon, 1994)은 음악을 가장 오래되고 가장 자연스러운 의사소통과 자기표현 수단이라 했다. 언어의 사용능력이 제한된 클라이언트라도 치료사와 함께 연주하면서 분노나 기쁨과 같은 자신의 감정을 음악으로 표현할 수 있다. 그 감정은 음악을 통해 치료사에게 전달되고 치료사의 음악적 지지는 클라이언트에게 감정적 지지로 인식된다. 거의 말을 하지 않는 자폐 아동도 음악적으로 치료사와 관계를 맺을 수 있으며 음악적 관계는 사회적 관계로 발전하게 된다. 음악은 언어로써 표현하기 어려운 무의식의 잠재된 내면의 문제들을 음악 속으로 표현하게 돕는다. 음악적 표현은 새로운 자아 인식으로 연결되고, 자아 인식과 연결된 자기표현은 정신치료 집단 속에서 새로운 사회적 교류로 이어지게 된다. 그러므로 음악치료가 정신과 클라이언트들의 치료에 효과적으로 사용될 수 있는 것이다.

제3절 음악치료 접근법

1. 행동과학적 접근

음악치료 환경에서 설정된 문제 행동은 사전 사후 평가와 긍정적인 행동의 증가 및 부정적인 행동의 감소 변화를 양적으로 비교함으로써 음악의 효과성을 객관적으로 보여주었으며, 음악을 강화나 보상으로 이용하는 것과 같은 행동치료 기법을 적용한다. 행동치료의 장점은 음악적 보상에 대한 효과에 대해 명확한 자료를 수집할 수 있고, 행동적 접근은 음악치료 내에서 무의식 과정의 역할과 원인을 보기보다는 행동 자체에 대한 자료에 초점을 맞춤으로써 문제의 본질적인 부분을 외면한다. 개인적인 특성보다는 단지 측정 가능한 외부적 요소를 다루는 것도 비판의 대상이 된다. 행동치료적 접근에서의 음악치료는 음악이 치료적 매개체로서 객관적으로 인정받는데 큰 공헌을 하였다(정현주 외, 2006).

2. 인지적 모델적 접근

음악은 비이성적인 사고를 인식하고 교정하는 목표에 활용할 수 있다. 이러한 목표를 달성하기 위해 노래 심리치료를 활용한다. 인간의 공통적인 감정, 삶, 그리고 경험을 주제로 하는 가사들을 이용하여 현재 본인의 문제, 그리고 해결 방안들을 모색하면서 탐색과 사고를 통해 통찰력을 기르는 치료과정이다. 그룹 세팅에서도 주제에 관련된 노래들을 잘 선곡해야 한다. 기억이나 연상을 적절하게 자극하고, 개인의 갈등을 다룬 경험을 나누게 하고, 선곡된 노래는 그들 역동성과 관련지어 주제 중심의 상호교류를 촉진한다.

3. 정신역동적 접근

정신역동 음악치료 모델에서는 기존의 정신역동적 개념에 음악 혹은 음악적 환경을 연관시켜 치료의 변화를 유도하는데, 이 치료과정에서 가장 초점이 되는 것은 음악과 클라이언트, 치료사의 역동적인 관계이다. 음악의 역할 대(對) 관계의 역할에 관한 논쟁은 시간이 지나면서 변화하였는데, 부르시아는 치료적 맥락 안에서 음악적 과정 대(對) 언어적 과정의 상대적 중요성을 검토함으로써 음악의 역할에 대해 논의하였다. 정신역동적 음악치료 모델은 비언어적인 표현을 촉진하고 자아정체성의 확립을 위한 자기-인식과 내면의 통찰력의 증진을 가져오는 음악의 치료적 효과에 근거한다.

음악치료 활동은 두 가지 이상의 정신치료적 접근이 적용될 수 있는데, 어떤 음악 활동을 하였는지, 왜 그러한 음악 활동을 하였는지에 따라 구분될 수 있다. 치료사는 감정적인 카타르시스, 복합적인 감정의 해소, 인지적인 문제의 해결, 사고, 감정적 태도, 가치 및 행동, 그리고 성격의 총체적인 변화를 이끌어 내기 위해서 음악을 사용한다. 정신역동적 음악치료는 클라이언트의 내면적 갈등이나 대인관계에서 오는 감정적 문제해결을 위해 음악을 적극적인 심리치료적 도구로 활용한다.

정신역동적 음악치료에서는 상호역동성이 중요한데, 첫째, 클라이언트와 치료사의 관계에서 대인관계적 역동성을 관찰하는 것은 매우 중요하다. 또한, 전이와 역전이의 이슈들을 규명한다. 둘째, 치료사의 역할은 클라이언트의 정서적인 성장과 성숙을 유도하기 위해 문제해결을 위한 분석가에서 지지자(supporter)로 변화한다. 치료사의 의무는 클라이언트의 내적 자아(inner-self)가 표현하고자 하는 것을 표현할 수 있는 통로를 제공한다. 셋째, 클라이언트는 음악치료를 통해 문제해결을 위해 치료를 받고자 하는 마음이다. 클라이언트는 치료과정에서 치료사의 역할을 이해하고, 수용하며, 치료사의 지시에 반응한다.

4. 인본주의적 접근

클라이언트가 어떠한 반응을 하길 바라거나 특정한 주제의 대화를 하는 대신, 즉흥연주에서 클라이언트가 만들어 내는 음악적 치료에 대해 그대로 지지해 주고 반영해 주는 것이다. 치료사의 지지와 음악적 표현을 통해 클라이언트는 사고와 감정에 대한 양면적인 성향에 대해 자기 성찰을 유도한다. 매슬로우(Maslow)는 한 개인이 자신의 삶에서 충족감과 의미를 찾지 못할 때 감정적 장애가 생긴다고 강조한다. 자아실현은 인간의 기본적인 욕구 이상의 의미와 행복을 통해 얻어진다고 강조한다. 이 모델에서는 음악치료사와 음악이 클라이언트로 하여금 자신이 가장 소중한 존재임을 깨닫게 하고, 클라이언트를 지지해 주는 역할을 한다. 이는 인간의 감정과 미적 경험을 통한 성취감을 기본으로 한다는 점에서 음악치료 철학과 맞닿아 있다. 절정 경험(peak experience)에 대한 이론은 인간이 추구하는 질적인 만족성의 중요성, 즉, 절정 경험은 그 순간의 감각적, 정서적, 인지적, 사회적, 예술적 그리고 영적 연루를 경험하게 하며 존재의 내면적 가치를 확인할 수 있다. 이러한 절정 경험은 음악에서 쉽게 얻어질 수 있고 어떠한 변화를 유도하는 데에 있어 매우 효과적인 경험이다.

노르도프 로빈스(Nordoff Robbins)의 창조적 음악치료 기법은 장애를 가진 클라이언트들이 자신의 한계를 극복하고 자아실현을 이루는 데 음악이 도움이 된다고 주장한다. 창조적 음악치료는 모든 인간에게 내재되어 있는 음악아이(music child)를 만나고, 장애로 인한 그들의 기능적 한계를 극복하고, 궁극적으로는 클라이언트와 삶의 질을 향상시키는데 치료 목적이 있다. 이러한 철학을 근거로 한 음악치료적 적용은 대상의 문제의 원인을 내재된 동기를 자극하여 음악적 과제에 참여하게 함으로써, 학습된 음악적 기술들을 음악 외적 환경으로 전이시키는 데에 그 목적이 있다. 이 모델을 통한 치료적 변화는 클라이언트가 그의 인격에 대한 통합과 독립성을 성취하였을 때 평가할 수 있다. 그러므로 클라이언트가 그의 행동에 대한 책임감을 갖게 되고 자신의 표현을 방해하는 요인들로부터 자유롭게 될 때 변화한다.

5. 생의학적 접근

의학적 시각에서는 성격문제 또는 정신병리적 증세가 생화학적인 문제에 원인을 두고 있다고 본다. 음악의 임상적 적용에 대한 연구와 함께 음악치료의 전문성은 의학과 깊은 관계를 맺게 되었으며 관련 영역 또한 세분화 되었다. 음악이 임상적 도구로 적용된 의료분야는 크게 정신의학, 생의학, 그리고 재활의학 분야이다.

정신의학 분야에서는 1차 세계대전을 시작으로 음악이 치료로써 적용되었다. 19세기에는 의학 학술지, 정신과 정기 간행물 등에 신체적, 정신적 질병 치료를 위한 음악 적용에 관해 많은 글이 실리고 대체의학의 도구로서 음악의 치료적 효과성을 지지하는 논문들이 발표되었다.

휘태커(Whittaker)는 음악이 마음과 육체에 영향을 미친다는 전체적인 이론(holistic theory)을 주장하였다. 1882년에 또 다른 정신과 의사인 베어드슬레이(Beardsley)는 「음악의 치료적 활용(Medical Use of Music)」이라는 논문, 윔머(Wimmer,

1889)는 「음악의 영향과 치료적 가치」에서 음악이 육체와 음악의 조화를 이루게 하는 기능, 커밍(Coming, 1889)은 진동 의학(vibrative medicine)이란 치료법을 연구하기 위해 통제군을 포함한 실험 연구를 실시하여 음악의 치료적 효과성을 입증하였다.

음악의 총체적인 접근(wholistic approach)에 근거하여, 음악적 경험이 심리적인 이완은 물론, 생화학적으로도 긍정적인 반응을 가져올 수 있다는 연구결과를 도출하였다.

정신분열증 같은 심각하고 만성적인 질환을 앓는 클라이언트는 약물에 부분적으로만 반응하기 때문에 대중치료적 의미에서의 음악적 활용이 효과적이었다고 보고하였다(Standlet, 1992).

생의학적 접근에서는 면역성 강화와 통증 감소를 포함한 대체의학의 매개체로서도 사용했다. 발레트(Barlett, 1993)는 음악 감상이 체내의 호르몬 변화에 어떠한 영향을 미치는지를 연구하여 음악 감상 전후 체험을 통한 혈액검사를 통해 18명 중 17명이 일종의 스트레스 유발 호르몬인 콜티졸의 감소와 백혈구 등의 면역 기관에 존재하는 인터루켄이 증가하였다.

밀러(Miller, 1982)는 12명의 암 클라이언트를 대상으로 음악치료를 시행한 경우 면역체계 시스템에 연관된 S-IgA와 콜티졸(Cortisol)의 변화를 보고자 하였는데, 비록 통계적으로 유의미한 결과를 보이지는 않았지만 노래 부르기에 참여한 집단에서 콜티졸이 감소하였다는 결과를 나타냈다.

재활의학 영역에서는 음악을 통해 자극된 신체리듬 강화가 물리치료에 유의미한 효과가 있음을 보여준 연구가 많았다. 재활의학에서는 음악에 맞춘 동작을 과학적으로 구조화하여 움직임의 속도, 즉, 페이스와 타이밍, 그리고 협응감 등의 연구를 통해 모든 신체 재활 프로그램도 기능적인 움직임을 수행할 수 있는 능력을 회복시키는 데 가장 중점을 두기 때문에, 리듬과 근육의 움직임을 일치시켜 활성화하고 운동의 범위를 증가시키는 데에 음악이 효과적인 역할을 한다는 점을 보여주었다.

6. 전인적 접근(holistic)

인간의 건강은 몸, 마음, 그리고 정신의 조화와 융화로 인해 유지된다. 이 모델은 병을 치료하기보다는 인간을 치료한 데에 초점을 두고 있다.

나이셋트(Naiseett)는 건강에 대한 시각의 변화에서 세 가지의 경향을 지지하였는데, 첫째는 개개인이 가지고 있는 건강에 대한 시각 변화, 둘째는 전문적인 도움이 필요하지 않은 차원에서의 자가치료에 대한 인식, 마지막으로 웰빙, 예방의학, 이전까지 특정 증상에 대하여 받아 왔던 수술적인 처치나 약물치료보다 건강의 전체적인 개념을 중요시하였다.

전인적 모델은 삶과 건강을 복원하고 유지하는 차원에서 건강을 중심으로 한 생활패턴을 강조한다. 치료적 환경에서 치료사는 '교육자'로서의 역할을 하게 되고 클라이언트에게 건강을 어떻게 관리할 것인지에 대한 정보를 제공한다.

음악치료의 전인적인 접근에서는 음악과 이완, 음악과 심상, 그리고 GIM(Guided Imagery & Music)을 통해 클라이언트가 자기인식과 성찰을 얻도록 하는 것이 치료목표이다. 내재된 에너지를 생산적으로 표출할 수 있도록 도와주며, 개인의 역동적 에너지를 규명하고 가치관을 탐색함으로써 자기 내면과의 접촉을 촉진한다. 이 접근을 통한 치료는 클라이언트의 스트레스 감소에 많은 영향을 미치게 되고 통증 감소나 기능적 문제를 완화시켜주는 역할을 한다. 치료를 통한 변화는 생활의 균형과 인내심, 그리고 책임감, 정서의 완화이다.

제4절 음악치료의 실제

1. 음악감상

1) 이론적 배경

음악감상은 인간의 보편적인 음악적 행동(musical behavior)이며 삶의 의미 있는 부분을 차지한다. 음악을 감상하는 것은 음악이 주는 느낌을 통해 클라이언트로 하여금 기분전환과 긴장이완, 많은 이미지를 떠올릴 수 있도록 도와주는 역할을 한다. 음악은 사고와 감정을 불러일으키는 감정적 언어이기 때문에 클라이언트들의 감정표현과 자아인식 증진을 위한 강력한 도구가 될 수 있다(김진영, 2003). 음악감상에서 가장 중요한 부분은 클라이언트가 좋아하는 음악 스타일이나 장르가 무엇인지, 그리고 감상을 통해 어떠한 정서적 결핍이 보완되었는가를 알아보는 것이다. 첫째, 감상의 진단적 측면은 청각적 자극을 받아들이는 과정에서 나타나는 클라이언트의 반응과 감상에서는 소리, 진동, 리듬, 선율과 같은 다양한 음악적 요소들에 대한 반응을 살펴보는 것이다. 음악감상 동안에 클라이언트의 신체적 반응, 음악을 수용하는 자세, 선호도, 정서 표현 등을 관찰해야 한다. 둘째, 음악에 대한 신체적 반응을 진단하기 위해 음악감상을 사용할 수 있는데, 주로 바이오피드백(Biofeedback) 기구와 연결해서 자율 신경계기능(예: 심박동수, 혈압)을 포함한 생리적 기능의 변화를 측정하는 것이다. 이러한 진단은 의료 현장에서 질병으로 인한 스트레스, 불안, 또는 통증을 감소시키기 위해 음악을 효과적인 매개체로 활용하기 위해 활용한다. 셋째, 음악감상은 클라이언트의 수용적인 청취 능력을 보고자 할 때 쓰이는데, 이는 소리를 지각하고, 소리 정보를 이해하거나 혹은 해석하는 능력이 필요하다. 끝으로, 정신역동적인 차원에서 음악감상을 진단적 활동으로 이용할 수 있는데, 이는 감상을 통해 개인적 혹은 대인 관계적인 영역에서 다양한 심리적 이슈를 자극하고 관찰하는 것을 포함하며, 이때 투사적 감상은 제시된 소리 자극으로 인해 유도된 상상이나 이미지를 탐색하게 하는 것이다. 음악감상 시 음악에 대한 이미지를 떠올리거나, 음악 속에 표현된 특정 정서가 무엇일지 생각해 보거나, 음악이 주는 의미를 해석한다. 음악감상은 함께 그림을 그리거나 글을 쓰거나 이야기를 만들 수도 있으며, 동작으로 표현하기도 한다. 이러한 감상을 통해 음악이 생각이나 기억과 감정을 어떻게 자극하는지, 혹은 의식적 · 무의식적 차원에서 이러한 부분들이 클라이언트의 삶이나 성격 구조에 어떻게 연결되는지를 규명한다.

2) 실제 : 느낌 다루기

(1) 준비

언어적 지시에 따라 간단한 동작의 스트레칭으로 몸의 긴장을 풀고, 편안한 자세를 유지하도록 한 후, 눈을 감고 편안하게 큰 호흡을 몇 회 반복하도록 한다.

(2) 음악 감상

눈을 감은 상태에서 조용히 음악에 집중하여 편안한 마음으로 음악을 감상한다.

(3) 느낌 표현하기

음악이 완전히 끝난 후 천천히 눈을 뜨고, 음악을 감상하는 동안 자신의 느낌을 A3 용지 반을 접어 한쪽 면에 파스텔로 표현한다.

(4) 시화 만들기

표현된 이미지와 관련하여 떠오르는 단어나 어귀 또는 이야기를 적어본다.

표현된 단어들을 조합하여 A3 용지 남은 부분에 시화를 만든다

(5) 나누기

음악 감상과 시화를 만드는 동안 자신이 느꼈거나 알아차린 점에 대해 나눈다.

2. 악기 연주

1) 이론적 배경

악기 연주는 적극적인 참여를 유도하는 음악 경험 중의 하나로서, 기존의 음악을 다양한 악기로 연주하는 활동과 새로운 음악을 창작하여 연주하는 활동을 모두 포함한다. 음악치료에서 연주 활동이란 악기를 이용하여 음악을 만들어내는 과정을 의미하며 어느 정도의 구조화된 접근을 중심으로 한다. 우선적 목표로 하는 것은 연주 활동을 통해서 과제 수행력과 문제해결 능력과 같은 참여 과정에서 나타날 수 있는 변화를 중심으로 한다. 음악치료 환경에서 적용되는 악기 연주는 클라이언트의 장점과 단점을 고려하여 단계별로 나누어 구성된다. 첫째, 클라이언트가 음악과 가지는 관계 또한 중요한 요소이다. 두 번째, 클라이언트의 음악적 배경과 능력을 고려한 연주 세션을 구성한다. 이는 난이도에서 충분히 적절성을 띠어야 한다. 세 번째 단계는 세션의 진행에 따라 음악적 비율을 높이고 구조와 지시를 낮추는 것이 지시된 리듬이나 선율만을 연주하는 것에서 과정 중심의 음악적 역할을 주고 완성도를 경험하게 한다. 치료사가 알아야 할 것은 음악에 맞추어 악기를 연주할 경우, 악기가 가지고 있는 소리의 특성과 적절한 연주기법이다.

2) 실제

(1) 동작 모방하기

① **도구** : 에그 쉐이크, 노래

② **방법**
- 에그 쉐이크를 한사람에게 2개씩 나누어 준다.
- 익숙한 노래를 들으며 치료사의 동작을 모방한다.

(2) 에그 쉐이크 돌리기

① **도구** : 에그 쉐이크, 노래

② **방법**
- 원 모양으로 둘러 앉는다.
- 왼손바닥(오른손 바닥)을 위로 펴 왼쪽 무릎 위에 고정한다.
- 오른손으로 왼손 바닥 위의 에그 쉐이크를 집어 오른편 사람의 손바닥에 전달하는 동작을 치료사의 지시에 따라 하도록 연습시킨다.
- 익숙한 노래를 부르며 옆 사람에게 전달한다.

3. 리듬합주

1) 도구 : 다양한 악기 준비

2) 방법

가이드 음악을 듣고 클라이언트들에게 마음에 드는 악기를 선택하도록 하고 선택한 악기의 소리에 익숙해지도록 한다.

3) 연주하기

참여자 전원이 가이드 음악에 맞추어 자신의 악기로 연주하고, 치료자는 연주곡을 녹음한다.

4) 녹음곡 듣기

5) 나누기

- 녹음곡을 들은 기분이 어떠한가요?
- 자신이 연주한 악기 소리가 다른 악기 소리와 어울린다고 생각하나요?
- 마음에 들지 않는 악기 소리가 있나요?
- 이유가 있다면 무엇일까요?

4. 노래치료

1) 이론적 배경

여러 음악적 중재 중 노래는 가사를 통해 과거를 회상하고 자신의 개인적인 이야기를 직접 표현하기를 꺼려하는 내담자에게 가사를 통해 자신의 생각과 느낌을 간접적으로 표현할 수 있는 안전한 환경을 제공한다(최소림, 2006). 이러한 상황은 내담자가 제3자의 입장을 취하면서 부담스러운 주제에도 자연스럽게 접근할 수 있도록 하며, 정감을 느낄 수 있도록 도와준다. 안전한 환경 내에서 노래를 통한 자연스러운 자기노출은 내담자에게 자신의 삶이 그 가사와 어떠한 관계가 있는지 생각하게 하므로 내담자는 노래에 대해 이야기하는 것이지만 실제적으로 그들의 이야기를 하게 된다(권혜경 · 진혜경, 2000). 또한 가사에 담긴 내용이나 자신에 의해 만들어진 가사는 자신에 대한 근본적인 생각을 가지게 하여(Gabrielsson, Lindstrom, 1995) 자신을 돌아보게 하는 계기를 만들어 주고, 가사의 내용에 감정이입하고 투사할 수 있도록 한다. 이러한 과정 안에서 노래는 클라이언트의 내면을 반영하여 자기의 감정을 언어로 명확히 확인하게 해주어(Borczon, 1997), 내면의 생각, 내적 갈등, 자신의 문제점들을 확인하고 해결해 나갈 수 있게 한다. 이와 같이 내면을 정리하는 과정을 통해 자신의 삶을 주관적 또는 객관적으로 해석하고 이해할 수 있으며, 현재의 불만족스러운 욕구나 문제 등을 표현하며, 현재를 인정하고 받아들이게 된다.

2) 실제

(1) 인생 돌아보기

① 노래 부르기

② 명상

"태어나서 이 자리에 오기까지 지나간 순간순간 애써서 살아오면서 기뻤던 일, 슬펐던 일, 고통스러웠던 일 모두에서 최선을 다해 살아왔습니다. 힘들었을 때 그 누가 건네준 말 한마디, 고통스러웠을 때 손 한 번 잡아줌이 얼마나 힘이 되었는지, 내가 슬퍼할 때 같이 해준 친구 등 모든 이들을 잊을 수 없습니다. 이렇게 크고 작은 일속에서 만났던 사람들을 생각하면서 인생살이의 각각 10년의 세월 속에 머물러 보십시오."

③ 음악인생 주기표 그리기

다음 그림에 지나온 세월을 10년 단위로 구분해서 일직선상에 점을 찍어 표시한다. 먼저 현재 자신의 나이에 해당하는 칸에 성공과 실패의 정도를 고려하여 적당한 지점에 점을 찍고, 출생부터 지금까지 살아온 인생을 10년 단위로 성공과 실패감을 점으로 표시한 후, 각각의 연령대에 찍은 점을 연결하여 그린다. 가장 성공했던 시기와 그때의 상황, 가장 힘들고 실패했던 시기와 그때의 상황을 그리고 도움을 준 사람에 대해 자세히 회상하고, 기록한다. 또한, 떠오르는 노래 제목과 가사도 기록한다.

④ 나누기

자신의 인생 주기표에 대한 스토리텔링을 한다.

(2) 칭찬하기

① 노래 감상

② 가사 토론하기

- 노래 가사가 지금 자신의 인생과 연관시킬만한 것이 있나요?
- 당신 인생에서 박수를 받을 만한 일들은 무엇인가요?

③ 나누기

진행 과정 동안 느꼈던 점이나 알아차린 점에 대해 나눈다.

5. 즉흥연주(Improvising)

1) 이론적 배경

즉흥연주는 내담자가 노래나 악기 연주를 통해 즉흥적으로 소리를 창조해 내거나 음악을 만들어내는 활동이다. 이때 주요 표현매체는 목소리와 악기가 될 수 있는데, 이를 중심으로 성악 즉흥연주와 악기 즉흥연주로 나뉜다. 목소리를 통한 즉흥연주에서 클라이언트는 전체적으로 선율이나 노래를 자유롭게 창작해 내는 경우도 있고 기존 노래의 선율과 노래를 부분적으로 달리하여 노래하는 경우도 있다. 이때 치료사가 관찰하는 부분은 클라이언트가 어떻게 자기의 목소리에 표현을 실어 적적하게 사용하는지, 리듬과 선율을 어떻게 사용하는지, 가사는 어떤 의미를 담고 있는지, 그리고 즉흥연주를 통해 어떠한 심리적인 이슈가 표출되는지에 관한 것이다. 악기 즉흥연주는 클라이언트가 자유롭게 어떤 주제나 감정에 대해 악기를 선택하여 연주하는 것을 의미한다. 치료사는 선택된 악기는 무엇인지, 음색은 어떠한지, 연주되는 리듬과 음악적 요소들의 특성은 무엇인지, 어떠한 주제를 다루었는지, 주제가 있다면 그 주제와 즉흥연주가 어떠한 관련을 가지는지, 즉흥연주를 통해 내담자의 감정이나 심리적인 이슈가 어느 정도 표출되었는지 등에 초점을 두고 분석한다.

즉흥연주에서는 클라이언트가 좀 더 능동적으로 참여할 수 있는 기회를 제공하여야 하며, 즉흥연주는 치료사가 직접적으로 지시하기보다는 음악을 통한 상호교류가 중심이기 때문에 대인관계 문제가 있는 클라이언트들의 진단에 더욱 적합하다.

2) 실제

(1) 집중력 높이기

① 악기 선택하기

치료사는 클라이언트들에게 핸드벨에 붙어 있는 종이(또는 계이름)의 색깔에 따라 음악을 연주할 것이라고 안내하고 클라이언트에게 좋아하는 색깔의 핸드벨을 선택하도록 한다.

② 리듬 연습하기

치료사는 클라이언트에게 간단한 리듬을 연습하도록 한다.

③ 색깔 악보 연주하기

치료사는 클라이언트에게 색깔 악보에 맞추어 연주하도록 한다.

④ 나누기

악기를 연주하는 동안 느꼈던 점이나 알아차린 점에 대해 나눈다.

(2) 자기 표현해보기

① 노래 부르기

클라이언트의 걱정하는 문제나 고민과 관련된 노래를 우선 불러본다.

② 탐색하기

클라이언트의 걱정하는 문제 또는 고민과 관련된 노래 가사가 어떤 것인지 찾아본다.

- 노래를 불러 본 지금, 마음은 어떠한가요?
- 가사의 어떤 부분이 자신이 걱정하는 문제 또는 고민을 표현하나요?

- 자신이 걱정하는 문제 또는 고민과 관련된 일이 있다면 무엇인가요?

③ 악기 선택하기

클라이언트는 자신이 걱정하는 문제 또는 고민하는 상황을 표현하는데 적절한 악기를 선택하도록 한다.

④ 즉흥 연주하기

치료사는 클라이언트의 상대 역할을 맡고 클라이언트는 자신이 선택한 악기를 통해 상황을 묘사하는 즉흥연주를 한다.

⑤ 나누기

클라이언트는 즉흥연주 동안 자신이 느꼈던 점이나 알아차린 점에 대해 나눈다.

6. 음악 만들기(Music Making/Musicing)

1) 이론적 배경

음악 만들기란 창작과 같이 클라이언트가 노래나 악기 연주를 위한 음악을 만들거나 어떠한 형태이든지 음악적인 결과물을 만들어 내는 활동을 말한다. 음악 작업이 악보로 만들어지거나 녹음된 자료로 만들어지는 과정을 포함한다. 음악 만들기도 투사적인 진단으로, 클라이언트의 내면세계와 대인 교류에서 나타나는 제반 문제를 보고자 할 때 쓰일 수 있으며 클라이언트의 음악적 능력이나 기술 및 행동을 진단할 때에도 즉흥연주와 유사한 방법으로 사용이 가능하다.

2) 실제

(1) 노래 만들기

① 주제 브레인 스토밍하기

클라이언트들은 토론을 통해 다루고 싶은 주제를 정한다.

예 : 공부, 여행, 즐거움

② 가사 만들기

- 주제에 대해 깊이 있게 토론하여 자신들이 말하고 싶은 단어들을 찾아본다.
- 브레인스토밍을 통해 제시된 단어들을 최대한 수정하지 않도록 하여 가사를 만든다.

(2) 음악 만들기

① 멜로디 만들기

치료사가 필요한 경우 클라이언트에게 몇 개의 멜로디 라인을 제안해 줄 수 있다.

② 악기 편성

가사에 적합한 악기(키보드, 기타, 드럼 등)를 결정한다.

음악 만들기 예 :

제주도 가는날

7. GIM(Guided Imagery and Music)

1) 이론적 배경

적극적인 음악 감상을 이용한 음악심리치료 기법이다. 정신역동적 철학과 초월심리학(transpersonal psychology)에 기반을 두고 구체적인 치료 목표(goal-directed)를 위한 심층적 접근의 심리치료이다. 한 세션이 1시간 30분에서 2시간 정도로 4단계로 나뉜다. 첫 단계에서는 세션에서 초점을 두어야 할 클라이언트의 이슈를 언어적으로 규명하는 작업을 중심으로 현재의 어려움이나 본인이 지각하고 있는 육체적, 심리적 혹은 사회적 문제 등을 나눈다. 두 번째 단계는 긴장 이완으로 음악 감상에 들어가기 전에 최대한으로 이완된 상태를 갖기 위함이다. 이 과정에서는 근육의 수축과 이완을 통한 점진적 근육 이완 기법(progressive muscle relaxation)과 시각적 혹은 촉각적 이미지를 유도하여 이완을 경험하도록 하는 오토제닉 이완 기법(autogenic relaxation)을 사용한다. 세 번째 단계는 음악 감상이며, 30분~40분 동안 클라이언트는 음악을 감상하면서 경험하는 것들을 언어적으로 이야기한다. 음악을 마치고 나면, 치료사는 클라이언트에게 그림 작업이나, 시 쓰기, 혹은 동작 등 미리 결정된 선택에 따라 음악을 통해 경험했던 부분들을 언어 외의 방법을 통해 먼저 "프로세스(process)" 할 수 있도록 유도해 주며, 치료사와 클라이언트는 감상하는 동안의 경험들을 같이 탐색하고 이야기하면서 보여진 심상들이 클라이언트의 내적 세계 혹은 현실과 어떻게 연관 지어질 수 있는지를 이야기한다. 이 과정에서 치료사는 클라이언트의 통찰력을 유도하며 이러한 부분이 실제 삶에도 적용될 수 있도록 격려해 준다(Burns, Woolrich, 2004).

2) 실제

(1) 편안한 마음으로 음악 감상 준비

(2) 음악 감상

약 10-20분 동안의 음악 감상을 시작한다. 그날 세션의 초점과 방향에 따라 치료자가 선정한 음악 프로그램을 감상하면서 심상경험에 들어가는데, 심상은 촉각적, 시각적, 직감적 등으로 다양한 경험을 모두 포함한다. 치료자는 심상을 특정 방향으로 주도하거나 이끌지 않아야 한다.

예 : Stravinsky, Firebird Suite(이 곡의 마지막 10분)

(3) 콜라주 만들기

음악과 심상경험이 끝나는 경우 치료자는 내담자에게 자신이 경험한 심상에서 가장 선명하게 남는 부분이나 인상적이었던 부분을 시각화하여 관련 이미지를 자신이 수집한 사진이나 엽서 또는 잡지에서 선택하여 집단 콜라주를 만든다.

(4) 경험 나누기

- 전체적인 콜라주를 보는 느낌은 어떠한가요?
- 자신의 작품에 제목을 붙인다면 어떤 제목이 좋을까요?
- 자신은 무엇을 표현하고자 하였나요?
- 자신이 표현한 부분이 콜라주의 전체와 어울린다고 생각하나요?
  - 어울린다면 그 이유는 무엇인가?
  - 어울리지 않는다면 그 이유는 무엇인가요?
- 자신의 영역과 인접한 파트너들의 영역은 조화를 이룬다고 생각이 드나요?
  - 만약 그렇다면, 어떤 조화를 이루었다고 생각하나요?
  - 만약 그렇지 않다면, 어떤 이유일까요?
- 특별히 나누고 싶은 이야기가 있나요?

그림 3. 음악감상 콜라주 만들기

참고문헌

김종인. (2003). 행복을 주는 음악치료. 서울: 지식산업사.

김진영. (2003). 정신분열병의 음악치료 적용에 관한 이론적 고찰. 원광대학교.

나유미. (1999). 음악치료의 원리와 실천에 관한 이론적 연구. 조선대학교 교육대학원. 석사학위논문.

문선혜. (2004). 음악치료의 이해와 적용에 관한 연구. 중앙대학교 교육대학원. 석사학위논문.

성서. 사무엘 상권. (16장 14절~23절).

신상철. (1986). 음악요법의 역사적 전망. 임상예술. 제2권.

원초롱, 정현주. (2010). 아동의 정서 행동적 특성과 리듬 모방 수행력의 상관관계 연구. 10(3). 286-312(27). 학습자중심교과교육연구.

임은희. (1999). 음악치료학 입문. 서울: 아시아 미디어리서치.

정현주 외 공저. (2006). 음악치료 기법과 모델. 서울: 학지사.

차혜원. (2011). 음악치료의 원리와 효과에 관한 이론적 연구. 전북대학교 교육대학원. 석사학위논문.

Bruscia, K. E., (1989). Defining Music Therapy,(Phoenixvill: Spring House Book)

Hilmon, B. E.,(1994). 발달장애인을 위한 음악치료(김태련 외 공역). 이화여대 출판부.

Miller, M., (1982). Music Therapy for Handicapped Children Speech Therapy, Washington D. C.: NAMT, p. 141~155.

Randall M., (1991). The healing forces of music, Element Books Limited.

제4장

사진치료

제4장

사진치료

제1절 사진의 이해

1. 사진의 본질

사진은 어느 시각 매체보다도 지시적 기능이 강하다고 할 수 있다. 사진만큼 구체적으로 정확히 묘사해 낼 수 있는 매체는 없다. 구체적 지시성이 사진을 어느 시각 매체보다도 말에 가장 가까운 매체로 만들어 준다. 무엇인가 표현하고 전달하고자 하는 기능 자체가 이미 말, 곧 커뮤니케이션(communication)으로서의 언어의 기본적 기능을 가지고 있다. 이미지에는 대중매체로 흡수된 '영상화면'의 정보, 또한, 내면세계에 잠재하는 가상, 공상, 추상성, 환상성 등의 임의의 '형상 이미지'가 있다(Wright, 1999). 시지각을 통해 인식되는 형상들은 제각기 다른 입장과 개념에서 형성된 정보 매체이므로 제3자가 향수하는 지성과 감성, 문화 배경이나 취향에 따라 새로운 이미지로 환치된다. 그러한 것들이 사진 제작의 개념을 새롭게 변모시킨다. 즉, 사물의 형체를 있는 그대로 기록하는 카메라의 절대적인 사실성에서 탈피하고 있다. 반면에 공상이나 환상성의 화면 구성으로 '미술차원'으로 창작의 영역을 확산시킬 수 있다. 사진의 표현 능력을 살펴보면, 카메라의 기계성에 의지하여 사실성의 묘사만으로 사진이 모든 것을 다 표현할 수 없다. 피사체가 담고 있는 내부의 메시지가 드러나지 않기 때문이다. 사진은 완성된 한 장의 사진으로 평가되는데, 기록에 충실한 사진인지 아니면 미술차원 창조적 사진인지는 보는 이의 판단에 따라 결정된다(이주영, 2004). 사진 표현은 여러 표상기법에서 극명한 기록, 상징, 환상, 비유, 이미지의 연상 등이 전개된다(김용필, 2011).

2. 기억

1) 기억

(1) 섬광기억

우리가 기억하는 어떤 상황들은 언어적 의미가 아니라 구상적 기억을 통해서 환기된다. 특히, 정서적으로 어떤 사건들에 대한 기억들(흔히 이를 '섬광기억'이라고 한다)이 그렇다. 중요한 사건은(그 당시의 개별적이고도 덜 중요한 세부적인 것을 포함하여) 구상적으로 의식된다. 사진을 찍어 둔 상황은 사진으로 반복해서 볼 수 있기 때문에 다른 상황보다 훨씬 강하게 구상적으로 기억된다. 이러한 것들은 구상적 기록을 통해서 이전에는 없었던 정서적 의미를 지니게 된다. 여행 중에 찍은 사진을 보고 즐거워하는 것은 이러한 이유에 기인한다. 이와 같이 기억을 끄집어내는 어떤 사진은 그 당시 경험했던 심리적 과정을 떠올리게 한다. 행복한 휴가를 담은 사진을 보면 행복한 느낌이 떠오른다. 결혼식 사진도 마찬가지이다. 그래서 사람들은 행복한 삶의 장면을 사진으로 남긴다. 이는 현재의 분위기를 긍정적으로 바꾸는데 또한 영향을 미친다.

(2) 적극성과 기억

사진을 직접 찍은 사람은 그렇지 않은 사람에 비해 그때 그 사진을 찍은 이유를 더 잘 기억하고 있었다. 이에 반해 함께 여행을 했지만 직접 사진을 찍지 않은 사람은 사진을 찍는 그 순간은 잘 기억하지 못하지만, 그날의 전반적인 정서적 분위기는 더욱 잘 기억한다. 그래서 적극적으로 사진을 찍는 것은 어떤 특별한 점에 대한 기억을 촉진하고 사진 속에 고정된 그 순간에 대해 더 잘 기억나도록 한다. 사진을 감상하는 과정을 통해서 새로운 질문들이 생겨나고, 기억을 더듬어 보는 과정을 계속 반복하면서 기억은 더욱 정확해진다.

(3) 자기 자신에 대한 기억

사람들은 자아가 항상 일정하게 유지된다고 생각한다. 또한, 경험으로부터 과거를 추론한다. 그러나 자아는 결코 일정하게 유지되지 않는다. 사람들은 예전의 자신을 자주 망각한다. 특히, 부정적인 것을 쉽게 망각한다. 사진은 예전의 자신을 객관적으로 마주 보게 한다. 예전의 자신을 담은 사진은 정체성의 형성에 크게 기여한다. 사진은 과거의 순간들을 선택해 담은 것이기 때문에 과거의 고통스러운 기억들은 쉽게 망각 속으로 사라진다. 이런 점에서 사진첩은 긍정적 자아상에 대한 착각을 더욱 강화하는 기능을 할 수 있다. 그러나 외모에 관한 한 그렇지만은 않은 것 같다. 외모에는 발달의 과정이 드러난다. 사람들은 삶의 과정 속에서 자신을 바라보지 않기 때문에 여러 가지 관념과 체험을 자신의 얼굴과 거의 연결시키지 않는다. 떠오르는 것은 일련의 얼굴 사진이 불러일으키는 자신의 외모에 대한 만족감이다(이모영 역, 2010).

3. 예술로서의 사진

1) 사진의 예술적 조건

사진 역시 작가의 주제의식이 영상화 작업을 거쳐 비로소 하나의 작품으로 승화한다. 예술로서의 조건은 대체로 첫째, 자연이 아닌 인공물일 것, 둘째, 개성적, 독창적일 것, 이는 동시에 주관적일 것을 함께 요구하는 것이라 할 수 있다. 셋째, 상상의 산물일 것, 그다음으로 요구되는 것이 형상화 작업이다. 형상화라는 말은 작가의 이미지의 형태화를 뜻하는 말이며, 이때 요구되는 것은 설명이 아닌 표현이다(한정식, 2008).

2) 이미지로서의 사진

사진은 어느 매체보다도 사실적이다. 사진에 찍힌 사물의 형태는 그대로 현실적 사물에 대응이 된다. 사물의 외형이 사진만큼 구체적으로 나타나는 매체는 다시 없을 것이다. 그리하여 사진을 현실이라고 생각하는 사람들이 나타나게 되었다. 사진에 찍힌 것은 실제로 있었던 것이거나 있는 것이며, 따라서 사진은 현실을 그대로 반영한다고 생각한다. 이것이 사진의 기록성을 중시하는 다큐멘터리 사진가들의 근본 사상이다.

예술로서의 사진으로서 우리가 알아야 할 첫째 조건은 사진은 결국 현실 그 자체나 현실의 대응이 아니라 작가의 이미지라는 사실에 대한 이해이다. 현실을 보여주기 위해서 찍는 사진도 있기는 하지만 그럴 때 우리는 그것을 실용적 사진이라고 한다. 사진이 한 장의 이미지라는 사실이 이해될 때, 사진가는 인화지 위에 무엇을 담아야 할 것인가가 분명해진다. 마찬가지로 사진이 현실이라고 이해될 때, 그 사진에 담아야 할 것이 무엇인가가 역시 분명해질 것이다.

3) 상상의 산물로서의 사진

다른 모든 예술처럼 사진 역시 자기 꿈의 실현이요, 현실화이다. 화가나 음악가 또는 무용가가 자신이 꿈꾸던 바를 캔버스나 오선지 그리고 무대 위에서 펼칠 때, 사진가는 그 꿈을 인화지 위에 형상화시켜 내는 것이다. 인화지 위에 등장하는 영상, 즉, 사진 이미지가 현실적 산물이기 때문에 현실에 묶이지 않을 수 없다는 제약은 있을지언정 작가의 꿈의 실현이라는 사실에서 모든 예술과 그 바탕을 같이한다. 상상의 산물이라는 점에서는 사진 역시 마찬가지라는 뜻이다.

4) 창작으로서의 사진

창작이란 최초로 만들어진 작품이라는 뜻이다. 전에 있었던 것이 아닌, 새로 만들어진 유일한 것임을 뜻한다. 사진에서 다루어지는 주제는 새로워야 한다.

5) 개성적 작품으로서의 사진

사진이 독창적이어야 한다는 것은 사진에 개성이 들어 있어야 함을 요구하는 말이기도 하다. 예술작품이 독창적일 뿐만아니라 개성적이어야 한다는 것은 너무나도 당연하다. 독창성이나 개성은 결국 같은 개념의 다른 표현인 것이다. 그러나 사진에서 개성을 부인하거나 의식을 하지 못하는 사람들도 의외로 많은 것 같다. 사진에서 개성이 의문시되는 것은 그것이 기계 이미지라는 점에서 기인한다.

제2절 사진치료의 발달

1. 사진치료의 역사

최초로 사진이 심리학과 정신의학에 쓰인 공식적인 기록은 다이아몬드(Diamond, H., 1852)가 자신의 논문『정신질환의 치료에 있어 사진술의 유용함』을 발표하면서부터이다. 그는 여성들만 수감되어 있는 정신병원에서 치료 단계별로 정신적으로 혼란스러운 여성들을 찍은 사진들이 클라이언트의 외형적인 변화를 보여주었고, 클라이언트들에게 사진들을 보여줬을 때, 클라이언트의 자아 인식이 바뀌는 치료적 가치가 있다는 것을 발견했다. 사진치료는 1970년대 후반부터 구체적인 방법론들이 제시되면서 사진기술의 보급과 대중화와 함께 1977년『Psychology Today』에 사진치료의 방법이 소개되면서 본격적으로 대두되었다. 이 해 새로운 사진치료 기법을 소개하는『Photo Therapy Quarterly Newsletter』가 최초로 발간되었다. 1981년 '국제사진치료협회'가 설립되었고,『Photo Therapy』라는 공식 잡지가 창간되었다. 이후『정신건강을 위한 사진치료(Krauss, Fryrear, 1983)』,『사진미술치료(Fryrear, Corbit, 1992)』,『사진치료기법(Weiser, 1999)』,『디지털시대의 사진치료와 치유적 사진(Loewenthal, 2013)』등 관련 서적도 출간되었다. 사진치료와 관련하여 핀란드의 Turku에 있는 '핀란드 사진치료 협회', 이태리의 'GRIFO(Gruppo di Ricerca in Fototerapia)', 예루살렘에 있는 무스라라(Musrara) 사진학교의 '사진치료 기관', 멕시코의 Instituto Latino Americano de Psicologia y Fotografia 등이 새롭게 생긴 협회들이다.

2. 사진치료의 정의

사진치료는 예술치료의 한 분야이며 사진 기술이 발달하고 사진의 창작활동과 관련 비용이 인하되어 사진이 대중화되면서 1970년대 본격적으로 심리치료에 적용하기 시작하였다. 사진치료가 예술치료 안에 자리매김을 할 수 있는 것은 첫째, 사진치료는 진단과 치료가 동시에 이루어질 수 있다. 사진치료는 사진을 찍거나 사진을 활용하여 창작을 하거나 또는 사진을 보는 과정에서 치료자가 클라이언트의 문제를 진단해 내는 동시에, 클라이언트 또한 자신의 증상을 알면서 치료가 가능하다. 둘째, 사진은 접근이 용이한 친숙한 매체로서, 사진은 셔터를 누르는 것만으로 창작활동이 가능하여 창작에 대한 두려움을 없앨 수 있기 때문이라 할 수 있다. 사진치료는 클라이언트가 그들이 과거와 그리고 오늘날 자기의 세계를 어떻게 경험했는지, 경험하는지를 시각적으로 소통하게 해주며, 그 경험을 표현할 수 있게 해줄 뿐만 아니라 개인적인 소중한 상징들을 발견하게 해준다. 사진치료의 정의를 살펴보면, 스튜어트(Stewart, 1983)는 '전문적인 심리치료자들이 클라이언트를 치료하는데 사진 촬영, 현상, 인화 등의 사진 창작활동 등을 시행함으로써 심리적인 장애를 경감시키고 심리적 성장과 치료 상의 변화를 가능케 하는 것으로, 크라우스(Krauss, 1979)는 사진 이미지와 사진의 창작과정을 조직적으로 응용하여 클라이언트의 생각과 행동에 긍정적인 변화를 추구하는 것이라 하였다.

3. 사진매체의 치료적 요인

1) 사진매체의 심리적 요인

(1) 신뢰감 형성

사진의 매체적 특성은 현실에 대한 직접적이고 정밀함을 근거로 삼는 '사실성'을 들 수 있다. 사진이라는 매체가 가지는 '사실성'의 속성은 사람들에게 쉽게 신뢰감을 형성하도록 한다. 사진의 대상은 실제로 존재해야 하고, 사진을 찍는 사람이 그 순간 그 곳에 있었기 때문에 가능한 일이다. 따라서 현실을 바탕으로 현실에 존재하는 대상을 직접 카메라에 담아낸다. 사람들은 사진으로 현실을 증명할 뿐만 아니라 그 자체를 현실로 받아들이려는 경향이 있으므로 사진의 사실성이 보는 사람에게 확신감을 준다. 이러한 사진 매체가 주는 신뢰감은 클라이언트와 치료자 사이에 긍정적인 라포를 형성하는데 도움을 줄 수 있고, 클라이언트로 하여금 현실을 직시할 수 있도록 한다.

(2) 기억의 재생

인간은 언어로서 기억하기보다 이미지로서 시각적 사고를 한다. 사진은 인간의 시각적 사고를 도와 기억을 쉽게 재생해 내도록 하는데 도움을 준다. 경험은 이미지로 마음 속에 기억되고, 그것이 비슷한 형태의 이미지를 볼 때 다시 재생된다. 폭력과 같은 외상적 사건을 경험했을 때 우리의 마음은 카메라가 사진을 찍듯이 그 사건을 마음 속에 저장한다. 언어에 나타나는 시각적 사고 특히, 사진적 비유는 인간의 기억이 이미지를 통해 효과적으로 재생된다는 기억이론을 근거로 본다면 사진매체를 이용해 클라이언트의 기억을 되살리는 것은 치료적으로 상당히 효과적인 접근법이 될 수 있다. 사진은 기억을 통해 시간의 역사성을 재현해줄 수 있고, 특정한 공간의 한 순간을 통해서 과거에서 현재로 그리고 미래까지 연결할 수 있는 시간의 흐름을 느끼게 해준다. 실제 사진에서는 분명히 정지된 한순간만이 담기지만 보는 사람은 그 순간의 앞뒤 상황을 연상함으로써 기억의 재생이 일어나며 특히, 그 기억이 그때의 감정까지도 불러일으키는 즉, 구상적인 기억으로 재생된다는 것이다.

(3) 인지방식의 표출

사진을 창작하는 과정이나 사진을 보는 활동은 자극을 받아들이고 저장하고 인출하는 일련의 정신적 과정이므로 사람들의 고유한 인지방식을 표출(자아에 대한 관찰의 연장선)하는 것이다. 말하자면 사진을 창작하는 주체가 자기의 세계를 인지하는 방식이 사진을 통해 드러난다. 사진을 본다는 행위는 '우리가 한 사물에 시선을 주는 것으로 대상과 우리 자신의 관계를 바라보는 것'으로, 자신의 의식과 무의식을 투사해서 그 사진을 보기 때문에 인지방식의 표출이라 할 수 있다.

2) 사진 매체의 도구적 역할

사진의 치료적 도구로서의 가치는 사진 그 자체는 어떤 사실이나 진실을 말하지 않지만 사진은 상징을 제공해 주고 함께 토의할 수 있는 가능성의 세계를 위한 입구로 안내하는 역할을 한다. 치료자와 클라이언트는 이를 통해 함께 작업할 수 있다.

(1) 촉매제 역할

사진은 클라이언트의 슬픔과 고통을 기억해 내는 촉매제 역할을 한다. 사진에 나타나는 스투디움(studium)과 푼크툼(punctum)(Barthes, 1980)을 통해 클라이언트의 무의식 속에 저장되어 있는 다양한 억압된 기억과 느낌을 의식화시켜낸다. 즉, 비언어적 수준에서 사진을 인식하고 쉽게 기억하고 언어화할 수 있다.

(2) 상징과 투사의 사용

사진치료는 상징과 투사를 상담과 치료의 기본적인 도구로 사용한다. 클라이언트가 찍어온 사진은 구체적이며 상징적으로 사물을 묘사한다. 이것은 클라이언트의 정신적 상태와 그들의 '현실의 지도'를 반영한 것이다. 다른 표현으로는, 사진은 '자기 진술(투사적 테스트 자료)을 상징적으로 나타내는 것일 뿐만 아니라 실제의 사물을 있는 그대로 보여주는 능력을 가지고 있다. 그러므로 클라이언트의 정신에 영향을 주는 많은 자극들을 이해하는 방식이 부분적으로나마 최소한 모든 사진에 표현되어 있거나 함축되어 있다. 현실에 대한 이런 지도는 생리학적이거나, 사회화, 그리고 개인적인 경험에 의해 구축된 상징적이며 구상적인 체계이다. 그들이 경험한 것을 패러다임으로 정의함으로써 그들이 살고 있는 세계를 이해한다고 믿게 해준다.

(3) 창조적 과정 제공

사진과 예술을 접목한 창조적 과정은 클라이언트에게 심리적인 위안감, 감정 표출을 통한 정화 및 자기 인식과 개인적 성장을 촉진시키는 수단이 되며, 창의성을 향상시킨다. 예술에 드러난 요소는 개별적인 형태로든 결합된 양상으로든 자기표현과 창조성을 불어넣어 주며, 즐거움과 통찰력 및 지식을 제공한다.

(4) 의미의 창조

대부분 우리는 세계에 대한 우리의 사적인 경험이 들어오는 정보를 평가하며 인식한다. 그러한 정보들은 우리의 감각에서 뇌를 통해서 전달된 의미를 가진 표현된 정보들이다. 이런 경험들은 개개인의 세계에 대한 감각적 방향을 창조한다.

우리는 세계를 직접적으로 경험할 수는 없지만, 우리의 감각을 통해 경험을 할 수는 있다. 우리가 우리의 감각을 통해서 받아들이는 수많은 양의 정보를 이해하고 체계화하는 과정은 상징을 통한 하나의 현실에 대한 표현의 과정이다. 그리고 이런 상징들은 '의미를 가지고 있고 하나의 사물이나 요소 또는 관계보다 더 큰 암시적인 의미를 지닌다'고 할 수 있다. 사진매체는 사진 속의 상징들을 통해 사적인 경험에 대한 의미를 만들어 낸다.

제3절 사진치료의 접근법

1. 즉석사진을 활용한 기법

즉석사진을 활용한 치료적 접근은 1948년 랜드(Edwin H. Land)에 의해 개발되었다. 즉석사진은 사진을 찍은 후에 즉시 인화가 되어 사진치료에 쉽게 이용할 수 있고, 사용하기가 매우 간편하다. 신속하고, 간결한 즉석사진의 활용은 전통적인 정신치료적 접근이 어려운 클라이언트들에게 특히, 자폐성 아이들, 사회 부적응 아이들, 교육을 받기 싫어하는 아이들, 비행 청소년들에게도 접근이 용이하다(Wolf, 1976).

1) 즉석사진의 특성

즉석사진은 임의의 현상을 '정지된 행동'의 형태로 포착하여, 클라이언트가 볼 수 있는 기회를 제공하며, 그때 어떤 일이 발생했는지 검토하고 반응을 할 수 있게 한다. 특히, 자신이 사진에 찍히거나, 사진 속의 주제가 된다면, 사진에 대한 즉각적인 피드백이 클라이언트의 주의를 끄는 경향이 있으므로, 만약 이전의 충동적 혼란으로 인해 잊고 있었던 자신의 모습을 거부감없이 가까이 들여다 볼 수 있도록 할 수 있다. 또한, 이러한 사진은 클라이언트의 중요한 정보를 이끌어 내어 논의를 할 수 있도록 하는 재료가 될 수 있다. 만약 치료 회기에서라면 즉석사진은 클라이언트들에게 때때로 새로운 에너지와 힘을 발산하도록 하고, 중요한 통찰력을 제공해 준다. 무엇보다도 즉각적으로 그들 자신의 사진을 가질 수 있는 경험은 저항이 심한 클라이언트들의 저항을 극복하는데 도움이 될 수 있고, 치료과정을 촉진할 수 있다. 즉, 즉석사진 작업은 클라이언트의 관심을 끌고, 치료적 관계를 진척시킬 수 있도록 클라이언트를 자극할 수 있다. 또한, 가시적인 접근이나 즉각적인 만족을 원하는 충동적인 클라이언트의 경우에 즉석사진 안에 반영된 자기 자신의 이미지에 대해 즉각적인 흥미나 반응을 보인다(Fryrear, Corbit, 1992).

2) 치료적 접근

즉석사진은 다양한 범주의 정신치료에 적용된다. 클라이언트의 진단이나 평가, 진행

중인 정신치료에 사용된다(Wolf, 1978). 우선 즉석사진은 치료가 일어날 수 있도록 치료사와 클라이언트의 치료적 동맹을 맺는데 도움을 줄 수 있다. 만약 정신병적, 반사회적이거나 또는 행동화 장애의 특성을 보이는 경우, 불안 또는 긴장을 견딜 수 없는 감정의 표현으로 치료에 저항하는 경향이 있다. 따라서 치료 초기에 서로를 알아가면서 치료를 시작하는 것은 매우 중요하다. 서로의 즉석사진을 찍도록 하는 것은 치료사와 클라이언트가 접촉을 시작하는 최초의 연결 고리를 제공할 수 있다. 즉석사진의 사용 절차는 일반적인 치료과정에서 적용할 수 있으며, 또한, 치료적 상황에 따라 적절하게 변경하여 적용할 수 있다. 개인 작업에서 치료사는 치료 회기에서 클라이언트에게 즉석카메라의 사용에 대해 설명한 후, 클라이언트에게 원하는 표정이나 동작을 해보도록 하거나, 오늘 자신의 감정의 상태가 어떠한지 질문한 다음에 그러한 감정을 얼굴 표정이나 동작으로 표현하고 즉석사진을 찍도록 제안한다. 집단작업에서 치료사는 참여자들에게 즉석카메라의 사용법에 대해 설명한 후, 참여자들이 서로 사진을 찍어주도록 한다. 사진을 찍은 후에, 개인 또는 참여자들은 치료사의 안내에 따라, 자신의 모습을 오려내어 다양한 색깔의 종이 위에 사진을 붙이고 배경에 사용할 사진 이미지를 잡지에서 오려 자신만의 포토콜라주 작업을 할 수 있도록 한다. 이 때 치료사는 참여자들이 선택한 배경에 사용할 사진 이미지들에 대해 충분히 연상을 하도록 하고, 사진 이미지들을 시간과 공간에 맞게 배치하도록 한다. 자신의 이미지를 시작점으로 사진 이미지와 간단한 선 그리기, 색연필, 마커, 크레용과 같은 미술 도구를 활용하여 자신만의 창조적인 방식으로 콜라주를 만들 수 있다. 치료사는 완성된 콜라주의 각각 요소들을 참여자들에게 주의 깊게 바라보도록 하고, 각각의 이미지에서 느낀 것이 무엇인지 생각하고 언어화하도록 한다. 만약 사진 속에 다양한 이미지들이 들어 있다면, 치료사는 각각의 이미지가 되어서 참여자들에게 질문을 하고, 참여자들이 대답을 하도록 하여 대화를 계속 이끌어 나갈 수도 있다. 이러한 접근은 참여자들이 차례로 언급할 상상 속의 경험에 대한 지속적인 역할을 하는 것이 사이코드라마와 유사하다.

2. 스냅사진을 활용한 기법

클라이언트들이 치료의 목적으로 가져오는 많은 이미지들은 대부분 스냅사진이다. 웹스터 사전(1963)은 '스냅사진'을 소형 카메라를 이용해서 빠른 노출로 찍은 격식을 갖추지 않은 사진이라고 정의했다. 스냅사진은 개인적인 생각을 공개적으로 표현하는 것으로 심리적인 문서라고 할 수 있다. 이런 스냅사진들은 심미학적으로, 인류학적으로 역사적으로도 이해될 수 있다. 하지만 이들 스냅사진들은 개인적이고 사적으로 만들어진 이미지이며 그 사람의 정보가 생생하고 암묵적이며 사실적이고 암시적이기 때문에 우선 그것들이 꿈인 것처럼 판독해야 한다(Lesy, 1976).

1) 스냅사진의 특성

사람들은 카메라로 다양한 시도를 하게 된다. 빅토리아 시대에 인물사진 스튜디오에 가는 것은 몹시 공식적인 방문이었지만 스냅사진 시대에는 누구나 어떠한 장소에서도 혼자서 사진을 찍을 수 있게 되었다. 소수만이 했던 사진 찍기는 이제 모두에게 가능해서 사진 촬영은 대중적이 되었다. 오늘날 스냅사진은 많은 매력적인 요소들을 가지고 있기 때문에 근본적인 접근이 가능하고, 수많은 사람들이 사진을 찍기 때문에 일상적이다. 그러나 일반적으로 사진을 찍는 사람은 자신의 카메라 앞에서 어떤 일이 벌어지고 있는지 가장 잘 자각하고 있지만 그 사진이 어떻게 나올지는 의식하지 못한다. 따라서 사진과 그 사진이 포함하고 의미하는 모든 것들은 그 사람이 사진을 찍을 때와 인화된 사진을 볼 때와는 별개가 된다. 스냅사진은 다른 사람, 또는 주변에 있는 사람과의 관계를 규정할 수 있고, 가족사진인 경우, 가족구성원 각각에게 정체성을 부여해 준다. 또한, 스냅사진은 자세를 취하는 그 순간을 기록하고, 동시에 가족의 현실적인 순간의 표정이나 솔직한 모습을 실제로 경험한 것처럼 잡아낼 수 있었다.

치료적 측면에서 찍은 스냅사진들은 가족과 개인들의 행동, 관계 그리고 그들의 독특한 성격의 확인이나 갈등을 보여준다. 스냅사진에서 보여지는 이들 시각적 이미지는 클라이언트의 감정을 언어적인 것보다 훨씬 더 깊은 부분을 나타내는 치료적 연결고리로 작용한다. 스냅사진의 치료적 장점으로는 첫째, 카메라가 가벼워서 휴대하기가 편하고, 핸드폰 카메라의 기능을 이용할 수 있다. 둘째, 자신의 문제를 이미지를 이용한 작품으로 표현할 수 있다. 반면 우리가 고려해야 할 점은 사진이 사물을 그 자체로 재생산되지 않는다는 점이다. 보통 사람들은 카메라가 자신이 본 것과 일치하는 이미지를 보여주면 그 이미지는 비록 2차원이지만 축소되거나 거짓이 없는 이미지 그 자체라고 생각한다. 하지만 치료사가 사진에서 무엇을 '보는'지와 클라이언트가 같은 이미지에서 보는 것에는 차이가 있을 수 있다. 따라서 클라이언트가 등장하지 않은 사진을 가지고 클라이언트를 분석하는 것에 주의를 기울일 필요가 있다. 왜냐하면 의미를 창조하고 그의 시각에 맞는 이미지를 만드는 것은 결국 클라이언트이기 때문이다.

2) 치료적 접근

(1) 사진보고 말하기 기법

클라이언트로 하여금 다양한 사진을 활용하여 자유롭게 연상하고 상상하도록 하는 것이다. 활용하는 사진 자체는 독자적인 생각, 행동 등 관계를 암시하기 충분할 정도로 추상적이며 다양한 묘사가 들어 있을수록 좋다. 사진을 보는 사람은 자기 세계를 인지하는 방식으로 사진 이미지의 게슈탈트(형태, 지각의 대상을 형성하는 통일적 구조)를 이미지에 투사한다. 사진 이미지는 클라이언트가 자신의 삶을 바라보는 방식이나 의미, 중요성, 패턴, 관계, 그리고 특히, 감정을 사진에 투사하도록 한다. 추상적인 이미지들은 사람들로 하여금 자신들이 세계와 관계를 맺는 방식으로 재빨리 그 이미지들을 구조화하기 시작하고, 구조화되지 않은 자극을 가지고 자신이 바깥 세계와 내적 세계에서 살고 있는 방식으로 이미지들을 구성한다. 그러므로 이러한 과정에서 다른 사람과의 관계를 맺는 방식이 드러날 수 있다(Loewenthal, 2013).

(2) 쥬디 와이저 기법

① 자화상 사진(self-portraits) : 자신이 찍은 자신의 사진

자화상 사진치료 기법은 자신을 외부의 존재, 즉, 다른 사람으로서 자신을 보게 한다. 이렇게 될 때 우리는 무의식적으로 외적인 자신과 종종 이상화되어 있는 내면의 자기 이미지를 비교하게 된다. 객관적인 자기 알아차림(self-awareness)은 다른 사람의 관점으로 자신을 바라보는 치유적 가치를 강조한다. 따라서 자화상 사진은 자신을 직면하고 한계를 인식하고 통제 가능한 방식으로 자신을 극복해 나가는 안전한 방법이 될 수 있다. 자화상은 치료사가 제시한 자화상 과제를 통해 클라이언트가 다양한 방식으로 자신을 탐색하도록 해준다. 클라이언트들이 찍어온 자신의 사진을 통해 치료사는 클라이언트들의 심리상태를 파악할 수 있다. 특히, 사진을 통한 자아개념의 파악은 자기 검열의 저항을 줄일 수 있기 때문에 클라이언트의 상태 파악에 더욱 용이하다.

② 자신이 찍거나 수집한 사진

자신이 찍은 사진을 포함해서 자신에게 중요한 사진(특별한 의미가 있어 간직하거나 수집하는)은 거울처럼 자신의 내면을 반영하므로 클라이언트의 내면을 가늠할 수 있다. 사람들이 사진을 어떻게 찍을지 결정하는데 많은 것들이 영향을 줄 수 있다. 사진을 찍는 사람의 목표, 소망, 희망하는 성과, 그리고 독특한 개인의 기준을 만족시켜야 하는데 이런 것들이 영상적 언어로 어떻게 연결되어야 하는지, 만약 스냅사진이라면 그들이 기대한 것만큼 사진이 잘 나오지 않았다면 무엇이 잘못되었는지, 그리고 이것은 무엇을 의미하는지, 그렇다면 성공적으로 사진을 찍기 위해서 무엇이 필요하다고 생각하는지를 탐색하는데 유용하다. 클라이언트들에게 자신이 찍거나 수집한 사진들을 가져오게 하고 그런 이미지들에 대해서 이야기 해보라고 하는 것은 그들이 자기 자신을 이해하기 위한 비위협적인 방법이다. 그들이 말하는 이야기 내용(사진들이 찍힌 상황, 사진들을 간직한 이유 등)은 치료적으로 모두 잠재적인 중요성을 가지고 있다. 또한, 다른 특성으로, 클라이언트로 하여금 사진을 찍고 수집하도록 하는 것은 감정적으로 힘든 질문들에 대해 설명하는데 도움을 줄 수 있다. 자신에게 영향을 미치는 것에 대해 사진을 찍는다는 것은 또 다른 측면에 대한 통제감을 줄 수 있다. 또한, 사진을 찍을 때 예상한 것과 실제를 비교할 수 있도록 해줄 뿐만 아니라 상황에 따라 다양한 선택들이 있다는 것을 발견하도록 도움을 줄 수 있다.

③ 다른 사람이 클라이언트를 찍은 사진 이용하기

사람들이 사진을 찍기 위해 자세를 취할 때, 최종적으로 자신이 어떻게 보여져야 할지를 생각한다. 이것은 실제 생활에서 어떻게 다른 사람에게 보여져야 하는지에 대한 자신의 기대를 반영한다. 자신을 찍은 사진에 대해 질문하는 것은 스스로를 어떻게 평가하는지를 탐색하는 좋은 방법이다. 첫째, 다른 사람이 클라이언트를 어떻게 이해하는지 파악이 가능하다. 다른 사람이 자신의 사진을 찍도록 한다는 것은 일종의 사회성을 내포하기 때문에 자존감이 낮은 클라이언트들에게는 다른 사람에게 자신을 보여주고 카메라 앞에서 자세를 취하는 것 자체가 치료적 효과를 가져올 수 있다. 둘째, 자신이 중요하다고 생각되는 부분과 다른 사람이 자신에게 중요하다고 생각하는 부분에 대해 비교가 가능하다. 클라이언트가 스스로 자신에 대해 중요하다고 생각하는 것과 다른 사람이 자신에 대해 중요하게 생각하는 것에 대해 바라보는 관점에 차이가 있다는 것을 알 수 있다. 셋째, 자신의 솔직한 모습을 포착할 수 있다. 다른 사람이 자신의 사진을 찍는다는 사실을 모르고 자신이 찍힌 사진은 다른 사람과의 관계에서 보여져야 하는 자신에 대한 어떠한 무장도 하지 않은 있는 그대로 보여지는 모습이다. 넷째, 사진을 찍어주는 사람과의 관계의 역동성에 대한 탐색이 가능하다.

④ 가족사진 그리고 다른 자서전적인 사진들 이용하기

가족사진을 활용하는 기법은 클라이언트의 가족, 뿌리, 배경, 환경, 연결, 관계, 세대에 걸쳐 내려온 기대 등을 다룰 수 있다. 자서전적 사진들과 가족사진은 가족구성원들에 대해 탐색하는데 유용하다. 가족사진들은 세대를 거쳐 오는 동안 형성된 가족의 역동에 대해 사진에 나타나는 가족구성원들의 비언어적 표현을 통해서 탐색할 수 있다. 가족사진의 역사는 가족에게 의미 있었던 것을 기록한다. 왜냐하면 앨범을 보관하는 사람에게 중요하지 않은 사진들은 보관되지 않기 때문이다. 사진의 잠재적인 치료적 가치는 누가 그 사진을 찍어줬는지, 혹은 사진 속의 이미지보다는 대상이 어떻게 느끼는가에 대해 더 높이 평가될 수 있다. 가족사진을 활용한 사진치료는 이와같이 깊이 숨겨진 가족구성원들의 이면을 끌어내는데 유용하다.

⑤ 투사적 기법

투사적 기법은 정서적 반응을 불러일으키기 위해 사진 이미지를 활용하는 것이다. 클라이언트의 개인적인 스냅사진이나 다른 사람 사진, 잡지나 엽서, 달력에서 본 사진 등 어떤 종류의 사진도 활용할 수 있다. 사진에 대한 자신의 의미를 만들어 내는데 있어서 그 사진에 대한 내면의 표상, 개인의 성격 구조가 유일한 실재가 될 것이다. 사람이 보는 것을 알아차리고 지각하는 것은 항상 자신이 무의식적으로 사용하는 내면의 지도를 비추어준다. 이러한 주의집중, 명료화 과정과 자기 인식의 반영은 클라이언트의 인지 구조를 이루는 가치 체계와 신념을 드러내는데 도움이 될 수 있다.

투사적 기법은 자신과 다른 사람에 대한 기대를 설명하는 무의식적 가치 체계를 규명하는데 유용하다. 또한, 투사적 기법은 클라이언트가 다른 사람들이 자신을 보는 것과 그들 자신이 내부의 자기 자신에 대해 느끼는 것이 다를 수 있다는 것, 스스로가 믿는 대로 다른 사람에게 투사한다는 것을 이해하도록 돕는데 유용한 도구이다(Weiser, 1999).

제4절 사진치료의 실제

1. 자기 이해 : 사진을 보고 말하기

1) 사진 선택하기

자신을 나타내는 꽃(바비 인형, 로봇, 자동차, 동물 등) 사진 1장을 선택한다.

사진 4-1. 자신을 상징하는 사진

2) 질문하기

- 왜 이 사진을 선택했나요?
- 이 사진의 특성은 무엇인가요?
- 자신과 사진의 특성과 닮은 점이 있다면 무엇인가요?
- 자신과 사진의 특성과 다른 점이 있다면 무엇인가요?
- 사진 속의 대상이 자신에게 말을 한다면 어떤 말을 할까요?
- 그 말에 대해 자신이 대답을 한다면 어떤 말을 할 수 있을까요?

3) 나누기

이 과정을 통해 알아차린 점이 있다면 무엇인가요?

2. 관계 다루기

1) 공간 나누기

(1) 진행 과정

커다란 종이의 한가운데 수직선을 그린다. 그리고 클라이언트에게 선의 양 쪽에(한쪽은 긍정적인 감정, 또 다른 한쪽은 부정적인 감정, 그리고 가운데는 두 감정 모두 혹은 여러 감정이 섞인 등으로 분류) 가족 구성원의 사진을 분류하여 놓아두도록 한다.

(2) 탐색하기

- 가족 구성원 중 긍정적인 감정을 가진 가족들은 누구인가요?
- 가족 구성원 중 부정적인 감정을 가진 가족들은 누구인가요?
- 양쪽으로 구분한 특별한 이유가 있나요?
- 가족 구성원 개개인과 관련된 특별한 기억이 있나요?
- 만약 가족 중 누군가가 공간 나누기를 한다면 어떻게 될까요?

(3) 나누기

이 과정을 통해 알아차린 점이 있다면 무엇인가요?

알아차린 점 예 :

- 정말 소중한 존재들에 대해 다시 한번 깨닫게 되는 너무 좋은 시간이었습니다.
  항상 곁에 있어서 익숙했지만 다시 소중한 존재임을 깨닫게 해주는 좋은 시간이었습니다.
- 애착이 많이 있는 것 같습니다.

2) 정서고리 만들기

(1) 진행 과정

클라이언트의 가장 가까운 고리는 그가 가장 가깝다고 생각해서 자신의 비밀들을 자신해서 말할 수 있는 정도의 친밀한 사람들을 위한 것이다. 클라이언트의 고리로부터 멀어질수록 소원한 관계를 의미한다.

사진 4-2. 정서고리 만들기

(2) 탐색하기

- 가까운 고리의 사진을 이곳에 놓은 이유는 무엇인가요?
- 가까운 고리의 사진을 보면 어떤 느낌이 드나요?
- 이 사진과 관련한 기억이 있나요?
- 멀리 있는 고리의 사진을 이곳에 놓은 이유는 무엇인가요?
- 먼 고리의 사진을 보면 어떤 느낌이 드나요?
- 이 사진과 관련한 기억이 있나요?
- 고리 속의 사진들을 보면 어떤 느낌인가요?
- 작품을 만들면서 떠오르거나 느낀 것이 있나요?

(3) 나누기

이 과정을 통해 알아차린 점이 있다면 무엇인가요?

알아차린 점 예 :

- 적당한 거리감이 오히려 더욱 가족애 형성에 도움이 되는 것 같다.
- 정말 소중한 존재들에 대해 다시한번 깨닫게 되는 너무 좋은 시간이었습니다.
  항상 곁에 있어서 익숙했지만 다시 소중한 존재임을 깨닫게 해주는 좋은 시간이었습니다.
- 주변사람들을 좀 더 챙겨야 된다고 생각한다.
- 과거의 많은 감정을 모르고 울기만 했을 때 나 자신도 답답했겠지만, 부모님은 얼마나 답답했을까.

나 자신은 많은 감정을 느끼는 지금도 무뚝뚝한 성격을 가지고 있어 감정을 많이 숨기고 있다는 것을 알았다.

- 많은 시간이 흘렀음에도 난 아직 부모의 그늘에서 벗어나지 못했다는 것을 느끼고 나에게 서운하게 했던 사람들에 대한 실망감은 크고, 나이가 들어 사는 게 바빠 교류하지 못한 그들에게 미안함을 느낍니다.
- 사람들은 좋은 관계를 만들고 발전하며 자기 정신, 정서, 몸체에 대한 효과적인 성장을 할 수 있고 자기치유도 할 수 있다는 것을 생각한다.

3. 투사적 사진치료

1) 핸드폰 카메라 활용하기

(1) 사진 찍기

자신이 찍고 싶은 자신의 모습을 정한 후 파트너에게 사진을 찍어주도록 한다.

(2) 탐색하기

* 핸드폰 속 사진을 최대한으로 크게 확대한 후 다음과 같은 질문에 답한다.

- 이 사진을 보는 지금 심정은 어떤가요?
- 이 사진에서 당신은 무엇을 표현하고 싶은가요?
- 사진 속의 당신은 부모님 중 누구를 닮았나요? 어떤 부분이 닮았나요?
- 누군가가 당신이 부모님 중 ______를 닮았다는 소리를 들을 때 어떤 생각이 들었나요?
- 왜 그런 생각이 들었나요? 그런 생각은 당신에게 어떤 감정을 불러일으키나요?

* 핸드폰 속 사진의 입을 크게 한 후 입을 바라보며;

- 그런 감정에 대해 사진 속의 입이 하고 싶은 말을 한다면 어떤 말을 할 수 있을까요?
- 그 말을 하고 난 지금 느낌은 어떠한가요?
- 그 말을 누가 들어주었으면 좋을까요?
- 그 말을 들은 상대방은 어떤 말을 할 것 같은가요?
- 지금 심정은 어떠한가요?

(3) 말풍선 그리기

A4 용지 가운데 자신의 사진을 붙이고, 상처받은 자신이 과거의 그때로 돌아가서 자기에게 상처를 준 사람, 그때 그 상황이나 환경과 자기 자신에게 대해 하고 싶은 말을 말풍선으로 표현한다.

그림 4-3. 말풍선 그리기

(4) 상처받은 자신에게 선물주기

우선 선물하고 싶은 것과 관련한 사진을 1장 선택하고 다음 질문에 대해 대답한다.

- 왜 이 사진을 선택했나요?
- 선물을 받은 지금 기분은 어떠한가요?
- 자신에게 선물을 주면서 하고 싶은 말은 무엇인가요?

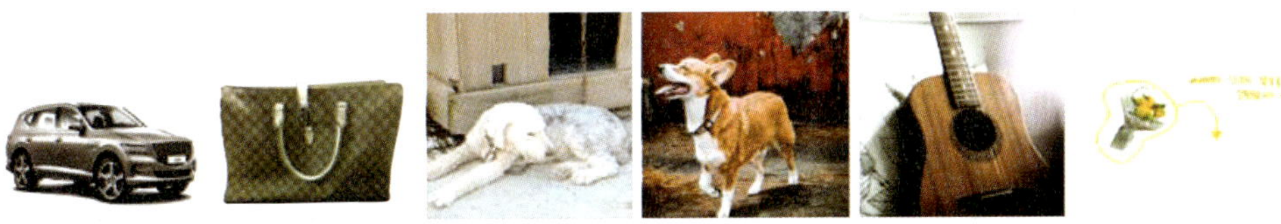

그림 4-4. 선물주기

(5) 나누기

이 과정을 통해 알아차린 점이 있다면 무엇인가요?

알아차린 점 예 :

- 힘들었던 기억이나 감정들을 제가 좋아하고 기뻤던 당시의 사진을 보며 치유할 수 있다는 것을 깨달았습니다.
- 일에 대해 너무나 많은 에너지 쏟고 있는 것, 나의 영혼을 돌보지 않은 것, 내 스스로가 휴식을 주지 않은 것, 항상 좋은 관계를 맺으려 한다는 것, 때론 불편한 관계로도 지낼 수 있어야 한다는 것, 아버지의 상황을 충분히 고려하지 못한 점, 에너지 분배에 실패한 점
- 사진들을 꺼내오면서 내가 거쳐온 행복들이 지금의 나에게 남아 있지 않고 이렇게 사진으로 추억되어 있는 것을 느끼고 앞으로도 사진들을 많이 보고 회상하며 회복의 시간을 가져야겠다고 생각한다.

- 난 실낱같은 희망을 가지고 있구나. 언젠가는 다 나을 거라고 믿고 있구나. 그게 내가 지금 살고 있는 원동력으로 버티게 해주는구나.
- 어렸을 때부터 성인이 된 지금까지 가슴속에 묻어두고 있던 크고 작은 상처들이 다 치유되지 않았구나. 다 잊고 살았다고 생각했는데 성인이 된 후에도 가슴 깊은 속에서 오는 불행의 근원지를 알게 되었습니다. 잊은게 아니라 묻어두고 살았다는 것을...
- 사람의 감정에 대한 정서를 쉽게 바꿀 수 있는 편입니다. 사진을 보며 부정적인 정서를 떠올리고, 부정적인 정서로 전환과 치유도 할 수 있습니다.

4. 미래의 나 설계하기

1) 개인 사진 찍기

즉석카메라를 활용하여 파트너와 각각 두 장의 사진을 찍는다.

(1) '예전의 나'

'예전의 나' 에 대한 서로의 사진을 찍는다.

(2) '원하는 나'

'원하는 나' 에 대한 서로의 사진을 찍는다. '원하는 나'는 앞으로 자기가 어떻게 되기를 원하는지, 또는 앞으로 어떻게 하는 것이 이상적으로 느껴지는지를 나타내는 자세의 사진이다.

2) 포스터 보드 만들기

즉석사진이 촬영된 다음, 참가자들은 자신이 원하는 어떠한 방식으로든 포스터보드 위에 두 장의 사진을 붙이고, 두 사진과 미술재료가 조화를 이루도록 꾸민다.

3) 임파워링 사진(Empowering Photo) 찾기

미래의 자기 모습을 성취하는데 도움을 줄 것 같은 사진 1장을 선택하고, 사진 속의 어떤 부분들을 활용하면 '원하는 나'의 모습이 될 수 있을지 도움이 되는 자원들을 찾아본다.

4) 목표 세우기

(1) 해야 할 일 찾기

미래의 원하는 자기가 되기 위해 꼭 해야만 할 일이 무엇인지 찾아본다.

(2) 나누기

자신이 만든 포스터 보드에 대한 스토리텔링과 자신이 이루고 싶은 목표를 집단원들과 나눈다.

(3) 사진 피드백 주기

참여자들은 발표자의 목표나 꿈이 이루어질 수 있는데 도움이 되는 사진을 선택하여 발표자에 준다.

- 왜 이사진을 선물로 주고 싶은가요?
- 선물을 받은 소감이 어떠한가요?

참고문헌

김용필, (2011). 사진예술의 세계. 서울: 눈빛.

김준형, (2016). 사진치료의 기법과 실제. 용인: 도서출판-비커밍.

김준형, (2016). 애착을 기반으로 한 사진치료가 유아기 자녀를 둔 어머니의 성인체착 양육효능감, 정서표현성, 모-자 상호작용 및 삶의 징에 미치는 효과. 원광대학교대학원, 박사학위 논문.

이모영, (2010). 찰칵, 사진의 심리학(Fotos seben, versteben, gestalten. Schuster. M.). 서울: 갤리온.

한정식, (2008). 사진예술개론. 서울: 눈빛.

Barthes, R., (1980). 김용권 옮김, 밝은 방(La Chambre claire). 서울: 동문선.

Diamond, H. W., (1856). On the Application of Photograpy to the Physiognomic and Mental Phenomena of Insanity, The Photographic Journal, 3. P. 88-99.

Fryrear, J. L., & Corbit, I. E., (1992). Photo arts therapy: A Jungian perspective. Springfield, IL:Charles Thomas. 김준형 외 역(2011). 사진미술치료, 서울: 북스힐.

Krauss, D. A., (1979). The uses of still photograpy in counseling and therapy: Development of a training model(Dactoral assertation, Kent State University).

Krauss, D. A., & Fryrear, J. L., (1983). PhotoTherapy in mental health. Springfield, IL:Charles Thomas.

Lesy, M., (1976). Time Frame: The meaning of family picture. New York: Pantheon Books, 1980.

Loewenthal, D., (2013). Phototherapy and Therapeutic Photography in a Digital Age. G.B.: TJ international Ltd.

Stewart, D., (1983). Phototherpy in mental health. Springfield IL: Charles C. Thomas.

Weiser, J., (1999). Photo Therapy technique: Exploring the secrets of personal snapshots and family albums. photo therapy centre, publishers.

Wolf, R., (1978). The use of instant photograpy in creative expressive therapy: an intergrative case study. Art Psychotherapy, 3(34), 107-201.

Wright, T., (1999). The Photograpy Handbook. 이주영 역(2004). 사진이란 무엇인가, 서울: 눈빛.

제5장

영화치료

제5장

영화치료

제1절 영화의 이해

1. 영화예술의 잠재성

예술형태로서의 영화는 여타의 예술매체와 많은 유사점을 지니고 있다. 영화는 다른 예술의 기본적인 특성을 지닌 회화나 조각과 마찬가지로 영화도 선, 질감, 색채, 형식, 질량 등을 사용하며 또한, 빛과 그림자의 섬세한 상호작용에 의존한다. 영화에 쓰이는 사진적 구도의 법칙도 대개 회화나 조각에서 차용해 온 것이다. 연극과 마찬가지로 영화도 극적인 사건, 제스처, 얼굴 표정, 대사 등을 음악이나 시처럼 복잡하면서도 섬세한 운율과 이미지, 은유와 상징을 사용한다. 또한, 무용이나 무언극에서처럼 움직이는 이미지를 통해 일련의 운율적 재질을 창조한다. 영화는 소설처럼 시간과 공간을 이용하여 무한히 넓고 깊은 차원을 자유자재로 표현할 수 있다.

이처럼 무수한 유사점에도 불구하고 영화는 여전히 독특한 예술이다. 특히, 자유로우면서도 지속적인 영상의 역동성에 있어서는 어떤 예술과도 다르다. 영화는 시각, 음향, 움직임에 의한 동시적인 의사소통이 수월하므로 회화나 조각에 비해 한결 복잡한 감각적 효과를 창출할 수 있다. 영화는 연극에 비해 시점, 움직임, 시공간 등의 운용이 무제한 가능하다. 장면전환도 연극에서보다 훨씬 자유로우며, 영상의 흐름은 장면의 전환 시에 발생하는 물리적인 어둠의 순간도 눈으로는 포착할 수 없을 만큼 빠르게 진행되기 때문에 매 장면의 선명도에 지장을 주는 일이 없다. 또한, 영화는 소설이나 시처럼 인쇄된 지면의 추상적인 상징이 독자의 두뇌작용을 통해 시각영상과 음향으로 전달되는 것이 아니라, 직접 시각영상과 음향을 통해 의사소통하는 예술이다.

영화는 주제의 영역만이 아니라 소재에 접근하는 시각의 범위에 있어서도 무한하다. 영화는 서정적인 것에서 서사적인데 이르는 어떤 영역도 포함할뿐만 아니라, 시점에 있어서는 순전히 객관적인 것에서 극도로 주관적인 것에 이르기까지 다 담아낼 수 있다. 또한, 깊이에 있어서는 피상적인 현실성이나 감각적인 것은 물론 지적이거나 철학적인 것까지도 포착할 수 있다. 시간적인 차원에 있어서는 먼 과거나 미래를 간단없이 오가고, 불과 몇 초를 몇 시간처럼 확장시키는가 하면, 반대로 한 세기를 몇 분으로 압축할 수도 있다. 게다가 영화는 유연하고 섬세하며 연약하거나 아름다운 느낌에서부터 가장 야수적이고 폭력적이며 강박적인 감정에 이르는 온갖 인간 정서를 표현할 수도 있다. 이는 영화매체가 전달하는 전적인 현실감이다. 현실감이란 무엇보다도 영상, 음향과 움직임의 지속적인 흐름, 즉, 화면상의 모든 것이 현재 시제로 진행되고 있는 것처럼 보이도록 만들고, 이로 인해 관객이 스크린에 투사되는 환영에 전적으로 몰입하게 만드는 것이 기본적인 영화적 특성이다. 이처럼 가장 완전하면서도 극단적인 환상이 영화를 통해 현저한 리얼리티(reality) 형태를 지니고 정서적 효과를 불러일으키는 것이다(이용관 역, 2001).

1) 영상매체의 특성

대중문화로서 영화는 현대인의 여가생활뿐만 아니라 사회, 경제적으로도 중요한 의미를 지닌다. 오늘날 영상매체는 우리의 삶 속에 깊이 스며들어 개인의 사회, 문화적 발달은 물론 감성과 의식의 형성에도 많은 영향을 주고 있다.

영상매체의 특성을 살펴보면, 첫째, 문자로 의미전달을 하는 인쇄문화에 비해 영상매체는 인간의 일차적 감각에 직접적으로 호소할 수 있기 때문에 보는 사람으로 하여금 쉽게 관심을 끌 수 있다. 둘째, 무엇보다도 영상이 지닌 구상성과 직관성을 매개로 하여 매체를 접하는 사람이 쉽게 감정이입을 통해 대상을 직접적으로 파악하게 된다는 점이다. 비록 간접 체험이지만 체험을 통해 깊은 공감과 이해가 가능하다는 장점이 있다. 이해 반해 인쇄문화는 개념화와 추상화를 통해 대상을 논리적으로 파악하게 한다. 즉, 대상을 추상적, 객관적으로 접근하게 한다. 그러나 영상매체는 너무 직관적이고 즉흥적 체험에 의존하기 때문에 인간의 개념화 및 추상화 능력의 약화를 가져온다는 비판이 있지만 영상문화의 직관적이고 구상적 접근방법은 대상의 이해를 심화시킬 수 있으며, 완전히 다른 시각에서 보고 창조적으로 재구성할 수 있는 능력을 길러준다고 할 수 있다.

2) 영화치료를 위한 영화보기

영화를 보는 것은 단지 스토리에 관한 것이 아니다. 영화에 관한 글쓰기는 읽는 이에게 영화에 관한 특별한 것을 상기시킨다. 특별한 장면, 특별한 대사, 특별한 카메라 움직임 등이 영화를 다시 보고 다시 느끼게 한다. 이런 재해석의 과정은 영화치료자로써 영화를 깊이 그러면서도 다양한 층위에서 해석하고 그러한 느낌을 영화치료에 반영할 수 있게 한다. 그러나 실제로 영화매체를 이해한다는 것은 그리 쉬운 일만은 아니어서 영화라는 과잉 정보의 흐름 안에서 이미지를 멈출 수도 없으며 영화의 어떤 측면을 볼 것인가 하는 점도 많은 문제가 된다(정재형, 2005). 효과적인 치료적 감상이 되기 위해서는 가능한, 한 편의 영화를 거듭 감상해야 한다. 첫 번째 감상은 극히 일상적인 태도로 임하는데, 이때 관심을 기울이는 사항은 작품의 구성 관계나 전체적인 정서효과, 중심이 되는 개념이나 테마 등이다. 두번째 감상에는 작가가 무엇을 이야기하려고 했나 하는 관점을 떠나 작가가 그 무엇을, 어떻게, 그리고 왜 그렇게 표현하려 했는지에 유의해야 한다(Anderson, 1992).

제2절 영화치료의 발달

1. 영화치료의 역사

영화치료는 90년대 초반부터 미국에서 사회복지, 간호, 임상 심리학의 전문가들이 집단상담이나 부부상담 등에 영화를 활용하는 방법을 모색하면서부터 싹이 트기 시작했다. 예를 들면, 대표적인 영화치료의 주창자 중 한 명인 미국의 Northridge Hospital의 제이콥(Walter E. Jacobson)박사는 영화치료를 통해 환자들이 영화 속 인물과 자신을 동일시하면서 비슷한 상황을 이해하고 극복하는데 도움을 받았다고 주장했고, 캘리포니아 주립대 심리학과의 피스코프(Stuart P. Fischoff) 교수도 '영화란 영혼에 놓는 주사'라며 영화를 통해 환자의 심리상태를 보다 쉽고 정확하게 파악할 수 있었다고 하였다. 90년대 초반부터는 의미치료 분야에서 영화 속 주제를 하나의 메타포로 삼아 실존적, 인본적인 관점에서 상담에 응용하기 시작했다. 핀크(Finck, 1992)는 의미치료의 관점에서 〈시민 케인 Citizen Kane〉을 분석하고 (의미가 없어져가는 케인의 감정 차원에서 접근), 파든-레비(Paden-Levy, 2000)는 〈인생은 아름다워 La Vita e Bella〉를 의미치료에 이용하는가 하면, 마운터(Mounteer, 1992)는 종교적인 영성적 관점에서 SF영화를 평가하기도 했다(Schulenberg, 2003). 비디오 기기의 보급이 보편화된 90년대 후반부터 영화치료는 미국이나 유럽에서 독서치료를 대체하거나 보완하는 새로운 예술치료기법의 하나로 연구가 활발히 진행되었고, 독서 목록을 작성하듯이 웨스트와 페스트(West, Peske, 1999)의 〈영화치료: 기분 전환을 위한 여성들의 영화 가이드 Cinematherapy: The Girl's guide to Movies for Every Mood〉나 솔로몬(Solomon, 1995)의 〈영화 처방전, The Motion Picture Prescription〉 등의 책이 출판되었다. 최근 영화치료는 자기 조력적인 방법으로 영화 목록을 작성하는 방식을 떠나 다양한 심리치료에 통합되어 사용될 수 있는 체계적인 치료방법과 영화치료만의 기법들이 개발되어 적용하는 환경으로 발전하고 있는 중이다.

2. 영화치료의 정의

영화치료(cinematherapy)는 좁게는 영화를 감상하고 상담에 활용하는 것을 지칭하기도 하며 넓게는 심리치료의 수단으로 영화를 활용하는 방법을 통칭하는 치료적 기법이라 정의할 수 있다. 영화치료라는 용어는 1990년에 버그-크로스(Berg-Cross) 등(1990)에 의해 처음으로 사용되었다. 영화치료는 필름치료(filmtherapy), 비디오치료(videotherapy), 릴치료(reeltherapy)라고 하며, 치료장면에서 상업영화의 이용을 비디오 워크(video work)라 부르기도 한다.

3. 영화치료의 종류

1) 자기조력적 영화치료

영화 텍스트와 관객의 자발적 작용을 통하여 치료가 일어나는 것이며, 반드시 영화치료자의 개입이 없이도 많은 사람들이 영화를 보고 정서적 카타르시르를 경험한다는 점에서 일상적인 영화감상에 가깝다. 솔로몬(1995)은 우리는 이미 우리의 삶에서 영화를 스스로를 돕기 위해(self-helf) 활용하고 있으며, 따라서 영화치료는 이미 일상에서 이루어지고 있는 자가 요법(self-therapy)이라고 주장하였다.

2) 상호작용적 영화치료

영화라는 텍스트를 사이에 두고 영화치료자와 클라이언트가 서로 의사소통하고 영화를 클라이언트 삶의 어떤 측면에 통합하는데 영화치료자가 도움을 줄 수 있는 것이다. 상호작용적 영화치료에서는 어떤 영화를 누구에게 어떻게 보여줄 것인가를 결정하는 영화치료자의 능력과 상담의 진행과정 전체를 통해서 클라이언트의 문제해결을 돕고 영화 속의 다양한 메타포를 이해하도록 돕는 영화치료자의 전문적인 상담기법이 필요하다. 이를 위해 영화치료자는 영화라는 매체에 대한 이해와 구체적인 상담기법을 습득하고 있어야 한다. 상호작용적 영화치료에서 영화치료자의 역할은 영화를 보고 클라이언트의 치료작용이 활발하게 일어날 수 있도록 개입하는 것이다.

3) 영화 만들기 치료

영화 만들기 치료는 영화와 연관된 행위를 입력 혹은 감상하기, 생각하기, 표현하기 등 세 가지 영역으로 나눌 때 표현을 강조하는 것이다. 웰터(Welter, 1995)는 "만약 당신의 인생을 영화로 만든다면 그 제목은 무엇이 될까요?"라는 질문에 착안하여 영화 만들기 치료과정을 개발하였다. 영화 만들기 치료의 첫 번째 목표는 현재까지 삶의 과정과 경험을 강조하는 것이고, 두 번째 치료 목표는 첫 번째 단계의 영화 만들기를 실시한 후 앞으로 의미 있는 삶을 살 수 있도록 계획을 세우는데 도움을 주는 것이다. 최근 발전하는 디지털 매체의 보급에 힘입어, 일인 창작을 통한 영화 만들기 치료가 행해지고 있다.

4. 영화치료의 장점

첫째, 영화는 생각을 확장하고 재구성하며, 교육에 활용된다. 시간 절약과 효과의 측면에 있어서 영화를 활용하는 교육이나 상담에서 장점이 많다. 둘째, 영화는 문자 해독력이 약하거나 지능이 낮은 환자나 아동, 청소년들도 접근하기 용이하다. 세째, 영화는 다른 어떤 형태의 예술보다 핍진성(verisimilitude: 수용자가 텍스트를 그럴듯하고 있음직한 이야기로 받아들이는 정도)이 강하고, 청각과 시각, 문자언어 모두를 동원하므로 수용자의 지각에 강력한 영향을 주는 장점이 있다. 넷째, 집단 형태의 영화치료는 참여자로 하여금 함께 영화감상을 통해 참여자간 동맹력과 신뢰관계를 높일 수 있고 위안감을 준다(Hesley, Hesley, 2001).

5. 치료적 요인

1) 창의성

(1) 개념

창의성이란 사회와 문화에서 가치를 부여할 수 있는 물건이나 아이디어를 만들어 내는 것뿐만 아니라, 문제를 해결하기 위해 새로운 의견을 생각해 내는 능력 또는 그것을 기초화하는 인격적 특성을 말한다.

① 시지각은 인간의 창조적인 힘의 기본이다. 인간이 외계로부터 정보를 받아들일 때 가장 큰 역할을 하는 것이 시각이다. 시각의 큰 장점은 그것이 고도로 명료한 매체일 뿐만 아니라 외계의 물체와 사건들에 관해 무제한으로 풍부한 자료를 제공해 주는 데 있다. 영상은 시각적 사고력을 증진시킬 수 있는 효과적인 매체이다.

② 현대의 아동과 청소년들은 영상세대이다. 영상세대는 문자로 인식하기보다 이미지로 감정적으로 느끼면서 비논리적으로 유추하려 한다. 이러한 이미지의 창출 속에서 의식을 넘어선 창조성이 움튼다.

(2) 창의성의 치료적 효과

창의성을 활용한 영화치료는 특히 아동과 청소년 상담 시 유용하게 활용할 수 있다.

① 영상이라는 이미지는 구체적인 경험을 풍부하게 해주고, 학습 동기를 의욕적으로

유발시켜 학습의 능률을 높여준다.

② 영화치료를 통해 아동과 청소년들의 창의력, 상상력 등의 감성을 증진시킨다.

③ 상상력의 발달은 곧 창조적 사고로 이어지기 때문에 영상을 통해 상상력을 확장시켜 창의성을 자극한다.

2) 모델링

(1) 관찰학습

반두라(Bandura, 1973)의 가장 큰 기여는 모델링을 통해서 학습된다는 것을 밝힌 것으로 관찰방법을 통해 학습된 행동이라고 모두 수행될 필요는 없다는 것이다. 이러한 생각은, 우리가 실제로 행동에 참여하지 않고서는 어떤 것을 학습할 수 없다는 것을 주장하는 행동주의자들의 입장과 다르다. 관찰학습으로 학습한 행동을 수행하느냐 아니냐는 수행의 결과에 대한 인지적 기대 때문이다. 그리고 모델링에 영향을 주는 3요인인 모델의 특성(예: 모델의 나이, 성, 지위 등), 관찰자의 특성(예: 의존적이냐, 독립적이냐), 행동과 관련된 보상의 결과이다.

(2) 관찰학습의 효과

① **모델링 효과** : 관찰자가 모델의 행동을 관찰하는 과정을 통해 새로운 행동이나 기능을 학습할 수 있다(예 : TV의 폭력장면을 통해 폭력적 성향을 학습한다).

② **금지효과(제지효과)** : 모델이 특정 행동에 대해 처벌을 받는 장면을 관찰 후, 그 행동을 금지 또는 억제할 수 있다(예 : 친구가 지각하여 꾸중 듣는 모습을 보고 지각하지 않는다).

③ **탈제지 효과** : 모델이 금지된 행동을 한 후 보상받거나 혹은 처벌과 같은 부정적 결과를 받지 않을 경우 평소 억제하던 행동을 수행한다(예: 친구가 거짓말을 하고도 처벌받지 않자 자신도 거짓말을 한다).

④ **기존 행동 촉진** : 모델의 행동은 관찰자가 이미 학습한 행동을 촉진한다(예 : 음악회가 끝난 뒤 청중들이 박수칠 때 같이 박수치는 행동 등).

3) 상징과 은유

마치 꿈과도 같은 많은 영화들은 상징과 은유들로 충만하다. 상징과 은유는 심연의 단계에서 우리에게 영향을 미칠 수 있다. 융(Jung, 1981)은 "정신이 상징을 탐구하면서 이는 동기의 이해력 너머에 있는 생각들로 이끌어진다"고 하였다.

(1) 상징

예술작품에 사용되건, 아니면 일상생활에서 의사소통의 수단으로 쓰이건 간에 일반적으로 상징이란 그것이 아닌 다른 어떤 것을 대신하거나, 또는 그것을 수용하는 사람의 마음을 자극함으로써 다른 무엇인가를 연상케 하는 것을 가리킨다. 인간의 모든 의사소통의 형식은 상징을 내포하는 바, 우리가 상징에 대해서 무엇인가를 알게 되면 상대방의 의도를 분명하게 이해할 수 있다. 어떤 이야기 형태에서든지 상징은 복잡한 개념, 태도, 느낌 등을 암시하거나 대표하는 어떤 것, 말하자면 특정한 대상물, 영상, 인물, 음향, 사건, 장소 등을 가리키며 이에 따라서 그 자체 이외의 의미나 중요성을 갖게 된다. 그러므로 상징은 강력한 의사소통의 단위로서 의미의 창고와 같은 역할을 담당한다. 일단 상징이 연상장치로 기능하게 되면 언제든지 어떤 의미를 저장하게 되는 것이다. 영화에서 상징을 사용하고 또 수용하는 범위는 거의 무한정하다. 이를테면 대개의 이야기에서 무대는 강력한 상징적 의미를 지닌다. 그러므로 영화에서 사용되는 상징적인 의미전달의 특수성을 숙지할 필요가 있다.

(2) 은유

① 개념

은유는 우리가 잘 알고 있는 것을 통해서 잘 모르는 것을 이해하고 분별하는 인식의 과정과 방법이다. 융(1981)은 "상징은 그 본성이 아직 알려져 있지 않기 때문에 다만 짐작될 수밖에 없는 무의식의 내용을 표현하는 가장 좋은 수단이 된다."라고 하였다. 따라서 무의식적인 자원을 활용하는 접근은 상징에 대한 언어적인 도구인 은유를 활용해야 한다. 클라이언트의 의식적인 마음과 무의식적인 마음 모두와 동시에 대화를 하기 위한 도구로서 의식과 무의식을 연결시키는 상징을 이야기하는 것이 바로 은유다. 은유적 관점을 통해 새로운 은유가 클라이언트의 삶 가운데 들어오게 되면, 그 은유는 그들의 준거뿐만 아니라 그 준거가 영향을 미치는 그들의 지각과 행동도 변화시키게 된다. 또한, 클라이언트가 자신의 경험을 어떤 은유의 관점에서 이해하게 되면 새로운 실재를 창조하는 힘이 생긴다.

② 은유의 치료적 기능

㉠ 상담에서 은유는 상담자와 클라이언트의 관계형성에 도움을 준다.
은유는 상담자와 클라이언트의 의사소통을 활발하게 하고, 상담자와 클라이언트의 협력적인 관계형성을 촉진시킨다.

㉡ 은유는 클라이언트가 자신의 감정을 이해할 수 있는 능력을 확장시키며, 또한, 상담자로 하여금 클라이언트의 감정에 접근할 수 있게끔 한다.

㉢ 은유는 클라이언트의 막연한 감정을 언어적으로 표현해 낼 수 있도록 한다.

㉣ 은유적 표현은 만약 직접적으로 다룬다면 강한 반발과 저항에 부딪힐 수 있는 어떤 감정들을 간접적으로 표현할 수 있도록 허용해 줌으로써, 클라이언트로 하여금 복잡한 양가감정이나 변화에 대한 두려움을 효과적으로 다룰 수 있도록 도움을 준다(이윤주 외, 2007).

4) 신화와 스토리텔링

(1) 영화의 신화적 구조

영화는 우리의 신화학 발전의 중요한 부분으로 개인은 과거의 모든 종(種)과 유기체의 기나긴 발전의 일부에 연결되어 있다. 신화의 양상은 많은 동화책, 소설, 극본 그리고 영화 대본에서 쓰이고 있다. 따라서 어떠한 영화에 대한 우리의 반응은 우리가 가진 무의식의 깊은 층의 인식을 설명한다. 신화와 같은 영화들은 집합적 무의식의 양상을 활용한다. 그들의 이야기들은 우리에게 강렬한 영향을 미치는데 그것은 의식적인 정신의 저항을 피하여 우리의 가슴과 정신에 직접적으로 이야기하기 때문이다. 그러는 와중에 이는 개인적인 치료와 변화의 과정에 도움을 준다.

(2) 스토리텔링

스토리텔링이 우리에게 중요한 이유는 우리의 삶 그 자체가 바로 이야기와 같은 모양을 취하고 있기 때문이다. 따라서 스토리텔링 형식은 우리의 삶과 같다는 인식을 주면서 우리가 믿고 받아들이게 한다. 스토리텔링은 우리를 그 이야기의 삶 속으로 초대한다. 이야기 속으로 들어가 상상력을 가지고 거기에 참여할 때 우리는 더 넓고 더 자유로우며 더 정연한 세계가 있음을 알게 된다. 삶의 이야기는 내담자에게 과거와 현재, 그리고 미래에 대하여 어떤 의미를 찾게 하며, 시간적인 흐름 속에서 자신의 정체성에 대한 일체감과 치유를 경험하게 된다. 스토리텔링의 치유적 기능은 이야기를 할 때 감정의 구속으로부터, 억압된 사건으로부터 자유로움을 얻을 수 있다. 사람들은 자기 자신에 대한 이야기를 하고자 하는 욕구를 가지고 있다. 그러나 이를 싫어하거나 이야기를 꺼내지 못하는 사람은 지금까지 살아온 자신의 삶의 어느 부분, 또는 어떤 주제에 병리적으로 고착되어 있는 경우가 많다. 에릭슨(Milton Erickson)은 인위적인 유도 없이 눈을 뜬 상태의 형식적인 최면상태에서 교육적인 이야기(Teaching Tales)를 치료에 이용하였다. 집중의 상태에서 이야기를 듣는 것은 최면상태의 모습을 만들어 낸다. 영화를 본다는 것도 일종의 최면상태라 할 수 있다. 이러한 집중의 상태에서 스토리텔링은 '의식되지 않은 요구'가 전달되고 '무의식의 학습'을 통하여 저항을 감소시키고 최면상태(혹은 다른 어떠한 종류의 암시)로 빠지게 하는 수단으로 쓰이는 '비간접적 암시'의 형식이라 할 수 있다(이윤주 외, 2007). 무의식의 교습은 내담자가 직관적으로 꿈의 뜻과 상징, 다른 무의식적 표현들을 이해하는 상태이다. 내담자는 생각과 문제들이 배제된 상태에서 이야기를 들으며 그러한 상태로 접어들 수 있다.

(3) 신화적 구조와 스토리텔링의 효과

만약 우리가 다음의 가정들을 따른다면 첫째, 삶의 도전을 받아들임으로써 성장과 변형으로 나아가기 위해 고군분투하는 것은 인간 본성의 일부이다. 둘째, 가끔 이런 충동적 행동과 클라이언트가 건전한 방법으로 이에 반응하는 수용력은 타협이 된다. 셋째, 잠재의식의 산물로서 신화는 클라이언트가 모델링을 통해서 이러한 역량에 다시 접근할 수 있게 도와준다. 넷째, 영화는 우리의 진화된 신화를 보여 준다. 다섯째, 실제 삶의 변화를 보여주는 많은 전형적 시나리오들은 신화와 유사한 방식으로 구성된다. 따라서 이러한 결론들은 어떤 영화들을 보는 것은 클라이언트의 성장과 변형을 지지해 줄 수 있다. 영화는 관객과 가장 깊고 현명한 자신으로 살기 위해 격려하는 단계(신화적인 수준)에서 연결된다. 영화의 신화적 구조와 스토리텔링은 최상의 의사소통의 매개체이자 우리가 누구이고 왜 여기 있는지에 대한 불멸의 문제를 들여다보도록 우리를 고무시키는 자연스런 도관이다.

5) 투사

(1) 개념

투사(project)의 어원은 라틴어의 '앞으로 던지다'라는 뜻에서 유래했다. 영화는 스크린에 투사된다. 그리고 이 투사된 내용을 보는 관객들은 자신이 보고 있는 것에 각자 다른 의미를 투사한다. 관객이 어떻게 투사하고, 무엇을 투사하는지는 자신이 가지고 있는 세계관, 개인사, 성격에 따라 달라진다. 영화의 필름은 영사기 안에 있다. 그러나 우리는 벽에 걸린 스크린을 통해 필름 속의 영상들을 본다. 영상들이 필름에서 스크린으로 투사되기 때문이다. 우리의 마음도 비슷하다. 사실은 내 마음속에 있는데 그것을 모르고 있으면 밖으로 투사되어 밖에 있는 사람이나 사물에서 자기 마음의 일부를 보게 된다. 등장인물을 볼 때 관객은 무대에서 벌어지고 있는 상황에 몰입하기도 하고 동시에 거리를 두기도 한다. 그리하여 한 명 또는 그 이상의 극중 인물과 관계를 맺거나 혹은 인물들을 통해 체험되는 서사적 행동과 관계를 형성한다. 이 두 과정을 동일시와 투사라고 표현할 수 있다.

(2) 투사의 치료적 효과

정신분석에서는 투사가 일어나는 것은 자기 마음속에 좋지 않은 생각과 성격이 있다는 사실을 받아들이기가 너무나 괴롭기 때문에 일어난다고 한다. 그래서 투사는 자기 안의 나쁜 것을 보지 않기 위해 남의 탓으로 돌리는 일종의 무의식적인 방어기제로 본다. 우리가 부정하는 부분을 알게 됨으로써 우리는 본의가 아니거나 마음이 내키지 않는 방식의 행동으로부터 우리 자신을 지킬 수 있다. 의식적이고 이러한 '그림자' 가치들을 받아들이는 것은 우리가 진실하고 완전한 인간이 되도록 도와주고 우리의 감추어진 잠재력에 접근할 수 있도록 해준다. 우리의 투사(심상)를 이해하는 것은 보다 감정적인 치료와 내면의 자유로 우리를 이끌어 준다. 이러한 투사들을 의식적으로 깨우치는 것은 클라이언트로 하여금 의식하지 못한 자신의 심리상태로 접근할 수 있도록 도와준다. 클라이언트가 캐릭터나 캐릭터의 행동에서 보는 부정적인 특색은 그들 자신의 억압된 '그림자'의 부분임을 알 수 있다.

6) 놀이

(1) 개념

영화 자체의 특징에서 유래하는 영화의 '놀이적 속성'은 영국 정신과 의사 위니컷(Winnicott, 1971)의 잠정공간에서 유래한다. 잠정공간은 어린 시절 대상관계가 발달하면서 어머니의 품에서 독립할 때부터 생기며, 외부 현실세계와 아동의 주관성 사이에 위치한 중간 영역으로서, 예술, 창조성, 종교적 경험 등의 토대가 되며, 이 잠정공간에서 현실을 마음대로 조정할 수 있는 것으로 상상하면서 만족감을 얻는 아이와 유사한 기쁨을 얻고, 이 잠정공간은 궁극적으로 현실세계를 준비하도록 만든다.

(2) 놀이적 속성의 치료적 효과

영화는 클라이언트에게 이러한 잠정공간으로 데려다 주는 기쁨과 놀이를 즐기듯 영화 속의 세계에 참여하도록 인도한다. 또한 영화는 클라이언트로 하여금 퇴행하도록 용기를 부여하므로(Metz, 1982), 여기서 클라이언트는 중요한 어린 시절을 반복할 수 있고, 자신의 성 정체감이나 결핍, 욕망, 환타지를 대리 경험을 하는 만족을 얻고 때론 숨겨진 정서를 직면하고 정화하며 또한, 영화를 보는 것은 놀이의 재미를 주는 동시에 고통을 치유받는 승화의 과정을 통해 현실을 초월하는 상태로 클라이언트를 안내한다.

7) 안전한 거리

(1) 개념

'일상생활에서 억압해온 흥분, 욕망, 열정 등을 영화를 통해 안전하게 경험할 수 있다'. 영화는 현실과 달리 매체와 클라이언트의 문제 사이에 '안전한 거리'가 형성되므로, 클라이언트는 영상 텍스트가 형성하는 맥락 내에서 자신의 역할을 객관적으로 조망하고, 등장 인물에게 공감하면서 자신의 문제를 새롭게 해석하고, 바람직한 해결방법을 모색할 수 있다. 이는 영화라는 매체가 카메라가 매개하는 예술매체이기 때문이다.

(2) 안전한 거리의 치료적 효과

스크린은 거울처럼 현실에서 완전히 차단된 잉여현실을 마련하고, 관객들은 배우에게 일방적인 시선을 부여하는 심리적으로 매우 안전한 상태에 놓여 있게 된다. 이러한 안전한 거리는 심리적으로 위축되어 있거나 자기 개방을 주저하고 대인관계에서 불안이 높은 내담자에게 상당한 안전감과 안도감을 줄 수 있다.

6. 영화치료의 과정

영화치료는 일반적으로 평가, 시행, 보고 및 논의라는 세 단계로 구분된다(Dermer, Hutchings, 2000). 평가 단계에서는 클라이언트의 증세 및 치료 목적을 파악하여 영화를 선정한다. 시행 단계에서는 선정한 영화를 클라이언트가 보도록 한다. 보고 및 논의 단계에서는 처방한 영화를 중심으로 치료자와 클라이언트가 상호작용을 통해 치료를 한다.

제3절 영화치료 접근법

영화치료의 치료적 접근방법에는 지시적 접근, 연상적 접근, 정화적 접근(Wolz, 2005)과 자아초월적 접근법(김준형, 2010)을 들 수 있다.

1. 연상적 접근(The Evocative Way)

1) 개념

이 접근은 영화를 하나의 꿈이나 투사를 위한 도구로 가정하고, 마치 우리가 꿈을 꾼 후 꿈의 기억을 활용하여 상담을 받듯, 영화감상 후 자유연상이 되는 어린 시절의 기억과 중요한 타인에게 갖는 감정을 상담에 활용하는 것이다. 영화에 대한 정서적 반응과 연상적 기억을 이해하는 것은 무의식으로 가는 통로가 되며, 둘 다 우리의 무의식적인 내면세계를 의식적인 수준으로 끌어낸다.

2) 기대 효과

영화를 활용하여 클라이언트의 어린 시절들의 기억을 불러일으키도록 하고, 클라이언트로 하여금 자신의 방어수준을 낮추어 어린 시절의 기억을 통해 '퇴행'하게 만든다. 연상적 접근과 심리적 퇴행을 통해 억압된 자신의 상처를 의식 수준에서 교정적인 정서체험을 통해 부정적인 인지를 바꾸어 낼 수 있다.

3) 영화 선정

연상적 접근을 위한 영화의 선정은 첫째, 기억을 떠올리는데 도움이 되는 영화를 선택한다. 즉, 클라이언트의 상처에 대한 기억을 명료하게 드러내는데 도움이 되는 영화를 선정할 필요가 있다. 둘째, 정서적 자극과 은유와 상징이 풍부한 영화를 선택한다. 영화를 보는 동안 정서적인 자극이 풍부하고 감동을 줄 수 있는 영화 또는 다양한 은유를 이끌어 낼 수 있도록 강렬한 시각적 혹은 청각적 자극과 상징이 들어 있는 영화를 선정하는 것이 좋다.

2. 지시적 접근(The Prescriptive way)

1) 개념

지시적 접근이란 영화를 교육적, 지시적 목적으로 사용하는 것이라고 할 수 있다. 이 접근법에서 영화 보기는 서로 다른 태도와 행동을 선택하고 문제 해결과정을 학습하는 관찰학습 및 대리학습의 강력한 도구가 될 수 있다. 지시적 접근에서 영화는 시범적인 기능을 하고, 새로운 정보를 제공하며, 관객으로 하여금 스크린 속 인물에 대한 행동을 평가할 수 있게 만든다. 영화는 일종의 교훈이나 모델링을 위한 도구로 가정되며, 클라이언트의 잠재 능력에 접근하거나 개발하기 위해 특정 영화를 활용하기도 한다. 클라이언트들은 영화 속 모델들의 문제해결 방안을 관찰함으로써, 자신의 문제 해결책에 대한 논의를 촉진하며, 문제를 극복하고 긍정적인 특성을 강화하는데 도움을 받는다.

2) 기대 효과

지시적 접근은 상담분야 뿐 아니라 영화를 활용한 교육, 기업 연수, 심리사회적 재활, 정신간호, 복지 등 교육과 상담이 필요한 분야에 어디든 응용되고 적용되고 있다. 또한, 영화를 본다는 것 자체가 하나의 강화가 되고, 클라이언트가 흥미를 가지고, 재미를 느끼면서도 동시에 다양한 영화 속 문제해결 방식을 학습하여, 자기 이해를 돕고, 생각이나 행동을 학습하거나 재구조화하고 확장시키는 역할을 한다.

3) 영화 선정

지시적 접근에서 학습의 효과를 극대화하기 위한 영화 선정은 첫째, 클라이언트의 상황과 처지, 나이, 사회경제적 배경, 교육, 가치관과 비슷한 등장인물이 나오는 영화를 선정하는 것이 이상적이다. 둘째, 영화를 통해 클라이언트에게 필요한 역할모델을 보여줄 수 있는지를 고려해야 한다. 셋째, 영화치료자는 영화를 보는 목적을 분명히 알고 상담을 구조화하는 것이 좋다. 넷째, 영상매체는 필요에 따라 내담자의 문제와 연계될 수 있는 영화를 짧게 편집하고, 광고, 다큐멘터리, 애니메이션 등의 영상물과 사진을 활용할 수도 있다.

3. 정화적 접근(The Cathartic Way)

1) 개념

영화감상을 통해 웃음과 울음, 분노, 두려움 등의 다양한 감정을 경험하고, 억압된 감정을 방출함으로써, 이를 통해 감정적인 정화와 정서적 고양 상태를 경험하는 것을 말한다. 많은 영화가 생각을 재구조화하고 문제를 해결하도록 도와주지만, 또한, 클라이언트에게 강렬한 정서를 전달해 준다. 내면의 억압된 감정이 방출됨에 따라 일시적으로나마 마음이 후련해지는 정서적 환기(emotional ventilation)를 가능케 한다. 또한, 동시에 우리의 정신이 고양되고 우울로 고갈된 에너지가 다시 생겨나는 느낌을 받는다.

2) 기대 효과

기존의 언어적 상담보다 단기간 내에 다양한 정서를 경험하게 할 수 있다.

클라이언트의 표출된 정서는 치료자와 클라이언트에게 의사소통의 기능을 하며, 서로간의 친밀감을 높여주고 라포 형성에도 기여한다.

3) 영화 선정

클라이언트에게 환기시키려는 정서에 따라 영화를 선정할 수 있다. 첫째, 슬픔의 정서; 멜로드라마의 지배적 정서 반응은 동정과 애정으로, 주인공의 '자기희생'에 관객이 동조하도록 한다. 둘째, 두려움의 정서; 공포를 불러일으키도록 제작된 호러는 주인공들에게 치명적인 위험이 닥칠 것이라는 두려움과 혐오와 같은 복합적인 방식의 정서를 유발한다. 셋째, 웃음, 기쁨의 정서; 영화 속 코믹 요소가 주는 즐거움은 현실적인 문제에서 즉각적으로 벗어나게 하면서 강력한 정서를 동반한다. 명랑한 코미디 영화 한 편을 보고 한바탕 웃음을 터트리면서 감정이 변화되는 것이다. 주인공들의 실수는 재미있고 가볍게, 그리고 너그럽게 묘사되어 있으므로 내담자가 자신이 당면한 심각한 문제에서 한 걸음 물러나서 미소 짓게 한다. 이러한 웃음은 통증환자의 통증 완화에 도움을 줄 수 있다.

4. 자아초월적 접근(Transpersonal Way)

1) 개념

자아초월이란 인식된 경계를 초월하는 것(Wilber, 1985)이며, 창조적인 매체의 성질은 자아초월적인 것으로 간주된다. 카플란(Kaplan, 2005)의 주장에 근거하여, 영화를 활용하는 것으로 영화는 경험의 개인적 또는 자아초월적 수준에서 태도와 지각의 변화에 영향을 주면서 의식의 변형을 강력하게 묘사하는 힘을 지니고 있다. 따라서 영화치료자는 영화 자체의 자아초월적 내용과 구조, 스타일을 활용하여 참여자의 정서적 현실과 영화의 구조화된 영화적 현실 사이에 지각되는 경계를 참여자가 경험적, 지각적으로 초월하도록 도움을 주는 것을 말한다.

2) 기대 효과

참여자의 인생과 등장인물의 인생 사이에 관계를 만들고 등장인물과 참여자 간에 경험의 동시성을 느끼게 하여, 참여자로 하여금 강력한 변형적 경험을 하게 할 수 있다. 또한, 자신과 세계에 대한 정신적, 정서적 구조가 미묘하고 심오하게 변형되면서 자기 자신이 새로운 경험적 실체로 태어날 수 있도록 한다(Kaplan, 2005).

3) 영화 선정

첫째, 영화치료자는 영화 자체의 자아초월적 내용과 구조, 스타일을 활용하여 참여자의 정서적 현실과 구조화된 영화적 현실사이에 지각되는 경계를 참여자가 경험적, 지각적으로 초월하도록 도움을 줄 수 있는 영화, 둘째, 참여자의 인생과 등장인물의 인생 사이에 관계를 만들고 등장인물과 참여자 간에 경험의 동시성을 느끼게 하여, 참여자로 하여금 강력한 변형적 경험을 하게 하고, 자신과 세계에 대한 정신적, 정서적 구조가 미묘하고 심오하게 변형되면서 자기 자신이 새로운 경험적 실체로 태어날 수 있는 영화, 셋째, 의식의 변형을 통한 자아초월적 접근은 의식의 변형을 통한 자아초월적인 통찰과 알아차림을 야기하여, 치유와 개인적인 성장, 의식의 초개인적, 집합적 진화에도 도움을 줄 수 있는 영화를 선정해야 한다.

제4절 영화치료의 실제

1. 과거 회상하기

1) 영화감상 : 윤정희의 시(2010)

2) 소크라테스식 질문

- 영화를 감상한 느낌이 어떠한가요?
- 당신의 인생에서 가장 아름다웠던 기억은 무엇인가요?
- 당신의 인생에서 가장 불행했던 기억은 무엇인가요?

알아차린 점 예 :

- 영화를 감상한 느낌이 어떠한가요?
  사람들의 이야기가 우리의 이야기 같고 공감이 간다.
- 당신의 인생에서 가장 아름다웠던 기억은 무엇인가요?
  엄마와 함께 비가 오는 날 우비를 입고 일부러 비를 맞으며 놀았던 어렸을 때의 기억이 있다. 행복했다.
- 당신의 인생에서 가장 불행했던 기억은 무엇인가요?
  원하던 오디션에 떨어져 며칠 밤을 잠을 못 자고 아쉬워했던 기억이 있다.

3) 역할극 해보기

내 인생에서 가장 아름다운 기억은 또는 내 인생에서 가장 불행한 기억은~~~

4) 나누기

프로그램에 참여하면서 느꼈던 점을 자유롭게 집단원과 나눈다.

2. 상처 다루기

1) 영화감상 : 애자(2009)

2) 소크라테스식 질문

- 영화의 어떤 장면 또는 대사가 당신의 감정을 자극했나요?
- 왜 그 상황이 당신을 자극했나요?
- 당신의 상처는 무엇인가요?
- 당신의 상처가 당신의 일상생활에 어떤 영향을 미치고 있는가요?

알아차린 점 예 :

- 영화의 어떤 장면 또는 대사가 당신의 감정을 자극했나요?
  죽음을 맞이하는 이와 그걸 지켜보는 이의 부딪힘.
- 왜 그 상황이 당신을 자극했나요?
  상상도 할 수 없는 슬픈 상황이지만, 한편으론 죽음을 맞이할 시간이 허락되는
  저 시간조차도 누군가에게 간절히 원하는 시간일 수 있구나.
  세상의 모든 일은 개인의 상황에 따라서 다르게 느껴지는 감정이 있다.
- 당신의 상처는 무엇인가요?
  왜 난 늘 죽음을 곁에 두고 살아야 하는가.
  너무 어릴 적 어머니를 잃어 기억이 없고, 딸과 이별도 마음의 준비를 하고 있다.
- 당신의 상처가 당신의 일상생활에 어떤 영향을 미치고 있는가요?
  어떤 상황이든 차분히 받아들일 준비를 해야 한다고 스스로를 압박하는 듯...
  큰일은 무덤덤해지고, 오히려 작은 일들에 긴장을 많이 하게 됐다는 것

3) 감사한 사람에게 작별 편지쓰기

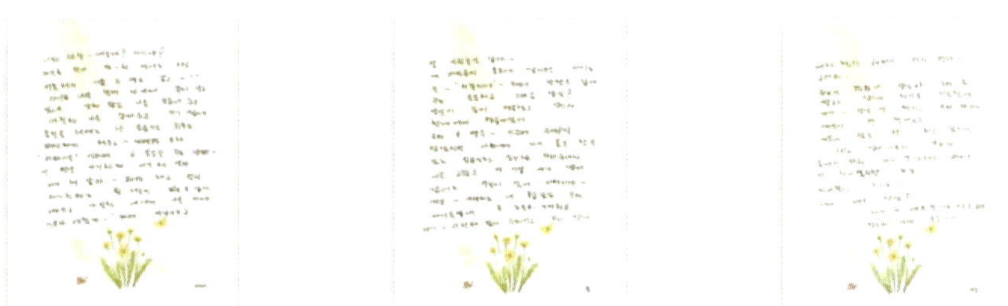

그림 5-1. 감사편지 쓰기

4) 나누기

프로그램에 참여하면서 느꼈던 점을 자유롭게 집단원과 나눈다.

3. 용서와 화해하기

1) 영화감상 : 굿바이(2008)

2) 소크라테스식 질문

- 기억에 남는 영화 속의 어떤 장면이나 대사가 있는가요?
- 누군가 당신에게 상처를 준 사람이 있나요?
- 그 상처와 관련하여 기억나는 사건이나 사람이 있나요?
- 용서를 해주거나 용서를 받고 싶은 일들이 있는가요?

3) 용서 구하기

(1) 안내하기

여러분이 어떤 사람에게 상처를 주었지만, 용서를 구하는 것이 가능하고 적절하다면 그 사람에게 지금 용서를 구하십시오. 어렵겠지만 이것은 충분히 할만한 가치가 있습니다. 여러분은 명상을 통해 이 일을 준비할 수 있습니다.

처음에 여러분은 그냥 '마지못해 시늉하는' 것처럼 느껴지고, 실제로는 용서할 수 없다고 생각할지도 모릅니다. 혹은 용서받을 자격이 없다고 믿을지도 모릅니다. 만약 자신을 용서해버리면 또 다시 같은 일을 저지를 것이라고 두려워할지도 모릅니다. 이런 의심과 두려움이 생기면, 동정심을 가지고 이를 인식하고 받아들입니다. 그리고 스스로에게 말합니다. "내가 할 수 있을 때, 나는 나 자신을 용서하려 합니다." 용서하려는 의도는 용서의 씨앗이 됩니다. 이런 자발성으로 인해 여러분은 점점 열린 마음을 갖게 됩니다.

(2) 미래의 내가 현재의 나에게 편지 쓰기

파트너에게 펜과 종이를 주고, 그들 자신에게 쓰는 편지를 쓰도록 한다. 충분히 쓸 수 있는 시간을 준다. 파트너가 편지를 쓰는 동안에도 무언의 격려를 보낸다.

그림 5-2. 나에게 편지 쓰기

(3) 역할 바꾸기

커다란 존경과 사랑으로 서로에게 이 과정에서 경험한 것에 고마움을 표시하고, 역할을 바꿔서 한다.

4) 나누기

프로그램에 참여하면서 느꼈던 점이나 알아차린 점을 자유롭게 집단원과 나눈다.

참고문헌

김준형, (2010). 중연여성의 죽음 의미 발견을 위한 영화치료 프로그램 개발 및 효과 연구, 서울불교대학원대학교 박사학위논문.

이용관 역, (2001). 영화보기와 영화읽기. 서울: 제3문학사.

이윤주, 양정국, (2007). 은유와 최면. 밀턴 에릭슨의 상담의 핵심. 서울: 학지사.

정재형, (2005). 영화이해의 길잡이. 서울: 도서출판 개마고원.

Anderson, D. D., (1992). Using future films as tools for analysis in a psychology and low course. Teaching of Psychology, Vol. 19, No. 3, 155–158.

Bandura, A., (1973). Aggression: A Social Learning Analysis. Englewood Cliffs, NJ : Prentice-Hall.

Berg-Cross, L., Jennigs, P., & Baruch, R., (1990). Cinematherapy: Theory and Application. Psychotherapy in Private Practice, 8(1), 135–156.

Dermer, S. B. & Hutchings, J. B., (2000). Utilizing movies in family therapy: Applications for individuals, couples, and families. The American Journal of Family Therapy, Vol. 29.

Hesley, J., W. & Hesley, J. G., (2001). Rent two films and let's talk in the morning: Using popular movies in psychotherapy, New York: wiley.

Jung, C. G., (1961). The Development of Personality, The Collected Works of C. G. Jung. Princeton; Princeton University Press, 11.

Kaplan. M. A., (2005). Transpersonal dimension in Cinema. The Journal of Transpersonal Psychology, Vol. 37, No. 1. 9–22.

Schulenbeg, S. E., (2003). Psychotherapy and movies: On using films in clinical practice. Joural of Contemporary Psychotherapy, 33(1), 35–48.

Solomon, G., (1995). The motion picture prescription: Watch this movies and call me in the morning. Sata Rosa: Alsan Publiahing.

Welter, P., (1995). 기독교 상담과 의미요법. 서울 : 두란노.

West, G. B., & Peske, N., (1999). Cinema therapy: The girl's guide to movies for every mood. LA: Dell Publisher.

Wilber, K., (1985). No Bounndary: Eastern and Western approaches to personal growth. Boston: shambhala.

Winnicott, D., (1971). Playing and Reality, Susses, Philadelphia: Routlege.

Wolz, B., (2005). E-motion picture, 김수지 외 역(2006), 시네마테라피 서울: 을유문화사.

제6장

무용/동작치료

제6장

무용/동작치료

제1절 무용의 이해

1. 무용의 본질

다양한 기능을 가지고 있는 고대의 춤은 움직임으로부터 사람의 감정을 완화시키거나 자극을 줌으로써 직, 간접적으로 질병의 치료에 도움을 주어왔다. 특히, 샤머니즘의 춤은 질병을 위한 치료적 기능을 가지고 있어 현재까지 학자들의 연구의 대상이 되고 있다. 춤은 고대 주술(呪術), 종교적인 기능을 가지고 생활 전체와 밀접하게 결합되어 있었다. 즉, 탄생, 성년(成年), 연애, 결혼, 질병, 죽음 등과 관련된 춤이 있고, 수렵, 파종, 기우(祈雨), 전쟁 등 생존과 관련된 행사에도 각기 다른 형태의 주술(呪術), 종교적인 기능을 가지고 생활 전체와 밀접하게 결합되어 각기 다른 형태의 예술로 나타났다(류분순, 2000). 20세기 무용이란 시간과 공간 속에 존재하는 육체의 율동적인 예술 활동으로, 무도(舞蹈)라고도 한다. 무용은 시간과 공간 속에 동시에 존재한다. 발레처럼 공간의 패턴이 주가 되는 경우도 있으며 에스파냐 무용과 탭 댄스처럼 시간적 리듬이 중시되는 것도 있다.

2. 무용치료와 몸 동작

무용치료는 기본적으로 신체를 통한 치료 행위라는 점에서 우리 몸의 어떤 부분을 구체적으로 움직여야 하고 그 움직임은 어떠한 성격을 가져야 하는지는 매우 중요한 문제라고 할 수 있다. 무용치료에서 동작을 고찰하는 데 중요한 전제는 다음과 같이,

첫째, 신체 동작을 통해 개인의 마음과 신체를 모두 고려해야 한다는 점, 둘째, 각 동작의 신체 동작을 통해 클라이언트의 감정과 심리 상태를 표출할 수 있어야 한다는 점과, 셋째, 각 동작을 통해 클라이언트 자신이 실질적인 효과를 느껴야 한다는 점을 들 수 있다(박국자, 2008).

1) 신체

인간의 몸은 그것이 활동하는 동안 구조적, 육체적 특징을 지니는 것으로 간주한다. 그러한 인간의 육체는 어느 부분의 움직임이 활성화되어 있으며, 다른 것(사람과 사물)에 영향을 받고 있는지, 그리고 전반적인 몸의 구조를 설명해주는 것으로 생각한다. 이러한 기준에 의해 인간 육체의 움직임을 구분하면 다음과 같다. 첫째, 신체 특정 부위에서 시작하는 최초 움직임, 둘째, 특정 신체 부분과 다른 부분과의 연계, 셋째, 신체 여러 부분의 연속적인 동작, 넷째, 신체의 통합적 연결 유형이다.

2) 움직임

움직임이란 동작 자체의 움직임은 물론이고 개인의 내적 의도와 감정을 싣고 있는 움직임을 뜻한다. 개인이 동작을 할 때 동작의 강도, 동작의 통제, 동작의 타이밍은 모두 다르다고 할 수 있다. 위와 같은 동작 역시 몇 개의 범주를 상정할 수 있는데, 그것은 다음과 같다. 첫째, 움직임의 공간, 둘째, 움직임의 강도, 셋째, 움직임의 지속시간, 넷째, 움직임의 형태를 들 수 있다. 움직임을 이렇게 구분한다면, 우리가 무용치료에서 개개인 움직임의 특성을 관찰하고 이해하는데 도움을 줄 수 있을 것이다.

3) 형상

동작은 강도, 지속시간, 형태 등의 요소를 통해 일정한 모양을 형성한다고 할 수 있다. 이러한 동작을 통해 만들어지는 몸의 형상이야 말로 우리 신체와 움직임을 통합적으로 표현해 내는 중요한 요소일 것이다. 따라서 신체를 이용한 움직임을 통해 만들어지는 다양한 몸의 형태야말로 각 개인의 경험, 감정 상태, 병적인 불안감 등을 외부로 표출시키는 중요한 요소라고 할 수 있다. 이런 점에서 형상에 대한 관찰은 무용치료의 기본적인 접근법이라고 하겠다.

3. 무용치료와 심리학

1) 정신역동적 입장

프로이트(Freud)는 신체와 감정 사이의 연결, 그리고 정신분석학적 사고와 비언어적 소통 사이의 관계를 인식하였고 개인이 신체에 기초해 자기표상을 만들어가는 '신체 자아(body-ego)'에 대해 언급하였다. 또한 정신분석학자인 빌헤름 라이히(Wilhelm Reich)는 신체와 정신 영역 사이의 연결을 규명하는 연구에서 근육의 긴장이라는 형태의 신체적 방어, 갑옷을 형성하는 것을 발견하였다. 흥분이나 불안 또는 성적 욕구의 속박 등이 경직되어가는 근육을 만들기 때문에 신체 무장을 해제하고 억압된 심리학적 재료의 이완을 촉진하기 위해 조정된 근육 사용을 소개하였다. 반면, 정신분석학자들이 내담자에 대해 '객관성'과 '감정적 분리'를 강조한 것에 반대하여 설리반(Sullivan)은 대인관계 정신분석학을 주장하며 문화적 상호작용과 맥락 안에서 병리를 이해해야 한다고 보았다. 설리반은 기존의 정신분석적 틀(치료사는 클라이언트와 수직적 관계를 갖고 객관적 입장을 갖는다)을 거부하며 상담, 치료 과정에서 치료사가 클라이언트와 마주보는 것에 대한 시도를 하였고 치료사는 클라이언트에게 중요한 타인이라고 하며 클라이언트와 치료사의 관계에 대한 전환을 시도하였다(Greenberg, 1999). 분석심리학에서는 적극적 상상(Active Imagination)을 통해 무의식으로부터 환상과 감정을 예술적 경험에서 끌어낼 수 있고 상징적으로 표현할 수 있다고 믿었다. 이러한 여러 예술 매체들이 만나지는 작업에서 몸과 신체 그리고 움직임 또한 발전되기 시작하였다.

2) 행동주의적 입장

목표 행동(Target Behavior)을 바람직한 방향으로 변화시키려는 목적으로 움직임을 강화, 수정, 보완, 반복 학습의 수단으로 사용한다. 특히 움직임 반영을 통해 자신의 움직임에 대한 반영과 인식, 수정을 가질 수 있고, 타인과의 조율, 조절 과정을 가짐으로 자신의 행동을 수정할 수 있도록 돕는다. 또한 구조화된 움직임 활동과 지시적 접근, 움직임과 신체의 관찰을 중요하게 여긴다.

3) 인본주의적 입장

인간이 가지고 있는 가장 근본적인 본능 중에서 치유성과 창조성은 스스로 자기를 지킬 수 있는 힘이 있고, 치유할 수 있고, 항상성을 유지할 수 있는 자신의 몸이 있다는 것을 의미한다. 이러한 관점에서 인간의 몸은 기능적 신체가 아닌 표현하는 주체로서의 몸을 의미하며 표현하는 것을 존중하고 수용할 수 있다고 보았다. 또한 모든 예술 매체의 심리치료의 근원은 표현주의라는 문화사조에 영향을 받았다고 할 수 있다. 뿐만 아니라 몸을 움직이게 하는 근육과 신경 물질을 전달하는 신경계, 호르몬 등이 움직임을 주관하게 하고 이를 통해 우리의 정서 표현을 이끈다. 이러한 입장에서 볼 때 정신과 몸은 떨어질 수 없고 신체를 통한 소통이 심리치료에 중요한 매개가 될 수 있다는 것을 알 수 있다(김진숙, 1996).

제2절 무용/동작치료의 발달

1. 무용치료의 발달

1) 고대시대

원시 사회에서 춤은 먹고 잠자는 것 만큼 필수적인 요소이다. 춤은 카타르시스와 치료의 도구로 사용하였고, 춤은 자신을 표현하고 타인에게 감정을 전달하며 자연과 함께하는 수단을 제공하거나 개인을 사회 속에 적응할 수 있도록 도움(비 또는 성공적인 사냥을 기원하는 춤이나 풍년에 대한 감사를 나타내는 춤)을 준다. 문화적, 종교적인 영향으로 인한 춤들은 하와이안 훌라춤, 아이티 부두 춤 등을 들 수 있다. 샤먼이나 주술사는 치료를 목적으로 춤을 추었는데 신체-마음-정신의 연관성을 이용하였다.

2) 중세시대

중세의 농민은 착취 대상으로 교회와 귀족은 복종을 강요하였다. 춤을 추지 않고는 견딜 수 없는 병적인 형태가 나타나기도 하였다. 무도병 이후 가톨릭교회에서는 춤을 금지시켰다. 전염병이 유럽을 휩쓰는 동안 성 비투스 춤, 또는 태런티즘이라는 무도병이 유행하였고, 이는 사람들이 자신에게 엄습해 오는 죽음에 대한 반응으로 쉬지 않고 춤에 몰입하여 과잉 흥분에 휩싸였기 때문이다. 기독교적 금욕주의 종교 신앙이 출현하고 17세기 데카르트의 합리주의 철학에서 신체를 불결하거나 중요하지 않는 것으로 인식하여 몸과 마음의 관계를 무시하고 정신을 진정한 자신으로 보았다. 고대 그리스 철학자 플라톤은 마음이 몸보다 위라고 보았고, 데카르트는 인간의 본질은 영혼에 있다고 하였다. 이런 이분법적 사고, 이성적, 관념적 정신이 감각적, 가변적 신체보다 우월하다고 생각했다. 데카르트의 심신이원론은 무용의 신체를 사유 활동을 할 수 없는 도구적 대상으로 전락하게 하였고 무용은 인간 정신과는 전혀 무관한 별개의 신체 활동으로 여겼다. 중세 후반에는 소박한 민속 무용과 훈련받은 무용가들의 춤으로 나뉘기 시작하였다.

3) 20세기

2차 대전 이후 폐허로 변해버린 서구 여러 나라에서는 정신치료이론과 방법들이 활발히 연구되면서, '정신질환의 보조 치료법'으로 무용/동작 심리치료가 등장하기 시작했다. 무용/동작 심리치료는 점차 정신과 신체를 분리해서 사고하는 이분법에 대한 반성과 함께 하나의 치료분야로 성장하기 시작했다. 이 시기에는 Rudolph Laban(1879-1958), Margaret H' Doubler(1889-1982), Mabel Ellsworth Todd(1891-1958), Irmgard Barteniff(1900-1981)가 많은 공헌을 했다. Margaret H' Doubler(1925-1940)는 신체적 교육, 레크리에이션, 또는 오락의 형태로 보여지는 것을 뛰어넘는 춤에 대한 개념을 확장시켰다(Halprin, D. 2006). 1940년대, 미국 동부에서 마리안 체이스(Marian chace)가 정신과 병동 환자들에게 자기표현과 소통을 위한 무용/동작을 사용하여 정신병으로 인한 고립으로부터 끌어내고 사회적 상호작용을 촉진하였다. 블랑쉬 이반(Blanche Evan, 1944)은 아들러(Adler)와 프로이트(Freud)의 영향을 받아 창의적인 즉흥 무용을 통해 정신과 육체사이의 괴리감을 연결하도록 돕고 신체의 회복을 통해 다시 생명력을 갖도록 도왔다. 1950년대에는, 미국 서부 무용동작치료사였던 마리 화이트 하우스(Mary White house)는 융(Jung) 분석과 마리 뷔크맨(Mary Wigman)의 영향을 받아 자기표현, 의사소통, 자기노출의 형식으로서의 무용에 대한 관심을 높이고 음직임의 적극적 상상인 '진정한 움직임(Authentic Movement)'을 통해 자기 개념을 강화할 수 있다고 주장하였다. 트루디 스쿠프(Trudi Schoop)는 자신의 정체성이 자신의 몸에 반영되어 나타난다고 믿었고 신체자세와 신체적 정렬은 마음의 어떤 상태를 반영한다고 보고 표현적인 움직임을 통해 억제된 부분을 의식화하도록 도왔다(Levy, 2005).

2. 무용/동작치료의 정의

몸에서 나오는 심리적 움직임을 치료적 매개로 사용해서 개인이 가지고 있는 생각이나 경험, 정서를 사회적으로 통합하고 기능하게 하는 것이 무용/동작치료의 목표이다. 또한, 그 과정에서 일어나는 '자발적인 창조적 과정'을 중시하는 과정 중심적 심리치료이다. 무용/동작치료는 몸과 마음이 서로 분리될 수 없다는 신념에 뿌리를 두고 있다. 신체 움직임은 내적 감정상태를 반영하고 움직임 행동의 변화는 정신을 변화시켜 건강과 성장을 촉진한다는 것이 무용/동작치료의 기본 전제이기도 하다. 이러한 무용/동작치료는 신체, 인지, 정서가 통합되어서 사회적 통합을 이루고 더 나아가 영적 통합을 이루는 것을 궁극적 목표로 하고 있다(유분순, 2000).

3. 무용/동작치료의 치료적 요인

무용/동작치료는 다양한 도구, 음악, 이미지를 사용하지만 치료사의 몸을 사용하고 클라이언트에게 개방되고 있다는 특징을 갖는다. 이는 클라이언트의 몸도 개방된다는 의미이며 서로의 몸이 개방되고 상호작용을 가능하게 한다는 것이다. 몸과 몸은 숨겨질 수 없고 서로에게 관찰되어진다. 만약 치료사의 호흡이 얕고 몰아쉬는 호흡이라면 이는 클라이언트에게 보일 것이고 클라이언트의 호흡에 영향을 미칠 것이다. 그러면 이는 치료사에게 클라이언트를 이해하는 치료적 관찰의 요소가 될 수 있다. 마찬가지로 클라이언트의 표정이 일그러지거나 빠르게 주변을 탐색하고 다리를 떠는 행동들이 치료사에게 관찰되어진다면 이를 통해 클라이언트를 이해하고 개입할 수 있을 것이다. 또한 치료사의 몸은 치료적 공간이다. 치료사의 몸은 클라이언트가 롤 모델을 할 수 있도록 안정되고 조절되며, 지금 여기에 머무를 수 있어야 한다. 또한 수용과 반영을 통로와 상징적 그릇이 되어야 한다. 무용/동작치료는 춤과 움직임을 통해 안전한 정서적 방출을 가능하게 한다. 클라이언트들은 치료실에 올 때 이미 각성되고 불안한 상태를 가지고 올 때가 많다. 그럴 때마다 치료사는 클라이언트의 정서를 보고 느끼며 공감할 수 있는 몸이어야 한다. 그래서 클라이언트의 호흡을 함께 나누고 그로인한 개입이 이루어져야 한다. 하나의 고착된 정서에 불편함, 편향성을 갖는 클라이언트들에게 반대 혹은 다양한 움직임을 제공하여 다양한 정서를 제공한다. 정서는 생각이 아니고 몸을 통해 표현되어지는 것이기 때문에 몸의 자세, 태도, 행동 등으로 나타내고 변화될 수 있기 때문에 치료사의 안전한 환경으로 이를 도울 수 있다. 이 때 클라이언트는 자신이 경험하는 정서를 인식하고 변화의 동기를 가질 수 있게 된다. 많은 클라이언트들은 자신에 대한 낮은 신뢰, 낮은 자존감 등을 통해 불안을 가지고 있다. 낮은 신뢰가 낮은 경험을 갖게 하는 경향성도 있다. 그러나 무용/동작치료에서 다루는 몸은 자신을 지각하고 느끼고 정서를 경험하게 하는 고유의 특징을 가진다. 또한 그것이 '자기 몸에서 경험된다'라는 고유의 경험을 통해서 자신을 신뢰할 수 있고 자신의 몸으로 일어나는 일에 대한 성취감을 가질 수 있기 때문에 이러한 과정을 통해 자신을 믿게 되는 직관을 가지게 된다. 때로는 이러한 과정 안에서 일어나는 많은 움직임 중에서 기능적 움직임이 표현적, 상징적 움직임으로 발전되기도 한다. 예를 들어, 단순히 걷는 기능적인 움직임을 하는 중, 느껴지는 감각과 정서적 표현은 그 개인에게 고유한 상징적 걸음걸이가 될 수 있고 이것은 지금 자신이 무엇을 느끼고 생각하며 경험하는지에 대한 이해를 돕게 한다. 또한, 직설적인 언어표현은 클라이언트에게 재 외상의 경험을 제공하기도 하지만 상징적 움직임을 통한 표현은 다양한 의미를 부여할 수 있으므로 간접적 이해를 통해 자신의 문제를 스스로 인식하고 표현할 수 있도록 한다(이시은, 2004).

제3절 무용/동작치료 접근법

1. 마리안 체이스(Marian Chace)의 무용치료 원리

체이스(Chace)의 이론적 기본 가정은 '소통'을 위한 것이다. 이는 인간의 기본적 욕구를 충족시킨다고 보았다. 체이스는 클라이언트들의 권리와 욕구를 상당히 존중하였으며 클라이언트들에게 다가가기 위해 다양한 형태의 언어적, 비언어적 의사소통을 시도하였다. 모든 클라이언트들에게는 소통의 욕구가 있다는 신념을 가지며 클라이언트들을 정신병으로 인한 고립으로부터 끌어낼 수 있도록 자기표현과 소통을 위한 무용과 동작을 사용하였다. 무용과 동작을 통한 개입은 클라이언트들의 움직임 표현을 인식하고 직면하고 반영하여 상호작용할 수 있도록 도왔다(허성재, 1994).

1) 신체활동

감정을 표현하는 근육의 활동은 무용의 토대이고 이러한 활동은 강력한 의사소통 수단이 된다. 경직된 근육 조직 안에 존재하는 생각, 아이디어, 감정들을 풀기 위한 수단으로 정신운동성의 치료적 개입을 시도하였다. 신체부위 인식, 호흡 패턴, 감정적 표현을 차단하는 긴장 수준은 감정적 반응성을 높일 수 있는 신체 동작들에 대한 단서를 치료사에게 제공한다고 보았다. 변화는 클라이언트가 자신의 신체에서 동작을 경험할 준비를 스스로 갖추게 될 때 일어난다. 이는 라이히(Reich)의 성격의 정체성과 근육 무장이라고 불렀던 것과 같다.

2) 상징성

무용과 동작의 결합을 통해 시각화와 언어화, 이미지, 환상, 회상, 연기를 사용하는 과정이다. 무용치료사는 클라이언트의 무의식적이고 상징적인 의사소통을 받아들이고 이를 통해 감정이입을 하기 때문에 클라이언트는 자신의 표현적 과정에 대한 신뢰감과 수용을 경험하고 정서적 해소를 가져오게 된다.

3) 움직임을 통한 치료적 관계

깊은 감정적 수용과 의사소통을 반영하는 방법으로써 움직임을 통한 클라이언트와의 관계나 상호작용에 집중하는 치료사의 태도는 매우 중요하다. 거울되기, 반영하기와 같이 단순한 과정을 통해 클라이언트의 비언어적이고 상징적인 의사소통을 진지하게 받아들이고 확장, 확대하여 명료해지도록 도움을 준다.

4) 집단의 리듬적 움직임 관계

집단의 리듬 활동의 힘을 활용하여 정리되고 조절된 방식으로 생각과 감정의 표현을 활성화하고 지지한다. 단순하고 안전한 리듬 활동은 심하게 철수된 클라이언트들도 자신들의 무질서한 정서의 외현화 기회를 갖고 움직임을 할 수 있도록 한다. 리듬적 활동은 안전한 경계안에서 생각과 감정이 드러나고 구조화되며 해소될 수 있는 구조를 제공한다(김유선, 류분순, 2003).

2. 마리안 체이스의 무용치료 방법론

1) 준비단계(warm-up)

직관적, 자발적 단계이다. 여기에서의 목표는 직접적 소통과 접촉을 시도하는 것이다. 클라이언트가 주어진 순간에 표현한 정서적 욕구에 의해 결정된다.

(1) 미러링

클라이언트가 경험하고 소통하려는 것을 운동감각적, 시각적으로 경험하게 하는 것이다.

(2) 명료화와 확장

개인적 표현과 소통능력을 돕기 위해 정체감과 책임감을 강화시키도록 한다.

(3) 움직임 유도, 움직임 대화

언어적, 비언어적 소통을 하며 움직임 반응을 유도한다.

(4) 집단전개

초기 접촉 후 집단전개를 시작하면서 집단원들이 어느 정도 준비가 되었는지 평가한다. 이때 타이밍이 중요하다. 점진적으로 진행하는 것이 필요하며 집단의 신뢰와 개방의 형성이 강조된다.

(5) 리듬적 표현/신체적 준비활동

신체적 수준에서 신체 전체를 포함하는 춤 동작을 확장하면서 전신 동작으로 발전시키고 집단의 요구를 반영하여 활성화시키며 집단의 신뢰를 형성한다. 신체 전체로 움직임을 확장하는 것은 심각한 정서장애를 겪는 클라이언트들이 자아 인식을 통합하는데 도움을 주고, 동작들을 통해 클라이언트들은 긴장 이완과 움직임의 즐거움을 경험한다.

(6) 테마

집단의 공통적 감정을 인지하고 언어적 비언어적으로 반영한다. 움직임, 언어화, 이미지, 그리고 다양한 주제 지향적 활동들을 통해 자신들의 감정, 주제, 갈등을 좀 더 깊이 있게 탐색하도록 안내한다. 주제 지향적 움직임 패턴을 제안하거나, 클라이언트가 알아차릴 수 있도록 상징적 움직임에 대한 인식을 돕고 언어화하여 구조화를 한다.

(7) 마무리

반복적, 공동의 움직임을 사용하여 집단의 연결감, 지지감, 견고함, 안녕감을 제공한다.

2) 마리안 체이스의 주요기법

(1) 미러링 테크닉(mirroring technique, 움직임 반영기법)

체이스가 사용한 주요기법으로 클라이언트가 경험하고 소통하려는 것을 운동감각적, 시각적으로 경험하는 것이다. 클라이언트의 움직임이나 호흡, 감정까지 반영하면서 클라이언트와의 공감대를 형성한다. 무용동작치료에 있어서 매우 중요한 기법 중 하나이다.

(2) 체이스의 원형 구조

원 대형의 구조안에서 집단은 안정감을 느끼고 연대와 지지, 결속, 신뢰를 가진다. 또한, 개방되어 있는 구조로 집단은 서로를 모두 보고 자율성과 리더십이 자연스럽게 이동할 수 있다. 체이스는 실제 임상에서 '소통을 위한 무용'으로서의 원 대형 구조를 강조하였고 실제 클라이언트들 간의 사회적 상호작용을 향상시켰다. 체이스는 원 대형 구조를 통해 집단원간 유대감, 단결심, 안정감을 제공하였고 정해진 공간 안에서 상호 동등한 나눔과 안정적으로 서로를 바라보고 접촉할 수 있도록 도왔다. 집단은 원 대형 안에서 인사나 눈맞춤 등의 초기 접촉을 갖고 나면 서로 표현을 나누고 신체적 공감과 반응, 상호작용을 위한 집단의 수용 능력을 갖게 된다(Chace, 1993; 김유선, 류분순, 2003).

3. 브랑쉐 이반(Blanche Evan)의 무용동작치료

무용/동작치료에서의 움직임의 사용은 클라이언트의 마음 상태나 기분, 활동성, 그리고 경직되어 있는 부분 등과 관련이 있다. 즉, 움직임의 언어로서 자신의 감정을 표현하고, 이를 통해 신체 증상의 상징적인 의미를 밝힐 수 있고, 그들이 느끼는 감정에 대해서 새롭고 성숙한 관점을 얻게 된다(Komisaruk, 1985). 이는 무엇보다도 무용언어가 가지고 있는 신체를 통한 표현이라는 본질적인 특징에 의해서 가능하며, 자발성에 기초한 창의적인 움직임을 통해서 가장 잘 이루어진다는 것이 그간의 연구를 통해 밝혀져 왔다(Evan, 1949; 류분순, 2000). 특히, 이반(1964)은 창조의 자연스러운 형태로서의 즉흥에 주목하였다. 그녀는 무용 즉흥이란 자신의 내면세계를 신체 움직임을 통한 자연스러운 창조의 형태로 풀어나가는 것이며 또한, 즉흥 움직임은 특정한 자극에 대하여 내재된 감정의 선택과 구조화된 육체적 잠재의식의 자유로운 표현이라 하였다.

1) 이론적 배경

브랑쉐 이반(1909~1982)은 시각예술이나 음악 악기들을 사용하는 것들과는 구별되게, 무용은 신체 움직임을 통한 인간의 정신세계와 완벽하고 직접적인 연결을 활용하는 예술형태로서 무용의 도구로써 신체 움직임의 사용을 강조했다. 1920년대 표현적인 즉흥 무용의 창시자의 한사람인 버드 라슨(Bird Larson)에게서 영향을 받은 그녀의 주요 관심은 역시 즉흥 무용이었는데, 즉흥 무용은 개인의 창조적이고 정서적인 잠재력이 표면화된 행동으로 나타나 현실과 연결시켜 줄 수 있는 매체라고 생각했기 때문이다(Levy, 2005). 그녀는 무용치료를 움직임 정신치료에서 정신분석적 움직임치료에 이르기까지 확장시켰는데, 가장 본질적이며 기본적인 방법은 자신으로 향하는 창의적 즉흥 움직임을 통해 대상자의 고민의 원인을 찾아내는 작업이라고 믿었다. 이러한 믿음은 억압되고 상처받는 사고와 감정에 대해 극적인 연출 방법으로서 무용의 표현적이고 창조적인 면을 사용한다는 것으로 잘 드러난다. 이반은 결국 "무용/움직임/언어치료"(Dance/Movement/Word Therapy)라고 불렀던 정신치료에 언어와 무용을 통합시켰다. 이반은 무용은 말과 매우 비슷한 언어이지만 말과는 다르게, 더 직접적인 '자기'의 전달언어로 나타날 수 있고 또한, 창의적인 표현 움직임을 통하여 몸과 마음의 연합을 촉진시켜야 한다고 했다. 이반은 직접적인 표현을 강조하는 현대 무용에 기반을 두었고, 무용을 형식적인 것으로부터 '자발적인 움직임'이라는 다양한 수준으로 확대시켰다. 또한 미적인 기준에 매달리기보다는 인간의 내적인 감정 세계를 표현하려 한다는 점에서 현대 무용과 공통된 목적을 갖는다(이시은, 1994). 이반은 신체적, 감정적, 지적인 부분 등 모든 면을 고려하여 내담자의 세계를 이해하는 방식의 전인적인 치료를 목표로 하였다. 다시 말해, 이반의 작업에서 가장 중요한 목적은 신체의 회복과 무의식의 재료들을 움직임으로 표현하여 자기 자각과 통찰에 이르게 하고, 이를 통해 외부와 상호작용하는 측면과 내적인 측면에서 삶을 잘 극복할 수 있도록 하는 것이다(Levy, 1992).

2) 중재(intervention) 기법

이반이 클라이언트들에게 실시한 방법론은, 다음과 같은 네 가지의 중재 기법으로 구성하였다. 첫째, 신체 준비운동 둘째, 기능적 테크닉의 체계 셋째, 창의적 즉흥/연기 넷째, 생각과 느낌의 언어화이다(Levy, 1992). 이 네 가지 중재 기법은 적용 순서에 따라 바뀔 수 있고, 이 네 가지 기법을 매회기마다 모두 함께 사용하지 않는다.

(1) 신체 준비운동

준비운동은 클라이언트가 자유롭게 이완하도록 도움을 주어 신체적인 느낌과 감정을 어려움 없이 수용할 수 있도록 하여 긴장을 완화시켜주는 과정이다. 준비운동의 목적은 신체 전체가 통합된 상태가 되도록 하는 것이며, 그 기능은 대상자들로 하여금 정확한 신체 동작 즉, 기능적 테크닉(functional technique)을 표현할 수 있도록 준비하고, 치료를 위한 창조적 즉흥 움직임을 행할 때 떠오르는 생각이나 감정을 표현할 수 있도록 준비하는 단계이다(Evan, 1964). 이반은 극도로 긴장 상태에 있는 클라이언트들에게 아무 방향으로나 몸을 흔드는 것에서부터 뛰기, 달리기, 구르기, 돌기 등 다양한 종류의 동작들을 행하도록 하여 자유스러운 감정을 느낄 수 있도록 하였고, 호흡과 함께하는 근육의 수축과 이완, 움직임의 확장과 축소 과정을 통해 긴장과 이완을 반복 경험할 수 있도록 하였다(Levy, 1992). 때로는 준비운동을 할 때 음악을 사용하기도 했는데, 음악의 선택은 클라이언트들이 직접 할 수 있도록 하였다. 동작의 진행에 있어서도 그룹 구성원들로 하여금 한 사람씩 리더가 되어 스스로 동작을 시작하고 다른 사람이 따라 하도록 하였는데, 이것은 리더십을 길러주기 위함이었다. 준비운동을 끝내기 전에는 클라이언트들에게 그룹에서 어떻게 느꼈는지, 또한, 신체의 특정 부위에 동작을 좀 더 해야 할 필요가 있는지를 질문을 통해 클라이언트들이 원할 경우에는 동작을 더 행하도록 하였다. 이처럼 이반은 클라이언트들과의 의견 교환하면서 긴장을 완화시킬 수 있는 준비운동을 진행하였다(Levy, 2012).

(2) 기능적 테크닉의 체계

기능적인 테크닉은 해부학적으로 건전한 방식으로 신체를 회복시키고 훈련하는 체계이며, 자세, 조정(coordination), 신체 부분들의 배치와 율동을 포함한 움직임의 교육적인 접근을 의미한다. 이러한 작업 구조는 클라이언트들의 독특한 신체적 요구들에 따라서 이루어지기 때문에 다양하게 적용할 수 있다(Evan, 1964). 기능적인 테크닉의 목적은 첫째, 신체를 회복시키기 위하여 둘째, 자신만의 공간을 차지하고 사용할 수 있는 자유로움을 위하여 셋째, 창조적인 표현 움직임 어휘를 가질 수 있는 신체적인 기반을 제공하기 위하여 넷째, 신체적인 자기표현에 대해 안전하다는 것을 느낄 수 있도록 하기 위하여 다섯째, 자신의 의식을 이전의 인식에서 벗어나 신체의 부분과 접촉하도록 하기 위하여 여섯째, 신체 움직임 기능의 확장과 축소를 통합하여 더 효율적이고 의미 있는 동작 표현을 얻기 위하여 이반은 모든 활동의 기초로서 척추의 전반적인 힘과 똑바름을 강조하였다. 인간의 수직성(venticality)은 신체의 균형과 몸을 지지(supporting)시킬 수 있을 뿐만 아니라, 감정에 대한 책임과 관련한 것까지 수행한다고 하였다. 척추의 기능이 '무용의 도구' 즉, 자기표현의 도구로서 신체를 사용하는 전반적인 능력을 결정한다고 믿고 척추의 전반적인 힘이나 유연성에 있어서의 제약들은 사람들에게 불안감이나 두려움을 준다고 생각했다(Evan, 1964).

(3) 창의적 즉흥 움직임/연기

이반은 즉흥(Improvisation)은 자연스러운 형태의 창조이며, 즉흥 무용은 현재 자기가 처해 있는 심리적인 상황과 자신과의, 무용의 견지에서 주제(theme)를 가진 완전한 결합이라고 정의하였다. 이러한 측면에서, 즉흥 움직임은 자신의 내면세계를 신체 움직임을 통한 자연스러운 창조의 형태로 풀어나감으로써 감정을 자각하고, 새로운 감각을 불러일으키며, 나아가 의식의 전환까지 경험하도록 한다. 이런 즉흥 움직임을 쉽고 편하게 할 수 있도록 클라이언트의 동작 레퍼토리를 확장시키기 위해 다음과 같은 다양한 요소들을 사용하였다.

① **리듬** : 신체에 여러 가지 자극을 줄 수 있는 방안으로 타악기를 사용하여 빠르게/천천히, 단음/연결음, 크게/부드럽게, 약박/강박 등의 반주를 사용한다.

② **소품** : 행동이나 동작의 특별한 성질을 요구하여 움직임의 동적인 측면을 자극하는 소품을 사용한다. 예를 들어, 스카프는 촉각에서 그들을 자극하여 가장 적합한 동작의 질(quality)을 결정할 수 있도록 도와준다.

③ **단어** : 다양한 동작의 가능성을 탐구하는데 있어 자극적이면서 상반되는 단어의 사용은 의미가 있다. 예를 들면, 모이다/흩어지다, 열다/닫다, 강한/부드러운, 둥근/각진 등의 단어들이 사용될 수 있다.

④ **무용의 요소들** : 개인을 이끌어 주는 동작을 제시한다. 이를 통해 빠르기나 무게, 공간의 극단과 점차적인 변화를 탐구할 수 있도록 한다.

⑤ **대조적인 역할 연기** : 상호작용에서 새로운 움직임의 특질을 높이기 위해 특정한 역할을 연기하게 한다. 예를 들면, 한 사람이 나무가 되면 한 사람은 바람의 역할을 연기하게 한다.

⑥ **구체적인 이미지** : 초보자들을 위해 구체적이고 단순한 지시로 구체적인 이미지를 사용하게 한다. 예를 들면, 벽 밀어내기, 수건 짜기, 바닥에 발 구르기 등을 시킨다(Levy, 1992).

제4절 무용치료의 실제

1. 움직임과 놀이를 통한 라포 형성

1) 들어가기

- 집단을 위한 상징적 컨테이너로 의자나 방석을 이용하여 원형의 장소를 만든다.
- 시작 전/후로 신체 상태를 체크한다.
- 치료사가 프로그램의 목적, 내용을 간략히 소개하고, 놀이를 통해 참여공간으로 진입한다.
- 기초적 규칙으로 비밀유지와 서로를 지지하고 신뢰로운 분위기를 만들며, 치료적인 라포를 형성하도록 한다.
- 말이 아닌 비언어적인 의사소통을 강화하고, 서로 개인적인 이야기를 나누지 않도록 하며, 재미있고 가벼운 신체 활동을 통해 자발적인 참여도를 높인다.
- 처음부터 갑작스런, 과도한 움직임은 신체에 무리가 올 수 있으니 주의하도록 한다.
- 준비 호흡, 마무리 호흡, 소리, 움직임으로 시작과 끝을 맺는다.

(1) 이름 게임

원으로 둘러서서 한 사람씩 자기 이름을 말하면서 한 가지 제스처나 한 가지 움직임을 통해 소개한다. 다른 참여자들은 상대의 이름을 기억하며 움직임을 따라해 본다.

(2) 이름 동작 변화

자신의 이름으로 동작을 만들고 표현하며, 그것을 반복, 발전, 변화를 통해 움직임을 확장한다.

(3) 걷고, 뛰고, 목표를 향하는 다양한 이동 움직임(Locomotion)

걷고, 빨리 걷고, 목표를 가지고 Direct/Indirect, Stop/Go, Slow/Quick을 활용한다. 점차 집단의 응집력이 높아지면, 중간에 만나는 사람과 팔짱을 끼면서 돌고, 헤어져 자신의 목표를 향해 나아간다. 인도의 릭샤를 끄는 아저씨가 혼란 속에서도 빈 공간을 찾아 움직이는 상상을 하며 빈공간 빠져 나가기와 여기저기를 날아다니는 나비를 상상하며 공간을 움직인다.

(4) 접촉 움직임을 통한 교감

파트너를 만나서 리더/팔로우어의 역할을 교대하면서 손을 접촉하여 안내하고 받는다. 파트너를 바꿔가면서 어떤 자극과 교감을 나누는지 알아차린다. 좀 더 개입을 확대하여 어깨나 팔 등을 이용해 안내하고 받는다.

2) 나오기

- 처음 만난 사이가 점점 친근해지고, 움직임을 통해 놀이가 활성화된 것을 나눈다.
- 손을 접촉하고 함께 움직이면서 비언어적인 의사표현을 하고, 그에 대한 서로의 느낌, 생각을 나누며, 참여자들과 친근해졌다는 것에 감사한다.
- 이제 시작해서 앞으로 남은 회기 동안 함께 힘을 모아 보자고 권한다. 움직임으로 시작해서 자신의 내면에 숨어있는 감정, 사고, 사건을 만나서 스트레스를 넘어서는 활기찬 삶을 살아가자고 동기를 부여한다.

2. 자기 패턴 알아차리기

1) 들어가기

- 어떠한 행동이나 감정, 사고가 표현이 되던, 그것을 관찰하고 알아차려갈 수 있도록 한다.
- 신체적 행동을 관찰하고 그것과 연관된 자신의 감정,생각을 알아차려 간다. 지금까지 춤과 움직임이 익숙해지면서 자신의 창조적인 반응이 나올 수 있도록 한다. 특히, 자신이 대하기 힘들었던 사람들이 있다면 찾아가 움직임을 나누고, 그들과의 새로운 관계형성을 시도한다. 또한, 자신의 문제 패턴을 확인하고 그 문제를 지속적으로 반복하고 있는 자신을 발견한다.

(1) 파트너와 하나 되는 접촉 즉흥(Contact Improvisation)

손을 대고 리더와 팔로우어 역할을 교대로 이끌어본다. 서로가 역할을 넘어서 서로 리더이며 서로 팔로우어가 된다. 이때는 전혀 다른 질감이 둘 사이에 있다. 이것을 찾는다.

움직임의 어휘를 늘려본다. 함께 움직이면서 손을 교차하며 움직인다. 손을 교차하면서 원형으로 돌면서 움직인다. 원형으로 움직이는데, 서로 이끌려고 하지 말고, 서로에게 공간을 허용하라. 그리고 방향을 억지로 바꾸려하지 말고 움직임의 흐름에 따라 방향을 유연하게 흐르게 한다. 서로에게 원형으로 돌 수 있도록 공간을 내준다는 것은 손을 높이 들었을 때 충분한 공간이 열린다. 이제 파트너와 함께 한 손을 자신의 손과 손이 만나서 마치 두 다른 존재가 함께 움직이는 것처럼 두 손바닥의 춤을 춘다.

사진 6-1. 접촉 즉흥 춤추기

(2) 분할 집중 움직임(Split Attention Movement)

기본적인 구르지예프(Gurdjieff) 동작들을 함께 하고, 집중력을 상승시키며 느껴본다. 어깨를 돌리는 방향을 반대로 시행한다. 한 쪽은 앞으로, 한 쪽은 뒤로, 다리는 6박자로, 손은 4박자로 분리하여 움직인다. 원형의 움직임을 시행하여 중심잡기를 시도한다.

(3) 가장 스트레스를 주는 파트너와 만나서 터칭 포인트 확대 및 주의집중 활성화하기

손바닥, 등, 어깨에서 손가락 끝으로 보낸다. 손가락 끝에서 막대로 연결하여 움직인다. 손바닥과 눈을 연결하여 움직인다. 눈과 눈을 접촉하여 거리를 조절하고, 공간을 확장하면서 움직인다.

(4) 황금 방석

참여자 전원이 한 사람에게 집중적으로 느낌, 움직임의 변화, 소감 등을 전하고, 나눈다.

2) 나오기

- 다시금 호흡과 소리로 전체 집단을 조율한다.
- 마지막 소감 나누기에서 발견한 부분들을 새롭게 구성하도록 한다.
- 전체가 원으로 모여 감사를 표하며 마무리를 짓는다.

※ 비움과 채움 (자신의 척추 세우기 무브먼트)

횟수	날짜	신체 감각	기분	감정	이미지	자신에 대한 성찰과 자기 변화 기록하기
1회	월 일	뻐근함 가슴뛰는 기분과 몸이 뜨거워진다.	상쾌함	열정적인 느낌이 들고 내신체에만 집중하는 감정을 느꼈다.	넓은 들판	나의 신체의 뻐근함이 불쾌하면서도 색다름을 느꼈다.
2회	월 일	내 동작을 하는 과정에서 무언가 마음대로 따라가지 않는 느낌이 들었다.	상쾌함	내가 원하는 자세를 하고는 싶은데 하는 과정에서 불편함을 느꼈음	산을 오르는 생각을 함	무용을 전공 수업으로 오랬동안 들어왔지만 완벽한 무용에는 더 연습이 필요하겠다는 생각을 했다.
3회	월 일	뻐근함과 어느 정도의 순간이 지나가면 몸이 가벼워짐	상쾌함	내신체에 집중하며 좀더 향상된 행동을 할수 있어서 기분이 좋았음	아스팔트 길	저번에 해봤던 기억으로 다른 자세를 시도해 보며 상상 이외의 행동을 찾고 도전하는 시간을 가지며 내가 이러한 동작을 할 수 있구나 하는 생각을 하게 되었다.
4회	월 일	저번 시간보다 훨씬 가벼움을 느낌 스트레칭이 더욱 되는 느낌	상쾌함	다양한 자세를 시도하며 내스스로의 모습에 조금더 다가가는 생각을 하였다.	논밭을 떠올리며 허수아비를 생각함	바람에 흔들리는 느낌을 추가하여 동작에 역동성을 좀 더 추가하고 부드러운 이어짐을 느끼고 발전시키는 시간을 가졌다.

그림 6-2. 무용을 하면서 떠오르는 감정을 퀵 드로잉하기

참고문헌

김유선, 류분순, (2003). Marian Chase와 Mary Whitehouse 무용/동작치료의 방법론에 관한 비교 분석 연구.

김진숙, (1996). 예술심리치료의 이론과 실제. 서울: 중앙적성출판사.

류분순, (2000). 무용·동작치료학. 서울: 학지사.

박국자, (2008). 무용치료의 이론과 실제. 명지대학교 사회교육대학원, 석사학위논문.

유선영, (2010). 심리학적 접근으로 본 Marian Chace 와 Blanche Evan의 무용치료 기법 비교 분석 연구. 숙명여자대학교 전통문화예술대학원, 석사학위논문.

이시은, (1994). 무용치료(DANCE MOVEMENT THERAPTY)의 방법론에 관한 이론적 고찰. 이화여자대학교 대학원, 석사학위논문.

許盛宰, (1994). 마리안 체이스(Marian Chace)의 무용요법이론연구. 중앙대학교대학원, 석사학위논문.

Chace, M., (1993). Selected writings: body image and physiology. Ins. L., Sandel, S. Chaiklin & A. Lohn(Eds.), Foundations of dance/movement therapy: The life and work of Marian Chace. 25(1) 345-364.

Evan, B., (1943). Collected works by and about Blanche Evan: Dancing for the young child. California: Blanche evan dance foundation.

Evan, B., (1949). Collected works by and about Blanche Evan: The child's world (ArticleⅡ). California: Blanche evan dance foundation.

Evan, B., (1964). The child's world; Its realation to dance pedagogy (a collection out-of-print articles).

Halprin, D., (2006). 동작 중심 표현예술치료. 서울: 시그마 프레스.

Levy, F. J., (1992). Dance movement Therapy. A Healing Art. Reston: American Alliance for Health, Physical Education, Recreation and Dance.

Levy, F. J., (2005). Dance Movement therapy: A healing art Reston. VA: National Dance Association, American Alliance for Health, Physical Education and Dance.

Levy, F. J., (2012). 무용동작치료: 치유의 예술, 개정 2판. 서울: 시그마프레스.

제7장

독서치료

제7장

독서치료

제1절 독서치료의 이해

1. 독서의 본질

독서치료(Bibliotherapy)는 'Biblion'(책, 문학)과 'therapeia'(도움이 되다, 의학적으로 돕다, 병을 고쳐주다)라는 그리스어의 두 단어에서 유래되었다. 따라서 근본적으로 독서치료는 책을 사용하여 정신건강을 증진시키고, 개인의 문제를 해결하며 사회적 관심이 무엇인지를 알게 한다는 의미를 갖는다(원동연 외, 2009). 이는 독서가 치료적인 특성을 가졌다고 볼 수 있다. 책을 읽는 행위에는 독해의 맥락이라는 것이 주어지는데, 독자 맥락(무엇을 읽는가?), 배경 맥락(어떤 물리적, 심리적, 사회적 상황 속에서 읽는가?), 그리고 상황 조직자 맥락(누가 지도하는가?) 등이 함께 어우러져 있다. 사람은 오감을 통하여 정보를 받아들이는데, 처음 두 개의 감각인 청각과 시각은 선명한 감각으로, 나머지 촉각, 후각, 미각은 애매모호한 감각으로 분류한다. 시각은 다시 읽기와 보기로, 청각은 소리 듣기(hearing)와 의미 듣기(listening)로 분류하기도 한다(박재식, 2009). 우리는 수많은 정보를 읽기와 듣기를 통하여 얻는다. 듣기는 청각에 이상이 없다면 생득적인 능력이지만 읽기는 후천적인 학습을 통해 습득할 수 있는 능력으로, 듣기보다는 읽기가 훨씬 까다롭다. 독서는 지식과 정보를 제공하고, 정서적인 능력을 함양하고 판단력과 창조적인 사고력을 증진시킨다. 사람들이 지속적으로 독서를 하는 경우, 끊임없는 자기 계발을 할 수 있고, 역동적으로 변화하는 사회적 환경과 상황에 뛰어난 감응력으로 유연하게 대처하는 능력을 가질 수 있다. 책을 통해 다양한 정서적 경험, 즉, 아픔, 두려움, 분노, 울분, 수치심 등과 같은 감정들을 자신이 경험하는 것처럼 느낄 수도 있다. 이는 독자로 하여금 정서적 반응을 환기시켜 정서적인 표출을 하도록 도움을 준다.

2. 독서치료의 원리

독서치료의 원리를 이해하기 위해서는 책을 읽는 동안 독자의 내면세계 속에서 무엇이 일어나고 있는지를 이해해야만 한다.

1) 독서행위론적 관점

책을 읽는 과정은 인간의 총체적 정신 능력과 관련이 있다. 즉, 책을 읽을 때 신체적으로도 준비되어 있어야 하고 감각, 지각, 정서, 경험, 사고, 학습 등의 모든 측면이 함께 작용해야 한다. 인간은 수많은 정보를 받아들여(입력) 생각한 다음 표현하는 정신적 유통의 존재다. 입력된 정보를 단순히 반복하는 것이 아니라 고도의 정신 능력으로 재구성하는 것이다. 인간은 이러한 유통의 전체 과정을 거쳐서 성숙하게 되며, 독서치료사는 그 과정에 관심을 가지고 영역에 개입함으로써 치료 효과를 거두는 것이다.

(1) 정신분석학적 관점

① 동일시의 원리

동일시는 특정 인물의 태도, 감정, 행동을 마치 자신의 체험인 것같이 느끼고, 결과적으로 그 태도, 감정, 행동을 자기 것으로 받아들여 그와 같이 행동하는 무의식적 과정이다. 독서치료의 경우, 독서치료에 나오는 등장인물의 성격, 감정, 행동, 태도를 자기의 내면에 받아들여 그런 상황을 만들게 된다(김해란, 2003).

② 카타르시스의 원리

정신분석에서 카타르시스는 감정 정화라고 하는데, 치료적인 면에서 볼 때는 클라이언트의 쌓여 있는 욕구불만이나 심리적 갈등을 언어나 행동으로 표출시켜 충동적 정서나 소극적인 감정을 발산시키는 것을 말한다. 독서치료에서의 카타르시스는 책 속에 등장하는 인물의 감정, 사고, 성격, 태도에 대한 감상을 표현하면서 일어난다(김태훈, 2002). 이러한 등장인물에 대해 감상을 표현하는 것은 사실 클라이언트 자신의 내면적인 정서나 사고, 성격, 태도의 투영이기 때문에 다른 심리치료에서 흔히 볼 수 있는 저항을 받지 않는다. 클라이언트가 이러한 카타르시스를 경험하면 부정적 감정에서 해방되어 통찰이 가능하게 된다.

③ 통찰의 원리

통찰은 자기 자신이나 자기 문제에 대하여 올바른 객관적 인식을 가지는 것을 의미한다. 독서치료사는 클라이언트에게 자신과 비슷한 문제에 봉착한 책 속의 등장인물이 어떻게 그 문제를 긍정적으로 해결해 나가는지 스스로 깨닫도록 도움을 줌으로써 통찰이 일어나도록 촉진한다(이규선, 2004). 따라서 독서치료에서의 통찰은 지속적인 치료과정을 통해 책 속에 등장하는 인물의 행동을 스스로 깨닫게 함으로써 클라이언트 자신의 욕구를 충족시킬 수 있는 카타르시스를 동반한 감정적 통찰력을 갖게 하는 것이다.

2) 서사적 관점

서사(narrative)란 이야기를 기술하는 행위와 내용 그리고 그 행위에 의해 쓰인 작품(text)을 통칭하는 개념이다. 서사적 관점에서 볼 때 인간은 서사적 존재다. 즉, 인간은 이야기를 만들어 가는 주체로 존재하며, 이야기 듣기와 자신의 이야기를 들려주기를 좋아한다. 책에 치료하는 힘이 있는 이유는 이야기를 담고 있는 매체이기 때문이다. 이러한 서사의 치료적 힘을 발견하고 임상에서 적용하려는 분야가 이야기 치료인데, 이는 독서치료와 같은 맥락에 있다고 볼 수 있다.

3. 독서치료의 유형

독서치료 활동의 종류와 클라이언트의 특성에 따라 발달적 독서치료와 임상적 독서치료로 구분할 수 있다. 발달적 독서치료는 사람이 일상의 과업에 잘 대처할 수 있도록 하기 위하여 책을 활용하는 것이다. 따라서 읽기 자료와 토론 활동을 통한 일반적인 인성 발달을 강조하게 된다. 그러나 임상적 독서치료는 정서나 행동 면에서 심하게 문제를 겪고 있는 사람들을 도와주는 개입의 형태로 특별한 문제에 초점을 두게 된다(임성관, 2019).

1) 발달적 독서치료(developmental bibliotherapy)

발달적 독서치료는 일반적으로 발달해 가는 과정 중에 갈등을 겪거나 문제에 부딪힌 사람을 대상으로 한다. 발달적 독서치료는 학교 현장, 공동체, 도서관, 교회 등에서 많이 이루어진다.

2) 임상적 독서치료(clinical bibliotherapy)

임상적 독서치료는 만성 입원, 지체장애(시청각장애), 우울증, ADHD, 외상 후 스트레스 장애, 정서 불안, 교도소 수감 등의 심각한 특정 문제를 가지고 있는 사람을 대상으로 한다.

3) 상호작용적 독서치료

그래딩과 그래딩(Gladding, Gladding, 1991)은 독서치료 중에 이루어지는 상호작용의 정도와 유형에 따라 반응적 독서치료(reactivebibliotherapy)와 상호작용적 독서치료(interactive bibliotherapy)로 나누고 있다. 반응적 독서치료는 최소한의 상호작용이 있는 독서치료로, 클라이언트에게 독서 자료에 대한 과제를 주고 그 과제에 대하여 긍정적인 반응을 주는 활동이다. 그러나 상호작용적 독서치료는 그 과정 중에서 클라이언트 개개인이 문학작품들을 읽는 것을 그다지 강조하지 않는다. 그 대신 치료자는 클라이언트가 문학작품을 읽은 후 상호작용을 잘하도록 안내하며, 성장과 치료를 위한 촉매로써 문학작품을 활용하고 작품을 읽은 후의 반응을 창의적으로 쓰게 한다. 하인스(Hynes)와 하인스-베리(Hynes-Berry, 1994)는 상호작용적 독서치료가 클라이언트로 하여금 자신에 대한 이해를 증가시키며 대인관계를 명료화하고 현실을 보는 견해를 개선해 준다고 하였다. 독서치료를 통하여 개인이 스스로를 존중하고, 자신을 더욱 건강하게 발달시키기 위한 방법들을 발견하며, 자신이 처한 여러 가지 문제들을 좀 더 창의적이고 독창적인 방법으로 다룰 수 있도록 도와줌으로써, 일상생활에서 겪게 되는 자신의 내적 혹은 외적인 문제들을 더 잘 이해하고 다룰 수 있는 능력을 발달시킬 수 있다. 독서행위는 총체적인 변수들이 복잡하게 영향을 미치는 고도의 상호작용적 정신 활동이다. 이것은 독서치료가 단순히 문자로 쓰인 책의 내용만을 해독하는 과정이 아니라는 것을 의미한다. 상호작용적인 독서치료는 클라이언트와 책사이에 가장 적극적으로 개입하는 상담 유형이다. 따라서 책과 클라이언트의 상호역동적인 관계뿐만 아니라 클라이언트와 상담자, 상담자와 책의 관계 역시 중요한 요소로 부각된다. 상호작용적인 독서치료는 발달적인 문제뿐만 아니라 임상적인 문제를 다루는 데에도 적합하다(김현희, 2010).

제2절 독서치료의 발달

1. 독서치료의 역사

독서를 심리적 치료나 정서적 치료의 한 방법으로 논의하기 시작한 것은 20세기에 들어서부터이며, 20세기 중반 이후에 본격적으로 연구되기 시작하였다. 우리나라에서는 독서치료라는 용어가 독서교육, 독서상담, 독서요법 등의 용어와 함께 혼용되어 쓰이고 있을 정도로 연구가 많지 않았다. 현재 독서치료, 독서요법, 독서치유, 독서지도, 독서교육, 독서상담, 독서클리닉 등 관련 용어가 혼재되어 있지만, 이들 간에는 약간의 차이가 있다. 즉, 독서교육, 독서지도는 어떻게 하면 책을 즐겁게 읽고 책을 좋아하게 되며 읽는 것 자체를 즐길 수 있게 할 것이냐에 초점을 맞추어 독자의 독서 수준이나 흥미를 고려하여 좋은 책을 선정해서 올바른 방법으로 책을 읽도록 유도하는 것이 주목적이다. 반면 독서클리닉은 읽기 부진아(정상아가 해당 학년의 읽기 수준에 못 미치는 경우)나 장애아가 그 대상이 될 수 있다. 그러나 읽기 부진아보다는 정서장애, 혹은 성장 과정에서 갈등을 겪는 사람이 오히려 독서치료의 적극적 대상이 된다. 일반적으로 독서치료는 발달적인 측면을 측정하여 심각한(clinical) 문제를 가지고 있는 클라이언트가 다양한 문학 작품을 매개로 하는 치료자와 일 대 일이나 집단으로 토론, 글쓰기, 그림 그리기 등 여러가지 기법들의 상호작용을 통해서 자신의 적응과 성장 및 당면한 문제들을 해결하는데 도움을 얻는 것을 뜻하는 넓은 의미로 해석할 수 있다(김현희, 2019). 다양한 문학작품에는 인쇄된 글, 시청각 자료, 자신의 일기 등 글쓰기 작품들이 모두 포함될 수 있다(김현희, 2002). 독서치료에 사용되는 자료는 책뿐만 아니라 신문, 잡지, 노래의 가사, 영화 등도 모두 가능하다. 그러므로 치료사는 주위에서 보고 듣는 모든 자료를 독서치료 자료로 활용할 수 있다. 따라서, 독서치료에 관한 이들의 정의를 종합해 볼 때 독서치료란 생활지도나 상담영역에서 전문적인 지식과 훈련을 쌓은 상담사가 클라이언트의 문제 상황과 관련 있는 적절한 독서재료를 사용하여 클라이언트가 책을 통해 자신과 타인을 이해하고 당면하는 신체적, 정신적인 문제를 인식한 후 해결할 뿐 아니라 정신건강의 예방적 지도에도 상당히 유용한 접근방법이라고 할 수 있겠다.

2. 독서치료의 정의

독서치료가 고대부터 알려지고 실시되어 왔지만 그 용어가 처음으로 쓰이기 시작한 것은 1916년 크로더스(Crothers)에 의해 월간지 대서양(Atlantil Monthly)에 처음 비브리오테라피(독서치료, bibliotherapy)라는 용어가 사용되었다. 독서치료란 문학작품을 통하여 클라이언트와 치료사와의 치료적 상호작용을 유발시킴으로써 클라이언트를 도와주는 것이다. 이러한 정의 속에는 다음의 몇 가지 가정들이 포함되는데, 첫째, 독서치료는 상호작용의 과정이다. 둘째, 문학을 더 넓은 의미로 정의 내린다. 셋째, 기술된 과정들은 임상적인 독서치료와 발달적인 독서치료 사이에서 모두 일어난다. 넷째, 독서치료 상황은 일 대 일 또는 집단으로 이루어질 수 있다. 다섯째, 효율적인 독서치료의 결과는 자아 존중감을 증가시켜 주고, 클라이언트의 개성과 행동이 적절한 심리적 사회적인 가치에 융화되는 것을 증진시켜 준다. 여섯째, 독서치료만이 가지고 있는 고유한 효과는 다른 치료 방법과는 달리 그 기본적인 도구로 문학을 사용한다는 데 있다. 이 점에서 독서치료는 발달적이고 임상적인 독서치료 클라이언트 모두에게 정신건강의 측면에서 특별한 호소력을 지닌다. 상호작용적 독서치료가 강조하는 것은 문제를 일으키는 원인에 대한 진단보다는 클라이언트가 가지고 있는 능력에 대한 더 많은 격려와 강화를 하는데 있다고 볼 수 있다. 일곱째, 독서치료의 효과 여부는 치료사의 능력에 달려 있다고 볼 수 있다. 즉, 클라이언트의 욕구와 흥미에 맞는 자료 고르기, 클라이언트의 반응들에 대한 적절한 감정이입 측면에서 해석 내리기, 문학작품을 통하여 자기 이해를 깊이 할 수 있도록 이끌어내는지 등이다(황의백, 1996).

3. 독서치료의 목적과 원칙

돌과 돌(Doll, Doll, 1997)은 독서치료의 목적을 아래와 같이 밝히고 있다. 첫째, 독서치료의 가장 주된 목적은 책을 읽는 개인에 대한 통찰과 긍정적인 자기 이해를 증진시키고자 하는 것이다. 자기 자신을 더 잘 이해하고 인간의 행동을 이해하며 타인의 관심사를 발견할 기회를 갖도록 하는 것이다. 둘째, 정서적인 카타르시스(catharsis)를 경험하기 위한 것이다. 책 속에 등장하는 인물들의 감정을 경험함으로써 일어나는 정서적 또는 심리적 긴장의 이완과 정서적 긴장을 방출할 수 있다. 이는 책에 의해 생긴 정서는 개인이 대처하기가 더 쉽기 때문이다. 셋째, 관심사에 대해 자유롭게 표현해 보도록 하는 것이다. 넷째, 독서를 통해 자기 의도나 행동을 분석할 수 있도록 하며 타인과 상호작용하는 방식들을 변화시키기 위한 것이다. 다섯째, 특별한 문제에 봉착했을 때 정보를 제공하여 잘 적응하도록 하기 위한 것이다. 여섯째, 문제에 대한 대안을 탐색해 보도록 한 후 스스로 문제를 해결하도록 도와주기 위한 것이다. 일곱째, 타인과의 관계를 명료화함으로써 효율적이고 만족스러운 관계를 진전시키기 위한 것이다. 여덟째, 개인이 가진 문제가 다른 개인들이 가진 문제와 비슷하다는 것을 알 수 있도록 기회를 제공하는 것이다. 아홉째, 현실을 보는 견해를 넓혀주는 것이다. 상담사를 비롯한 촉진자가 이러한 독서치료의 목적을 달성하기 위해서는 긍정적이고 치유적인 대화 과정에 필요한 원칙들이 선행되어야 한다.

독서치료의 효과를 살펴보면, 첫째, 글을 읽는다는 것은 개인의 내면적 활동이며 따라서 문장이나 문구에 의해서 의미를 생산하는 내면과정이라고 할 수 있다. 그러므로 독서는 누구도 관여하지 않는 개인 스스로의 활동인 것이다. 둘째, 독서는 개인을 새로운 세계로 이끈다. 그리고 개인의 경험을 바탕으로 의미를 재구성하는데 실제로는 불가능한 일들이 독서 세계에서는 창조적인 의미가 가능함으로써 자기 충실의 개인 욕구를 만족시켜 준다. 셋째, 독서는 사고 과정의 한 "코스"이다. 책을 읽는 사람들은 이미 씌어있는 문장의 순서에 따라 일반 상담과정에서는 볼 수 없는 클라이언트가 상담사에게 느끼는 거부감 없이 가장 자연스럽게 개인 스스로의 의식 활동을 전개할 수 있다. 넷째, 독서는 개인의 성격을 개방시키는 기능을 갖고 있다. 왜냐하면, 일반적으로 성격의 결함이 있는 사람은 폐쇄적인 경향이 있으며 독서는 이러한 폐쇄적인 벽을 뚫는 힘을 갖고 있다. 이처럼 독서는 인간의 행동을 변화시키는데 효과를 보이며 이를 더욱 강화하게 하는 것은 책을 구성하고 있는 문장이나 독서 그 자체가 개인의 행동 변화를 가능하게 하는 능력을 지니기 때문이다(이임숙, 2018).

4. 독서치료의 과정

1) 독서치료의 단계

(1) 준비를 위한 단계

① 클라이언트와 신뢰 관계를 형성한다.

② 문제의 정도와 정확한 특성을 찾아낸다.

③ 필요한 경우 클라이언트의 상태에 대하여 심리검사 등의 부가적인 평가를 실시한다.

(2) 자료 선정

① 클라이언트의 독서 수준과 흥미에 맞으면서 문학적으로나 예술적으로 질이 높은 책을 선택한다.

② 클라이언트가 현재 이해할 수 있는 책을 선택한다.

③ 클라이언트의 문제 상황에서 성공할 수 있는 해결책을 제공하는 자료를 선택한다.

(3) 자료 제시

① 클라이언트의 흥미를 촉진하는 방법으로 책을 제시한다.

② 클라이언트의 이해를 돕기 위하여 계획된 활동을 중간에 끼워 넣음으로써 행위를 중지할 수도 있다.

③ 책에 대하여 정서적으로 건강하지 못한 반응이나 심각한 걱정거리를 보이면

조정하고 완화하여 준다.

(4) 이해 조성

이 단계가 독서치료와 다른 상담 및 치료를 구분하는 핵심적인 단계라고 할 수 있다. 이 단계에서는 책을 읽은 후, 토의하며 때로는 쓰기 활동과 미술 활동, 역할극이나 극화 활동을 하기도 한다. 더불어 독서치료의 네 과정에 따라 관련 질문을 한다.

① 클라이언트가 책에 나오는 주인공과 중요한 문제를 검토하는 것을 도와준다.
② 주인공이 어떤 방식으로 행동하도록 이끄는 동기에 특별한 관심을 기울이게 한다.
③ 책의 줄거리 안에서 검토된 문제를 지적하고, 책에서 제기된 해결책과는 다른 해결책으로 인한 결과를 검토해 본다.
④ 클라이언트가 책 속의 등장인물과 자신 및 자신이 아는 사람들 사이의 비슷한 점을 볼 수 있도록 도와준다.

(5) 추후 활동과 평가

① 클라이언트가 적절한 활동을 할 수 있도록 결정을 내리게 격려한다.
② 클라이언트가 성공 가능한 합리적인 계획을 발전시킬 수 있도록 도와준다.
③ 행동계획을 시간을 두고 지속해도 좋을지 조정한다.
④ 행동계획의 효과를 보기 위해 필요한 만큼 자주 바꾸고 재시도를 한다(Doll, Doll, 1997).

2) 하인스의 독서치료 네 단계

하인스(Hynes)와 하인스-베리(Hynes-Berry, 1994)는 독서치료의 과정을 네 단계로 나누어 설명한다.

(1) 인식(recognition)

독서치료는 인식에서 출발하는데, 이는 자료에 내포된 것을 클라이언트가 지각하는 것이다. 이러한 인식 반응이 일어나려면 자료가 클라이언트를 끌어들이고 흥미를 유발하여 상상력을 발휘시킬 뿐 아니라 집중시킬 수 있는 요인을 포함해야 한다. 이 과정에서는 자료 일부보다는 등장인물의 성격이나 그 작품 속의 경험을 이해하는 것이 중요하다. 그러므로 내용을 아는 것보다 알고는 있으나 인식하지 못했던 느낌을 일깨우는 것이 더 중요하다. 이러한 모든 과정이 대화를 통해 일어나므로 자료는 토의를 시작하는 촉매로써 중요하다.

(2) 고찰(examination)

관련된 문학작품을 자세히 살펴보는 활동으로, '이 책에서 흥미 있는 것은 무엇인가?' '나의 가치관과 인물의 가치관은 얼마나 유사한가 혹은 얼마나 다른가?'라고 질문해 봄으로써 가치관과 관심을 탐색해 보는 것이다. 고찰은 독자가 인식한 감정 반응(feeling-response)이 실제로 그에게 어떤 의미를 주는지 탐색하여 인식의 섬광을 넘어섰을 때 일어난다. 따라서 고찰을 할 때는 '누가, 무엇을, 언제, 어떻게, 왜, 얼마나, 어디서'라는 질문이 수반된다. 고찰을 할 때는 마지막으로 '왜'라는 질문이 수반된다는 점에 주목해야 한다. 치료사는 클라이언트가 책을 읽은 후 자신의 반응이 언제, 얼마나 자주 나타나는지, 반응의 대상이 무엇인지에 관해서 클라이언트가 스스로 알 수 있도록 도와준다.

(3) 병치(juxtaposition)

독서치료에서 고찰은 클라이언트로 하여금 대상이나 경험에 대한 두 가지 인상을 나란히 놓고 비교하고 대조해 보게 하는 병치를 이끌어낸다. 처음에 일어났던 반응과 병치되는 새로운 인상은 대화로 인한 느낌이나 개념일 수도 있고, 문학 자체에서 발견할 수 있는 개념, 상황, 등장인물, 이미지 등일 수도 있다. 클라이언트는 새로 갖게 된 인상에 비추어 처음의 반응을 돌이켜 보게 되는데, 특히, 처음에 나타났던 가치, 상황, 개념, 태도, 느낌에 대해 충분히 고찰하지 않았을 경우 예전의 것과 새로운 것을 나란히 놓고 비교해 보아 거기에 포함된 문제를 더 깊이 고찰할 수 있는 기회를 가지게 된다. 병치를 통해서 이전에 고수하던 태도나 감정과 외부 자극의 연관성을 찾도록 자극하고 또 외부 자극 자체를 제공해 준다는 장점이 있다.

(4) 자기적용(application to self)

작품을 통해 인식되고 고찰되고 병치된 느낌과 개념은 자기적용의 경험으로 진전되어야 한다. 자기적용을 촉진하는 대화는 작품의 심층부까지 파고들게 한다. 평가는 클라이언트로 하여금 스스로 다음의 질문을 하도록 자극한다.

- 토의되었던 상황이나 개념은 어떻게 나에게 적용되는가?
- 나는 작품이나 대화에서 야기된 느낌을 어떻게 다루어야 할까? 부인할까, 아니면 단계적으로 생각해 볼까?
- 이 반응이 내 인생에 어떤 영향을 줄까? 새로운 통찰을 통합하려면 무엇을 해야 할까? 순순히 변화해 버릴까?

평가하고 변화를 실행하는 데는 시간이 필요하다. 어떤 임상적 집단의 경우 클라이언트가 마지막 자기적용에 도달하기까지 몇 달 혹은 몇 년이 걸리기도 한다. 감정에 대한 반응을 경험하고 표현하기 위해서, 그리고 그것을 분석하고 통합하기 위해서 작품을 반복적으로 살피는 행위는 결국 촉매 역할을 하는 작품의 힘에 달려 있다.

제3절 독서치료의 기법

1. 글쓰기 치료

1) 글쓰기 치료의 이론과 기법

글쓰기 치료는 고대 라틴어에 어원을 둔 '쓰인 것'이란 의미의 '스크립텀(scriptum)'과 '간호하다' 또는 '치료하다'란 의미의 '테라페이아(therapeia)'의 합성어로 '스크립터테라피(scriptotherpy)'라고 한다(Riordan, 1996). 어원의 의미를 그대로 따르면 '치료를 목적으로 쓴 글쓰기'로 정의될 수 있다. 글쓰기 치료는 본래 치료적인 목적으로 글을 쓰는 것이므로 글쓰기 과정에서 치료적 글쓰기(therapeutic writing)의 성격을 지닌다. 치료 목적으로 쓰는 글쓰기 치료는 정신적, 육체적, 정서적, 영적으로 더 나은 건강과 행복을 위하여 목적 지향적이고 의도적인 글쓰기를 하는 심리적 치료기법이라고 볼 수 있다(임성관, 2019).

2) 글쓰기 치료의 효과

글쓰기 치료 관련 연구들을 주제와 대상 및 효과에 따라 분류해 볼 때, 그 대상자 중의 상당수를 차지하는 집단에 말기 암, 에이즈, 천식, 우울증, 류머티즘 등의 환자가 포함된다. 그들에게 주 치료법인 약물요법에 대한 보조 치료법으로 글쓰기 치료가 병행되었을 때 자신의 고통스러운 경험에 대한 글쓰기를 한 결과를 살펴보면, 환자의 신체 증상의 완화, 예상 임종 시일의 연장, 우울증 감소, 류머티즘과 관절염 증상 호소의 감소, 자기의 질환에 대한 수치심의 경감 등 긍정적 효과가 나타났다.

2. 시 치료

1) 시 치료의 이론과 기법

시 치료는 그리스어로 poie(I make or compose 만들다/creator 창조자, 생산자)와 therapeia(도움이 되다/병을 고쳐주다/의학적으로 돕다)가 합쳐진 말이다. 그러므로 시 치료에는 시를 보거나 낭송하면서 도움을 받기도 하지만 시를 쓰면서 도움을 받는다는 의미가 이미 들어 있다. 시 치료는 은유, 이미지, 리듬과 다른 시적 기법(과장, 각운, 두운법) 등을 사용한 시를 매개로 하여, 치료사와 일 대 일이나 집단으로 토론, 글쓰기, 그림 그리기 등의 여러 구체적 활동과 상호작용을 통해서 자아를 이해하고 개인의 적응과 성장 및 당면 문제를 해결하는 데 도움을 얻는 것이다. 여기서 클라이언트는 심각하고 특정한 문제를 가지고 있는 사람뿐 아니라 발달해 가면서 발달과업 과정에서 겪는 갈등이나 문제를 가지고 있는 일반인도 포함된다. 시를 가지고 하는 활동은 기존의 시를 읽거나 듣거나 혹은 시의 변형된 형태인 노래를 담은 CD를 듣기도 하지만 모방 시나 시를 직접 쓰는 활동, 노래 부르기, 콜라주 시 등도 포함된다(Mazza, 1999).

2) 시 치료의 효과

대부분의 시 치료 집단의 클라이언트는 난해한 시보다는 쉽고 진솔한 언어로 표현된 시를 좋아하고, 이미지가 뚜렷하게 그려지는 시와 시인의 진솔한 삶이 묻어나는 시를 좋아하였다. 시인의 삶이 진솔하게 드러난 시는 독자에게 삶의 모델 효과를 주고, 자연에 대한 이미지가 잘 그려진 시는 휴식과 이완을 준다. 또 위로가 되는 시는 외로움과 상처와 관련된 정서를 잘 묘사한 시와 고통이나 한계를 다룬 시다. 통찰에 도움이 되는 기존의 관점을 반전시키거나 일상에서 지나치기 쉬운 사소한 것들에 중요한 의미를 부여한 시로써 치유 효과를 진전하는 데 도움이 된다.

3. 이야기 치료

1) 이야기 치료의 이론과 기법

상담과 심리치료 분야에서 이야기의 틀과 구조 속에 나타난 새로운 패러다임과 방법론을 흔히 이야기 치료(narrative therapy)라고 부른다. 이 새로운 치료법은 1980년대 후반부터 상담과 심리치료의 한 분야로 대두되기 시작하였다. 한국에 소개된 것은 1990년대 후반이다. 따라서 아직 과거 발표되었던 학설과 치료법 등의 영향을 받고 있으며, 어떤 정형화된 상담방법을 강하게 주장하고 있지는 않다. 상담에서 클라이언트는 자신의 삶의 이야기를 갖고 와 그것을 털어놓고 의미 있고 질서 있게 정리해 나가기를 원한다. 또한, 독서치료에서 선택하는 책은 무엇보다 어떤 줄거리를 가지고 있는 이야기 책을 주로 쓰게 된다. 이런 이야기 구조를 갖고 있는 특성과 이야기를 재구성하는 치료과정에서 클라이언트 삶의 이야기나 동화책 또는 어떤 문학 작품 속의 이야기가 치료적인 힘과 기능을 발휘하는 방법, 그것을 서로 연결해 줄 수 있는 방식, 그 속에서 이야기와 은유가 치료적인 면에서 상호작용하는 기능과 방식을 갖고 있다. 삶의 이야기에는 시작과 끝, 주제와 동기, 등장인물, 그리고 갈등과 해소가 있다. 이런 문학적 요소로 인해 우리는 영화나 TV 연속극에 나오는 인물과 사건의 줄거리나 전개 방식에 친숙해져 있다. 상담에서 발견되는 클라이언트의 행동과 증상도 어떤 주제와 동기가 있다고 말할 수 있으며, 그 주제와 동기는 개개인의 이야기에 근거를 두고 있다. 또한, 우리에게 벌어지는 때로 불연속적이고 이질적인 사건은 플롯에 따라 어떤 일관성을 지니게 된다(양유성, 2008).

2) 이야기 치료의 효과

상담에서 때때로 치료수단으로 사용되는 많은 우화나 동화는 사건이나 경험을 다른 틀에서 바라볼 수 있도록 이끌고, 새로운 의미를 던져 주고, 지혜로운 통찰과 행동의 변화를 불러일으키기도 한다. 다른 시각을 가지고 새로운 틀에서 자신의 문제를 바라볼 수 있도록 돕기 위하여 상담사는 클라이언트에게 동화 속의 이야기를 읽고 다른 사람의 관점에서 이야기 해보라고 권할 수 있다.

제4절 독서치료의 실제

1. 글쓰기 치료

1) 문장 완성하기

문장 완성하기는 가장 짧고도 구조화되어 있으며 함축적인 글쓰기 기법이다. 이야기 속에 나와 있는 단어나 구를 사용하거나 이야기의 감상을 바탕으로 문장으로 완성하도록 할 수 있다. 문장을 완성한 후에는 클라이언트와 그 느낌에 대해 이야기를 나눌 수 있다.

다음 문장을 자신의 생각으로 채워 보세요. 처음 생각을 고치지 마세요.

- 나의 사람됨은

이다.

- 나에게 만약 한가한 시간이 있었다면 하고 싶었던 것은

이다.

2) 인물묘사

이야기 속에 나온 인물들을 글로 상세하게 묘사하는 기법이다. 인물에 대한 묘사는 자신을 투사하는 기회를 제공한다. 특별히 좋은 반응을 보내고 싶은 인물이나 긍정적인 모델이 되는 인물, 반대로 자신을 화나게 하거나 당황하게 한 인물에 대해 묘사해 보도록 한다. 인물에 대해 글을 쓸 때는 눈을 감고 자신이 묘사하고자 하는 부분을 상상하는 것으로 시작한다. 이후 묘사하고자 하는 인물에 대하여 다음과 같은 질문을 던져본다.

〈인물 묘사를 위한 질문의 예 〉

- 이 사람이 좋아하는 것과 싫어하는 것은 무엇인가?
- 그에게 중요한 것은 무엇인가?
- 이 사람에 대하여 나는 어떤 느낌이 드는가?
- 그가 원하는 것, 필요로 하는 것, 두려워하는 것은 무엇인가?
- 나와 이 사람이 의견일치를 하는 것은 무엇인가? 또 의견일치를 보지 못하는 것은 무엇인가?
- 이 사람이 자신을 괴롭히는 것은 무엇인가?
- 이 사람의 인생의 목적은 무엇인가?
- 이 사람의 역할은 무엇인가? 기능은?
- 이 사람이 자신의 역할에 대하여 말한다면 무엇이라고 말할 것 같은가?

3) 경험 글쓰기

(1) 주제 정하기 : 인생에서 가장 중요한 사건이나 경험

(2) 글쓰기

영화의 한 장면이나 사진처럼 자신의 인생에서 가장 중요한 사건이나 경험들 가운데, 좋았던 사건, 또는 경험과 좋지 않았던 사건 또는 경험을 각각 하나씩 적어본다. 어떤 사건(경험)이었는지 구체적인 내용을 적고, 각각의 사건이나 경험에 '제목'을 적는다.

(3) 탐색하기

- 왜 그 사건이나 경험이 떠올랐을까요?
- 사건이나 경험의 제목은 무엇인가요
- 그 사건이나 경험을 떠올린 지금 심정은 어떠한가요?
- 그러한 사건이나 경험이 자신에게 영향을 미쳤다면 무엇일까요?
- 지금 그때로 돌아가서 다시 무언가를 한다면 무엇을 할 수 있을까요?

(4) 나누기

자신의 사건이나 경험에 관해 알아차린 점에 대해 집단원과 나눈다.

2. 시 치료

마차(Mazza, 1999)는 다양한 클라이언트에게 사용해 볼 수 있는 서로 다른 시의 기법인 시치료의 실제 모델은 첫째, 수용적/처방적 요소(receptive/prescriptive component): 치료에 기존의 문학 작품을 도입하는 것, 둘째, 표현적/창조적 요소(expressive/creative component) : 치료에 클라이언트의 글쓰기를 사용하는 것, 셋째, 상징적/의식적 요소(symbolic/ceremonial component) : 은유, 의식(rituals), 이야기 들려주기를 사용하는 것으로 보았다.

1) 수용적/처방적 요소

시 치료에서 가장 일반적으로 사용하는 기법은 개인이나 집단에게 기존의 시를 읽어 주고(혹은 클라이언트나 클라이언트에게 시를 읽게 하고) 얘기를 나누는 것이다. 치료사(촉진자)는 클라이언트의 반응을 예상하고 탐색해야 한다.

(1) 시 읽기

나는 누구인가(디트리히 본 회퍼)

알아차린 점 예 :

〈나는 누구인가〉
우주의 수수께끼, 나는 누구인가. 우리는 누구들인가.
오묘한 세상, 우리는 여기서 탄생하다.

나는 누구인가. 쉽게 말하면
아침에 깨어나면 아무런 동력이 없다.
심드렁하게 출근 준비를 하다.
바쁜 삶, 현대인의 발걸음.
힘들고, 분투하며, 삶의 동기를 찾으려고 노력하다.

나는 누구인가. 감성으로 말하면
꿈을 추구하고 사랑을 갈망하며,
사람의 천성은 영원히 바꿀 수 없다.
복잡한 감정, 다양한 인맥을 풍부하게 한다.
희노, 애락, 무턱대고 적절한 길을 찾는다.

나는 또 누구인가. 슬프게 말하면
자신을 잘 대우하고 남을 소홀히 하며,
여러 오해가 자주 발생한다.
보답을 바라지 않아도 이해를 받지 못한다.
자립, 외로움, 여전히 선량한 마음을 유지한다.

여러 가지 의문이 있지 않을까.
혼자말을 할 때마다,
동리심이란? 공평이란?
사람 마음이란? 생명이란?
번거로운 세상, 헝클어진 마음, 방향을 잃으며,
심지어 나를 잃기도 한다.

나는 누군지 영원히 기억해라.
타인을 고려하지 않고 목표를 분명히 해라.
한 사람이 진정으로 자신이 될 때,
그러면 그는 행복의 꼭대기에 도달하게 될 것이다.

(2) 탐색하기

- 시적 화자의 상황 파악하기

- 시적 화자의 어조 파악하기
- 삶에 대한 태도 파악하기
- 동일한 경험적 사례 쓰기
- 자신의 삶에서 비추어 볼 때 시인의 삶에서 느낀 점은 무엇인가요?

(3) 나누기

과정 동안 자신이 알아차린 점에 대해 집단원과 나누다

2) 표현적/창조적 요소

(1) 시 읽기

류시화 : 지금 알고 있는 것을 그때도 알았더라면

(2) 탐색하기

- 그때 알았더라면 지금은 어떠한 모습일까요?
- 그때는 어떤 모습인가요?
- 지금의 모습에 만족하나요?

(3) 시 쓰기

지난날을 회상하여 떠오르는 감정을 시로 적어본다.

(4) 감상 및 나누기

자신이 작성한 시를 낭독하고 집답원과 함께 경험이나 느낀 점을 공유한다.

3. 이야기 치료 : 대화기법

대화기법은 이야기에서 두 가지 이상의 이미지들이 서로 중요하게 관련되어 있거나 연결(갈등 또는 지원)되어 있을 때 주로 사용한다. 이 기법의 초점은 이미지들이 서로 대화할 수 있게 해주는 데 있다. 치료사가 어떤 역할을 맡았을 때 클라이언트의 내면

세계와 갈등 관계를 충분히 이해하고 있는 상태여야 한다. 이러한 대화기법에서 두 이미지는 클라이언트 자신과 다른 사람일 수도 있고 그에게 중요한 사람들일 수도 있으며 클라이언트 자신이 두 이미지 모두의 측면을 가지고 있을 수도 있다.

1) 이야기 속 인물을 이용한 대화하기

2) 외재화 대화하기

3) 장면 그림 그리기

4) 이야기 중 인상적인 장면 그리기

클라이언트로 하여금 이야기 중 자신의 정서적 동요가 가장 크게 일어났거나 인상적인 장면을 선택하게 하고 이를 하나의 장면 그림으로 표현하게 한 후 이에 대해 이야기를 나누어 볼 수 있다.

5) 재구성 장면 그리기

클라이언트가 인상 깊게 느꼈던 이야기의 장면, 대상, 인물, 사건 등을 모티브로 새로운 장면을 구성하게 하여 이를 그림으로 나타내도록 할 수 있다. 새롭게 구성된 그림장면을 가지고 이야기를 연장 또는 변화시켜 새로운 이야기를 구성하도록 격려한다. 이때 클라이언트의 새로운 시각형성에 초점을 둘 수 있는데, 문제에 대한 다각적인 접근과 다양한 해결방법 등을 표현할 수 있도록 격려할 수 있다.

6) 나누기

인상적인 장면과 재구성 장면을 연결해 이야기하고 이야기를 통해 자신이 느낀 점이나 알아차린 점에 대해 집단원과 나눈다.

참고문헌

김태훈, (2002). 독서 훈련 프로그램이 초등학생의 독서 흥미도와 인간관계에 미치는 효과. 평택대학교 교육대학원, 석사학위논문.

김현희, (2002). 독서치료란 무엇인가? 독서치료의 가능성 탐색, 한국어린이문학교육학회 제3차 학술대회지.

김현희, (2004). 독서치료. 서울: 학지사.

김현희 외, (2019). 상호작용을 통한 독서치료. 서울: 학지사.

김해란, (2003). 독서요법이 초등학생의 자아 존중감 향상에 미치는 효과. 부산교육대학교 교육대학원, 석사학위논문,

박재식, (2009). 독서치료를 통한 이혼여성의 부정적 정서 회복과정에 관한 연구. 평택대학교 대학원, 박사학위논문.

양유성, (2008). 이야기치료. 서울: 학지사.

원동연 외, (2009). 5차원 독서치료. 경기: 김영사.

이규선, (2004). 집단 따돌림 학생의 인성치료를 위한 독서요법 적용 사례 연구. 계명대학교 교육대학원, 석사학위논문.

이임숙, (2018). 현장에서 효과적인 독서치료. 서울: 학지사.

임성관, (2019). 독서치료의 모든 것. 서울: 시간의 물레.

황의백, (1996). 독서요법. 범우사.

Doll, E. J. & Doll, C. A., (1997). Bibliotherapy with Young People: Librarians and Mentel Health Professionals Working Togeter. Librarians Unlimited. inc.; Publishing Co.

Gladding, S. T. & Gladding, C., (1991). The ABCs of bibliotherapy for school counselor. In B. Doll & C. Doll. 1997. Bibliotherapy with young people: librarians and mental health professional working together. Englewood. Colorado: Libraries Unlimited. Inc.

Hynes, A. M. & Hynes-Berry, M186., (1994). Biblio/Poetry therapy-The interactive process: A handbook. St. Cloud. MN: NorthStar Press of St. Cloud.

Mazza, N., (1981). Poetry and Group Counseling. Un published doctoral dissertation, Florida State University.

Mazza, N., (1999). Poetry therapy: interface of the arts and psychology. Boca Raton, FL: CRC Press.

제8장

사이코드라마

제8장

사이코드라마

제1절 사이코드라마의 이해

1. 사이코드라마의 본질

사이코드라마는 모레노(Jacob Levy Moreno)에 의해 시작되었으며, 이것은 사람들로 하여금 그들의 문제에 대하여 말로 이야기하는 대신 그것들을 행동으로 실연함으로써 연극적인 방법으로 그들의 문제를 해결하도록 격려하는 집단치료의 한 방법이다(Moreno, 1977). 따라서 사이코드라마는 문제를 가지고 있는 사람이 스스로 무대위로 올라와 자신의 정서적 문제나 갈등을 행동으로 표현함으로써 직접 행동으로 학습하는 이점이 있다. 또한, 사이코드라마가 일상생활에서 경험되어진 자연적 시나리오에 가장 가깝기 때문에, 집단장면에서 그간 억압된 감정을 극적으로 강렬하게 분출함으로써 정서적 갈등을 정화시켜 줄뿐만 아니라 인간의 잠재력을 개발하는데 크게 공헌하는 장점이 있다(Greenberg, 2002).

1) 완전한 유기적 자아

인간의 신경망은 수많은 작은 상호작용을 통해 형성된다. 특히 대뇌와 신체가 급속히 성장하는 어린 시절에 집중적으로 심리적 · 감정적 기반을 형성한다. 대뇌변연계는 인간의 감정적 자아에 대한 최우선적인 지배권을 갖는 신체 및 뇌 기관이고, 변연계 조직은 인간의 감정체계 위에 자신을 각인시키는 기능을 한다. 사이코드라마는 감각, 지성, 감정, 행동을 통합한다. 이 점이 바로 사이코드라마의 특수한 치료와 회복능력의 기초라고 할 수 있다. 모든 감각을 언어와 구체적인 행동, 감정에 통합하는 사이코드라마를 통하여 인간은 좌뇌와 우뇌의 통합까지도 이룰 수 있다(최헌진, 2003).

2) 사람들이 연기하는 역할

모레노(1953)는 역할을 '자아가 취하는 구체적인 형태'라고 하였으며, '인간의 내면을 살아 있게 만드는 삶의 구체적인 표현'이라고 하였다. 역할을 연구함으로써 인간은 한 사람의 자아를 연구할 수 있다. 즉, 인간은 근본적으로 역할 연기자인 것이다. 역할 수정과 새로운 역할의 추가, 또한 타인을 개인의 전경이 아닌 배경으로 옮기는 이 모든 과정은 모두 사이코드라마를 치료에 이용하는 방법이다. 이 역할극의 주인공은 자신과 보조자들의 자원을 이용하여 자기 주도적 문제 해결법을 배우고, 주어진 과제의 수행을 통하여 자신감을 얻는 등의 효과를 볼 수 있다.

3) 자발성과 창조성

자발성과 창조성은 사이코드라마의 양대 원칙이다. 사이코드라마에서의 주인공은 자신의 드라마 장면 한가운데에 위치하게 된다. 그리고 자신의 이야기를 보여주면서 말할 수 있게 되며 창조자로서의 위상 또한 회복한다. 모레노는 자발성과 창조성의 개념을 받아들이고, '창조자'의 역할을 이해하고 도입하였다. 이 개념은 삶과 세계를 형성하는 중요한 기본 관념으로 작용하게 된다. 시로카(Siroka, 1971) 등은 '사이코드라마는 즐거움과 창조성 그리고 웃음은 인간 경험의 필수적인 요소이며 심리치료의 일부가 될 수 있다.'고 하였다.

4) 준비(warm-up)과정

준비과정, 즉 웜업은 이야기와 이야기에 관련된 감정 및 생각을 접하는 과정을 말한다. 인간의 일상적인 활동뿐만 아니라 신체도 준비과정 단계를 거친다. 준비과정에는 긍정적인 것도 있지만 반대로 상황을 악화시키거나 인간을 곤경에 처하게 하는 부정적인 준비과정도 있다. 우리는 갈등이 처음으로 발생하여 고조되어 왔던 상황에 도달

함으로써 구체적인 양식을 통해 행동을 연구하고, 의미와 통찰을 얻게 된다.

2. 사이코드라마의 구성요소 및 진행구조

1) 사이코드라마의 구성요소

(1) 주인공(Protagonist)

프로타고니스트(Protagonist)란 일반 연극에서 주인공이라 불리어지는 역이며 사이코드라마에서는 클라이언트 혹은 자발적으로 선택되어진 주인공을 말한다. 즉 사이코드라마의 주인공으로서 자신의 문제 혹은 인생 생활을 극으로 묘사하게 된다. 연극에 있어서 배우는 자아를 버리고 각본 속의 인물이 되어야 하지만, 사이코드라마에서는 자기 자신이 되어야 한다는 것이 요구된다. 클라이언트는 충분한 준비작업을 통해서 자기 자신의 내면생활을 집단 앞에 문제로서 제시할 수 있게 된다. 이 때는 자신의 감정대로 자유롭게 행동할 수 있는 것이며, 이는 곧 표현의 자유인 자발성이다(Moreno, 1953).

(2) 연출자(Direct)

연출자는 치료사로서 사이코드라마 전반을 이끌어 가는 기능을 한다. 사이코드라마에서의 연출자는 우선 극의 시간을 치료적 분위기와 극적 분위기를 조성하기 위하여 3단계로 나눈다. 첫째, 준비과정 단계는 연출자가 주인공의 자발성을 유도하여 주인공이 자연스럽게 극적인 분위기로 서서히 빠져들 수 있도록 하는 동시에 주인공이 자기가 맡은 역할에 대해서 창조성을 북돋아 준다. 연출자는 주인공의 연기 내용 속에서 그들의 문제를 잘 파악하고 분석을 하여 그때 보조자아를 무대에 등장시켜 상황에 변화를 주어야만 한다. 둘째, 행위화(Action) 단계에서는 준비과정 단계에서 제시된 주인공의 문제를 탐색하고 저항을 다루어 나감으로써 그로 하여금 생동의 완성을 통하여 카타르시스가 오도록 한다. 셋째, 마무리(Closing) 단계에 접어들어 주인공으로 하여금 자신의 문제를 깨닫게 하고, 관객들과 자신의 문제를 공유하고 이야기로 나눔으로써 극은 끝나게 되는 것이다.

(3) 보조자아(Auxiliary ego)

주인공과 더불어 극을 보며 공감하고 반응을 보일 관중이 있어야 사이코드라마가 이루어진다. 그리고 사이코드라마에는 주인공이 극을 엮어 가는 과정에서 극의 진행을 도와줄 인물을 필요로 하는데 이러한 인물을 보조자아라고 한다. 보조자아는 극중 주인공의 상대역을 하고 주인공이 극을 진행하는데 촉진자 역할을 한다. 보통 보조자아의 역할은 주인공에게 있어서 가장 중요한 사람의 역할을 하게 한다. 주인공과 갈등, 적개심들의 감정을 일으키는 중요인물의 역할을 맡아 주인공 내부의 감정을 명료하게 표현할 수 있도록 하고 대인관계의 역동을 끄집어내어 치료적으로 도움을 줄 수 있어야 한다.

(4) 관객(Audience)

관객은 사이코드라마가 진행되는 동안 참석하여 주인공의 이야기를 보고 있는 나머지 사람들을 말한다. 관객은 정신치료 집단이거나 집단상담의 경우라면 집단원이 주인공의 가족 구성원들일 수도 있다. 사이코드라마의 관객은 일반 연극관객과는 달리 주인공이 자신의 감정들을 탐색하는 과정에 직접 참가하는 적극적인 역할을 맡는다. 사이코드라마에 참여하는 사람들이 동질집단일 경우는 공통의 주제를 가지고 있기 때문에 이질집단의 경우보다 집단응집력이나 자발성이 우수하다.

(5) 무대(Stage)

행동표현이 일어나는 장소로서 사이코드라마를 위한 여러 단의 무대로 나누어져 있다. 모레노(Moreno)는 사이코드라마를 하기 위한 방으로 약간 둥근 그리고 계단식으로 경사가 있는 관객석, 관객과 무대 사이를 연결 짓는 널찍한 계단, 조명과 음향이 있는 무대를 추천하고 있다. 사이코드라마의 토대는 가상적 역할을 해보는 것이므로 거실이든 사무실, 교실, 정원 어느 곳이든 무대가 될 수 있다. 조명이나 음향기기 같은 보조기구들은 필수적인 것은 아니지만 상당한 효과를 줄 수 있다(Blanter, 1996).

2) 사이코드라마의 진행구조

사이코드라마가 진행되는 과정은 참여자, 시간, 장소, 연출의 특성, 보조자아의 특성 등에 따라 조금씩 다르게 진행되는데, 전형적인 사이코드라마의 공연의 개요를 살펴보면 다음과 같다.

(1) 준비작업(Warm-up)

- 연출자 자신의 준비작업
- 집단의 목표나 역할, 사례, 한계, 시간 배열 등에 관해 토론한다.
- 서로 알게 된다 : 집단성원을 서로에게 소개시키기 위한 연습을 한다.
- 연출가는 집단응집력과 자발성을 길러주는 행동 연습을 집단에게 시킨다.
- 참가자들이 준비과정에서 무엇을 경험했나를 토론함으로 집단이나 개인 문제에 공통된 관심 주제를 이끌어 낸다.
- 집단성원 중 한사람이 주인공으로 뽑히게 되고 자신의 혹은 집단의 문제를 연기한다.

(2) 행위화(Action)

- 연출자는 주인공을 무대로 올려보내고 문제를 간략하게 토론한다.
- 갈등이 연기되어질 수 있는 구체적인 사례로 재구성된다.
- 연출자는 주인공이 특별한 행동이 일어났던 배경을 묘사하도록 하며 무대장치를 한다.
- 주인공은 그 장면이 마치 지금-여기서(here and now) 일어난 것처럼 연기하도록 지시를 받는다.
- 연출자는 집단의 다른 성원들이 주인공의 극에서 중요한 역할을 하도록 한다. 즉, 이들이 보조자아가 된다.
- 구체적으로 장면이 묘사된다.
- 연출자는 보조자아들이 주인공과 역할을 바꿈으로(role-reversal) 주인공이 마음속으로 생각하는 식으로 장면들이 연기될 수 있도록 보조자아가 주인공에게서 자신의 역할을 배우도록 한다. 이러한 행위는 주인공과 보조자아의 워밍(warming-up)을 더 계속하게 해준다.
- 연출자는 표현된 감정들이 잘 나타나도록 다른 사이코드라마적 방법을 쓰며 장면을 진행해간다(독백, 대역, 방백 등).

- 연기가 되어가면서 연출자는 주인공이 경험한 여러 면을 연구하기 위해 다양한 기법들을 사용한다. 주요기법들로는 역할전환, 빈의자 기법, 독백, 거울기법, 주인공이 스스로 표현할 수 없는 자신의 일부를 보조자아를 통해 표현하도록 하는 이중 자아기법, 죽음의 장면, 꿈의 동화, 최면극 등이 있다.

3) 마무리(Closing)

- 주 연기가 끝난 후에 연출자는 주인공이 다른 집단성원으로부터 보조적 피드백(feed-back)을 받도록 한다. 또 집단성원들이 주인공의 문제를 분석하기보다 자신들이 연극과정에 참가하였다는 감정을 주인공과 공유하도록 도와준다.
- 연출자는 많은 보조적 사이코드라마적 기법을 쓸 수 있다.
- 집단이 더 토론하도록 한다.
- 연출자는 종결 방법으로 마무리할 수 있다(김수동, 이우경, 2004).

3. 잉여현실

잉여현실이란 사이코드라마의 기본적 개념으로서, 충분히 표현되거나 경험되지 않은, 셀 수도 볼 수도 없는 정신 내적, 초정신적 생활영역을 말하며 현실이 억압적일 때 우리는 초월, 잉여현실로 들어가고자 하는 욕구를 갖고자 한다.

모레노(1969)는 잉여현실이란 어떻게 왜곡되었건 관계없이 완전히 주관적인 방법으로 느끼고 지각하는 주인공의 진실이라고 정의하였으며, 블란터(Blantner, 1973)는 의식의 자기반영적이며 자신을 거리를 두고 볼 수 있는 능력이라고 할 수 있는 상상력에 의해 표현되어지는 세계라고 하였다. 잉여현실의 특징은 첫째, 어떤 구분이나 법칙도 없다는 것이다. 원인-결과, 시작-끝, 과거-미래, 사실-환상, 남성-여성, 의식-무의식, 삶-죽음 등, 어떤 대립 관계도 편견도 존재하지 않는다. 둘째, 잉여현실 속에서는 현실원칙이 적용되지 않는다. 모든 시간과 공간이 압축, 변용되어지고, 죽음이 유희화되고 고통이 웃음으로 변화된다. 셋째, 잉여현실의 세계는 카오스의 세계, 디오니소스의 세계이다. 현실이 낮의 세계라면 그곳은 밤의 세계이기에 혼돈과 무질서가 있다. 디오니소스는 세속적인 관습, 틀로부터의 무한한 해방, 모든 제약으로부터 자유를 상징한다. 원하면서도 두려워하는 세계이다. 때로 그것은 상징이라는 외투를 입고서 예술 혹은 신화를 만들어낸다.

제2절 사이코드라마의 발달

1. 사이코드라마 역사

공식적으로 사이코드라마가 상연된 것은 1921년이다. 이때의 사이코드라마는 무대장치가 전혀 없이 안락의자와 도금한 왕관 하나가 전부였는데, 결과적으로는 실패였지만 역사적으로 암울했던 비엔나 시민들에게 불만을 표출할 수 있는 장을 마련해 줬다는 점에서 의의가 있다. 1921~23년 사이에는 '자발성 극장(Das Stegrif Theatre)'이 세워졌고, 1925년 모레노가 미국으로 이주한 후 본격적으로 사이코드라마는 시작되었다. 모레노는 개인, 결혼, 소집단의 문제점들을 해결하는 데 극적 기법을 사용하였고, 정서장애 입원 아동들을 대상으로 하여 사이코드라마를 하는 등 이 '자발성 극장'을 현대 즉흥연극의 선구자적 도구로 삼아 사이코드라마의 신념(religion), 집단치료(group psychotherapy), 사회측정학(sociometry)의 개념으로 발전시켜 나갔다. 1936년 뉴욕주에 비이콘 연구소(Beacon Moreno Institute)라는 극장이 세워졌는데 이 극장에는 모레노(Moreno)에 의해 특별히 설계된 4차원 무대가 설치되었다. 그리고 거기에서 사이코드라마와 사이코드라마 연출가 전문교육이 실시되기 시작했다. 이후 학교, 병원 등에 사이코드라마 극장이 세워졌고, 모레노를 회장으로 하는 사이코드라마 집단치료학회가 발족되었다. 2차 대전 중에는 군과 재향 군인들을 치료해줄 수 있는 치료 유형으로 지대한 영향을 끼쳤고 현재 사이코드라마는 교육, 의료, 심리 치료, 상담, 재활 등 여러 방면에서 활용되고 있고, 다방면의 연구와 훈련이 실시되고 있다.

사이코드라마의 한국적 역사를 살펴보면 다음과 같다. 1969년 문헌상 최초의 사이코드라마가 한동세에 의해 소개되었으며, 1973년 이화여대병원에서 개최된 정신의학회 월례학술 집담회에서 강준상에 의해 첫 사이코드라마 발표가 있었다. 1974년부터 정신치료의 치료적 기법으로 정신과 병원에서 오영진의 의료용 각본 실연형식으로, 유석진, 이근후 등에 의해서 최초로 사이코드라마가 실시되었다.

1983년 이후부터는 몇몇 대학에서 사이코드라마를 치료, 교육적 형태의 집단상담으로 실시하기 시작하였다. 1997년 대전에서는 한국 사이코드라마 · 소시오드라마 학회가 발족되었고 세종대학교 사회교육원 및 원광대학교 예술치료학과 등이 창설되어 사이코드라마를 활성화시키고 있다. 이후 사이코드라마에 대한 실천가들의 관심과 적용이 점차 증가되어 오면서 오늘에 이르고 있다(이은순 · 강순화, 1985).

2. 사이코드라마의 정의

모레노가 창시한 사이코드라마(psychodrama)는 연극적인 방법들로 진실과 인간존재를 탐구하고자 하는 과학으로(양은미, 2008), 그는 사이코드라마의 세계가 자기해방 혹은 정신적 실현의 표현으로서 좁은 언어의 틀 안에 갇히는 것을 원하지 않았다(최헌진, 2003). 또한, 제르카 모레노(Zerka Moreno, 1989)는 모레노의 말을 풀어서 자발적, 극적, 즉흥적 방법으로 주인공의 진실을 탐구하는 학문이라고 사이코드라마를 정의하였다.

켈러만(Kellermann, 1987)은 극화, 역할놀이, 극적 자기표현을 통해서 그들의 행위를 계속하고 완성할 수 있도록 격려하는 심리치료의 한 방법으로 정의하기도 하였다. 이외에도 심리과정을 활성화하는 수단으로써 다양한 유사 상황에서 역할 놀이적 행위화를 통한 개인경험의 극화를 사용하는 기법이라고 정의하기도 한다(Kipper, 1978). 최헌진(1999)은 사이코드라마가 가진 속성을 낡은 상황에서 새로운 상황에 적절하게 반응하는 자발성의 세계라고 보며, 사이코드라마를 생존을 위한 인간의 자발성과 창조성을 개발 · 탐구하며, 정신확장을 지향하는 총체적인 학문으로 정의하기도 하였다.

정신과 의사였던 모레노의 문제의식은 당시 정신치료가 '개인'과 '언어(기억)' 중심적이고, '생물학적' 모델과 '완전성(완전주의)' 및 '정상증'을 따르며, '특권층'에게만 주어지는 혜택이었다는 점에서 출발했다. 모레노는 당시의 정신치료의 여러 한계들에서 출발해 그것들을 극복할 대안으로 사이코드라마를 제시했다. 즉, 사이코드라마는 실생활, 좌절 상황, 그리고 자기실현에서의 욕구 등과 같은 일련의 문제들을 연기로 표현하고, 자발성과 행위화를 통해 개인의 문제를 해결하는 것을 의미한다. 다시 말해 사이코드라마는 단순히 여러 역할에 대해서 언어에 대한 인지적 차원뿐 아니라 신체적 행위에 따른 행동의 차원을 포함해 직접 참여하고, 경험하며, 학습하는 효과적 방법이다(이은순, 1991). 그래서 주인공이 스스로 자기문제를 가지고 무대 위에 올라와 자신의 정서적 문제나 갈등을 표현함으로써 행동으로 직접 학습하는 강점 역시 가지고 있다(박희석 · 임수진, 2000).

사이코드라마의 특징을 살펴보면, 다음과 같다. 첫째, 사이코드라마에는 인지적, 언어적 차원은 물론이고, 신체 동작에 기초한 행동적 차원까지 포함되므로 인간의 모든 차원들을 다룬다. 쉽게 의식되지 않는 상징적이면서도 비언어적인 신체적 언어까지도 치료 단서로 활용한다. 따라서 상대적으로 비지시적이고, 비언어적인 사람 또는 지나친 방어기제를 사용하는 내담자에게도 유용하다.

둘째, 사이코드라마는 특정한 내면의 문제를 행동으로 표출(acting-out)하려는 무의식을 자아로 자연스럽게 통합시킨다. 즉, 행위화(acting-out)란 주인공이 지닌 욕구를 자아의 통제 없이 무의식적이고, 퇴행적인 수준에서 만족시키려는 방어기제이다. 이러한 행위화를 함으로써 잘 노출되지 않던 충동이 쉽게 표출되어 내면의 욕구에 대한 인식 혹은 의식 수준에서의 통합이 비교적 쉬워진다. 셋째, 사이코드라마는 인간의 개인적 특성뿐만 아니라 사회성과 집단성을 모두 활용한다. 사회의 구성원으로서 개인을 살펴볼 때, 대인관계는 갈등의 주요 요인이라 고 볼 수 있다. 사이코드라마는 대인관계에서 비롯된 문제를 단지 개인의 기억을 분석하는 것에서 문제점을 규명하여 해결하는 것이 아니라, 집단 내부의 역동에서의 관계된 특성 즉, 보조자아, 청중(관객) 등과의 관계에서 해결점을 모색한다. 넷째, 사이코드라마는 보다 구체적이고 현실적 참여도를 중요하게 생각한다. 현실 상황에서 주인공은 자신이 지닌 문제에 심각하게 얽매인 까닭에 자신을 극도로 방어해 갈등 속으로 보다 깊이 파고들기 어렵게 되며, 그것에 대한 근본적 해결방안을 찾지 못하게 한다. 그러나 사이코드라마에서는 보조자아의 조력을 통해 현실의 구체적 상황을 현실이 아닌 무대 위에서 연기로써 '지금-여기'의 상태에서 재연하게 된다. 즉, 현실 밖에서 현실과 상당히 유사한 수준의 구체적 상황을 경험하게 되는 것이다. 이러한 행위화를 통한 정신내적 문제들을 다루는 특성들은 사이코드라마가 가지는 강점으로, 그 바탕이 되는 다양한 이론적 개념들로 인해 설명할 수 있다.

3. 사이코드라마 치료적 요인

사이코드라마의 치료 요인에 대해 모레노는 그의 성격이론에서 중요한 개념인 사회원자, 텔레, 워밍업, 역할연기, 자발성, 창조성, 문화적 보존을 중요한 치료적 힘으로 강조한다. 제르카 모레노는 진실한 관계요인, 자기노출, 치료자의 진실성, 자기개방(실존적 타당화), 카타르시스, 행위통찰을 사이코드라마의 핵심으로 보았다. 사이코드라마에서 효과적인 것은 특별한 장면, 자발적 놀이라는 매개물, 보조자아의 기능, 사이코드라마 기법(이중자아, 거울, 역할 바꾸기)을 들 수 있다.

켈러만(Kellermann, 1992)은 치료적 요인이란 개인 혹은 집단 심리치료에서 치료적 효과를 나타내는 요소들을 명명하는 것으로 치료적 요인이란 말 이외에도, 변화 인자, 치유요소, 또는 성장 기제라고 하였고, 사이코드라마의 효과 요인이 다양하고 복잡한 것을 알고, 아래와 같이 7가지 치료요인으로 분류하였다. 치료자의 기술(능력, 성격), 감정에 관한 제 반응(정화, 억압된 감정의 표출), 인지적 통찰(자기이해, 자각 통합, 개념의 재구조화), 대인관계의 학습(참만남, 텔레, 전이, 역전이 탐색을 통한 학습), 행동/행위적 학습(행위화를 위한 새로운 행동을 학습하기), 상상하기(가상적 행동, 놀이, 상상적 표현놀이, 흉내 내기), 비 특징적 요인(이차적 요인들로 상호 신뢰성, 암시에 의한 희망의 고취, 치료의 재인식, 마술적인 면들) 등으로 치료요인 범주를 분류하였다. 또한, 사이코드라마에 참여하는 과정을 인지적, 정서적, 행위적 접근으로 분류해 치료요인을 살펴볼 수 있다(Kellermann. 1992). 먼저 인지적 접근은 주인공 경험을 하는 참여자와 관객의 역할이다. 자신의 행동에 대해 객관적 접근, 인지의 통합, 개념의 재구조화 과정으로 인지적인 변화를 나타내는 현상이다. 자신의 행동에 대해 '자기이해에 대한 객관적 접근', '인지의 통합', '개념의 재구조화 과정'이기도 하다. 정서적 접근은 주인공이 자신에게 의미 있는 장면 속에서 자신의 감정을 표현하는 과정에서 나타나는 현상으로, 이런 과정 속에서 '억압된 정서를 표현'함으로써 카타르시스 혹은 '감정의 정화'를 통한 해결방식 등으로 접근하게 된다. 행위적 접근은 주로 사이코드라마 참여과정에서 진정한 만남, 텔레라고 불리는 감정의 교류, 전이-역전이 탐색 등을 경험하게 된다. 그 외에도 역할에 대한 훈련적 과정으로서의 행위적 학습, 상상하기로서 놀이와 상상적 표현, 흉내 내기 등이 있다

제3절 사이코드라마 기법

사이코드라마에서 사용하는 기법은 다양하다. 사이코드라마를 진행하기 위해서는 이러한 기법의 기본적인 원리를 이해하는 것이 필요하며, 원리를 이해한 후에는 자신의 창조성을 살려 다양하게 변화시켜 나가고 창조해 나가는 것이 필요하다. 대표적인 기법을 살펴보면 다음과 같다.

1. 역할놀이(Role playing)기법

사이코드라마의 가장 기본적인 기법이다. 자기가 위치한 장면에서 어떤 역할을 선택해서 그것을 연기하는 것이다. 개인이 자유롭게 역할을 창출해서 즉흥적으로 행동하거나 특정 상황 속의 역할 등을 연기해 보면서 적응성, 창조성, 자발성을 발휘하게 된다.

2. 이중자아(Double)기법

주인공과 나란히 움직이며 행동과 언어를 따라 하고 표현하지 못한 내적 상태를 충분히 표현할 수 있도록 하는 것으로, 자기의 감정을 표현하지 못하는 주인공에게 사용하는 기법이다. 가장 깊숙한 내면을 드러내도록 한다는 점에서 사이코드라마에서 핵심적인 기법이다. 이 기법에서 보조자아는 주인공의 뒤에 서서 주인공의 또 다른 자아(Altered ego) 역할을 한다. 주인공의 심리적인 쌍둥이가 되어 그의 내면속으로 숨어 있는 생각, 관심, 감정 등을 드러내어 주인공이 다시 그것을 충분히 표현할 수 있도록 한다. 또한 고립된 기분의 주인공에게는 다른 누군가가 자신을 이해하고 있다는 느낌을 주어 주인공의 심리적 경험을 최대한 표출할 수 있게 도와주기도 한다. 거울(Mirroring)기법은 연출자가 주인공의 기분, 말하는 형태 또는 이미 보인 행동 방식에 대해 되돌아보도록 하는 것으로 위축되어 있거나 준비작업이 불충분할 때 자신의 행동에 대한 이해 혹은 그 영향을 모를 때 타인과 적절히 상호작용하지 못할 때 사용하는 기법이다(김수동, 이우경, 2004). 즉, 주인공은 관중석에 앉아 있고 보조자아가 주인공 역할을 하는 것을 말한다. 거울기법의 목적은 남의 눈에 자신이 사회적으로 어떻게 보이는가를 보여주는 것과 동시에 그에 따른 반응을 유도하는데 있다. 이 기법은 비언어적인 특징과 중요성을 깨닫게 하기 때문에 직면에 유익하다. 위축되어 있거나 웜밍업이 불충분한 경우 사용하게 되는데 강력한 직면기법이 될 수 있으므로 조심해서 사용하여야 한다.

3. 역할교대(Role reversal)기법

극 진행 중 주인공이 갈등 상황을 연기하고 있을 때, 극 중 상대역과 역할을 바꾸는 것이다. 역할교대의 효과는 주인공이 역할을 바꾸어 상대역을 함으로써 자신의 말과 행동이 상대방에게 어떻게 느껴지는지를 인식하고 자아 직면에 도움을 주는 가장 중요한 효과적 기법이다. 이때 참여자는 역할전환을 통해 실제로 상대방의 입장이 되어 본다. 역할전환은 공감을 더 잘하고, 관점을 변화시키며, 상황에 대한 이해를 증진하고, 자신의 질문에 대한 답을 찾으며, 정화를 경험하도록 하기 위해서 사용한다.

4. 빈 의자(Emptychair)기법

상대 인물을 등장시키는 대신 빈 의자를 사용하여 주인공의 내적 갈등을 극화시킬 수 있는 기법이다. 이 기법은 고통스러운 상황에 직면하기 어려울 때 완화작용을 해주고, 상황을 스스로 충분히 조절할 수 있게 해준다(Blanter, 1996). 연출자는 빈 의자를 무대 중앙에 놓고 주인공에게 누가 그 의자에 앉아 있는가를 상상해 보면서 그가 가장 얘기하고 싶은 사람이나 보고 싶은 사람을 그려보라고 말한다. 주인공이 대상을 선택하고 묘사할 수 있으면 주인공에게 그 대상에 대해 마음속에서 하고 싶은 말을 하게 한다. 주인공이 대상에 대한 자신의 감정을 쏟아놓고 나면 이번에는 주인공이 그 대상이 되어 의자에 앉아 자신이 한 말에 대한 대답을 하도록 유도한다. 이 기법은 사이코드라마의 준비단계에서 사용되며, 주인공의 사고나 느낌을 효과적으로 표현하고 정리할 수 있도록 도와준다.

5. 독백(Soliloquy)기법

주인공이 자신의 숨겨진 생각이나 감정을 언어화할 때 사용하는 기법이다. 평소에 억압되었던 느낌과 사고를 관객과 함께 나누는 것이다. 또는 독백으로 자신의 내면의 생각이나 느낌을 이야기할 수도 있다. 주인공이 드러내지 못한 생각이나 감정이 언어를 통해 표현할 수 있어 주인공의 감정을 알아차리고 이해하는데 도움이 된다.

6. 미래투사(Futuer projection)기법

불확실한 요소, 애매한 것들을 구체화시켜주고 살아있게 하는 것으로 불안을 감소시키고 자신감을 심어주며 필요한 자질과 기술을 배우게 하는 기법이다.

7. 시간 퇴행(Time regression)기법

실제로 지금-여기에서 일어나고 있는 일들로써 믿는 자세가 중요함을 가르키는데 외상, 불쾌한 경험, 기타 과거의 경험으로 문제가 있을 때, 현재의 어려움이 과거의 경험과 관계가 있을 때 과거로 돌아가 지금-여기에서 일어나는 일로 다시 다루는 기법이다.

8. 소시오메트리(Sociometry)기법

사회측정학이라고 불리며, 집단 속 상호작용을 체계적으로 연구할 수 있는 방법으로써 집단속의 다양한 하위집단을 연구하는 동시에 구성원들간의 수용과 거부, 중립적인 반응을 탐구하고, 기록하고, 작업하여(Dayton, 2008), 집단원과의 상호관계, 개개인의 동기 및 이유를 밝히는데 도움이 된다.

사이코드라마 기법의 기본원칙은 다음과 같다. 첫째, 말보다 행위를 통해 표현하고 직접 대화하는 화법을 사용한다. 둘째, 보조자아들이 적극적으로 행동하여 주인공의 자발성을 높이고 추상적인 상황을 구체화한다. 셋째, 참만남을 증진시키고 현재 상황으로 다루어 실제감을 높인다. 넷째, 주인공의 언어적, 비언어적 단서들을 주의 깊게 관찰하고 역할 바꾸기를 통해 공감을 연습한다. 다섯째, 주인공을 편안하게 하여 솔직함을 증진시키고 흥미를 유발시켜 놀이적 측면을 고려한다. 여섯째, 참여자들의 역할과 상황을 다양하게 하고 상징과 은유를 효과적으로 사용하여 생동감을 연출한다. 일곱째, 춤이나 노래, 무대장치 등을 활용하고 행동을 과장하거나 극대화하여 폭넓은 반응을 연구한다. 여덟째, 상상의 경험(무의식)을 탐구하고 표현하도록 하고 열정과 생동감을 증진시킨다. 아홉째, 승화기제를 적극적으로 활용하여 에너지를 방출할 수 있게 해주고 성격 역동에 대한 대안을 제시한다. 열번째, 집단정신 치료적 요소를 활용한다. 개개인의 삶이 전부 다양하듯이 실연되는 상황이 다양한 만큼 기법의 특징도 다양하게 알아야 한다. 특히 앞서 설명한 중심원리에서 응용하고 변형하여 사용할 수 있어야 한다.

제4절 사이코드라마의 실제

1. 준비단계 : 신뢰감 형성과 집단응집력

1) 타인소개 기법

(1) 진행 방법에 대해 설명하고 마무리 멘트를 함께 정한다.

- 타인소개를 끝내고 할 마무리 멘트를 정한다. (예 : 부~탁~해요~)

(2) 어떤 방식으로 소개할 것인지 각자 생각한다.

- 가능한 평상시 자신의 모습과는 다르게 연기하듯 소개해 본다. TV에서 흔히 접할 수 있는 특정 인물의 모습을 흉내 내거나, 어린아이가 책을 또박또박 읽듯이, 부끄러움이 많은 사람처럼, 아나운서처럼 소개할 수도 있다.
- 연기하듯 소개하는 게 어려우면, 평소 말투로 할 수도 있다.

(3) 한 사람씩 타인소개와 마무리 멘트를 한다.

- 마무리 멘트를 하면서 누군가를 가리키면, 그 사람이 타인소개를 이어가는 식으로 다음 사람을 자연스럽게 정할 수 있다.
- 타인소개를 할 때는 자발적으로 하고 싶은 사람을 우선으로 하면서, 앉아 있는

순서대로 할 수도 있고, 방금 소개를 마친 사람이 누군가 지정해 자기소개를 시작할 수도 있다.

2) 동화, 소설, 드라마, 영화 주인공 따라 하기

(1) 매체를 읽거나 보고 등장인물의 행동을 그대로 따라해 본다.

(2) 따라 하는 동안 " ~~을 할 수 있다" 2가지 이상을 큰소리로 외친다.

(3) 느낌 나누기
과정을 하는 동안 자신의 느낀 점이나 알아차린 점에 대해 나눈다.

2. 행동화 단계

준비된 동화, 소설, 드라마, 영화 등을 읽어 주거나 감상하고, 주인공(protagonist)이 정해지면 행동화 단계로 들어가 연기가 이루어진다.

1) 처음에는 주변의 것에서 점차 중심문제로 나아간다.
2) 주인공의 내적 현실 스펙트럼을 그린다.
3) 내적인 태도와 감정을 밖으로 드러내고 "행위통찰"로 통합을 한다.
4) 행위 만족으로 행위 갈망을 충족시킨다.
5) 자연스럽게 정화를 허용한다.
6) 주인공의 사회적 네트워크에서 역할 바꾸기를 통해 중요한 타인의 세계를 탐색하기 시작한다.
7) 그리고 어떤 통찰을 얻었든지 간에 통합으로 나아가기 시작한다.

3. 통합 : 행동 연습, 나누기 그리고 마무리

통합에는 첫째, 문제에 대한 능력을 발전시키는 것, 둘째, 집단의 지지를 받는 것,

셋째, 외부 세계의 현실적 도전에 다시 뛰어들 준비를 하는 것이 포함된다.

1) 행동연습

실수를 해도 안전한 장면, 시도한 행동의 효율성과 관련한 피드백, 그리고 어느 정도 만족스러워질 때까지 반복적으로 시도할 기회, 이 세 가지가 주인공이 자기 문제에 대해 훈습하는데 필수적인 조건들이다.

사용가능 도구들로는 재방송기법, 역할 바꾸기, 거울기법이 있다.

2) 나눔과 공유

사이코드라마에 참여한 모든 참여자들이 자기 감정을 환기시킬 수 있는 기회를 제공하는 것으로 집단원들도 주인공만큼이나 이를 필요로 한다. 나눔의 시간을 갖고 나서야 집단이 인간 감정의 공통된 유대를 깨달으면서 극에서 이루어진 정화를 확산, 재경험하고 정서가 누그러든다.

3) 마무리

회기의 길이, 응집력과 자기개방이 달성된 정도, 집단의 과업이 모두 고려해야 할 변인이다. 종종 나눔의 단계 후에 토론시간이 이어지기도 하는데 이 역시 긴장감을 완화시키는 역할을 한다. 이 때 고려할 요인들은 배운 것 확인(되돌아가기), 요약, 다음 회기 계획, 지지, 미해결 과제, 마무리 의식 등이 있다.

사진 8. 자기를 상징하는 사진

역할극 해보기 예 :

역할극 해보기 (우리 엄마는요~)

우리 엄마는요 정말 다양한 직업을 가져왔습니다. 옛날에 한 영화를 봤는데 여자주인공이 허무함에 계속 일을 찾던 장면이 나온 적이 있는데 이러한 장면이 엄마의 다양한 직업을 가졌던 일과 맞물리면서 참 많이 울었던 경험이 있습니다. 하지만 이러한 엄마의 도전적인 행동들이 저에게 도전을 하는 직업을 가지게 되는 계기가 되었고 가장 존경하는 인물도 엄마가 될 정도로 그러한 시도를 높게 사고 있습니다. 이번엔 춤에 도전을 하고 계시는 엄마의 모습을 보면서 정말 박수를 보내며 또 다른 도전에 응원을 하고 아들로서 같은 길을 걷고 싶다는 생각을 항상 합니다. 엄마에 관한 상징물로 무지개 색깔의 나무를 골랐는데 곧게 서 있는 나무가 뚝심있게 가족을 생각하는 엄마를 상징한다고 생각을 했고 스스로의 모습에서 색깔을 바꿔가는 방식을 선택한 것 같다고 생각이 들어서 무지개 색깔을 가진 나무를 상징물로 골랐습니다.

알아차린 점 예 :

진행 과정을 통해 느낀 점, 알아차린 점 작성하기

엄마를 상징하는 그림을 찾는 것 부터가 많은 고민을 하게 만들었던 것 같습니다. 엄마가 가졌던 많은 직업들이 곧 제가 가는 길을 상징하고 따라가고 있다는 생각이 들었습니다. 엄마가 저를 낳기 전에 시작했던 피아노 선생님의 모습을 따라 지금은 노래를 부르는 직업을 하고 있고 환경운동가에서 누군가를 배려하는 성격이 생겼고 역사 선생님의 모습을 보면서 지금은 학생들에게 연기를 가르치는 선생님의 직업을 가지게 되었습니다. 그리고 이제는 스포츠 댄스 자격증을 따고 있는 엄마를 따라 이렇게 예술치료를 공부하고 있습니다. 제가 가장 존경하며 믿고 따를 수 있는 선생님이 제 곁에 있다는 것을 다시 한번 느낍니다.

참고문헌

김수동, 이우경, (2004). 사이코드라마의 이론과 적용. 서울: 학지사.

박희석, 임수진, (2002). 사이코드라마가 대학생 우울집단의 우울, 사회적지지, 자존감 및 스트레스에 미치는 효과. 한국사이코드라마학회지, 5(1), 93-115.

이은순, 강순화, (1985). 대학 집단상담으로서 심리극 실시에 관한 일 연구. 학생생활연구, 21, 58-77. 이화여자대학교 학생생활연구소.

최헌진, (2003). 사이코드라마 이론과 실제. 서울: 학지사.

Blanter, A., (1973). Acting-In: Practical application Psychodramatic methods (1st ed.). New York: Springer.

Blanter, A., (1996). 사이코드라마 기법. 최윤미 옮김. 서울: 시그마프레스.

Dayton, T., (2008). The drama within. Florida: Health Communications, Inc.

Greenberg, L. S., (2002). Emotion-focuced therapy: Coaching clients to work through their feelings. American Psychological Association(APA).

Kellermann, P. F., (1987). Psychodrama participants' perception of therapeutic factors. Small Group Behavior, 18, 408-419.

Kellermann, P. F., (1992). Focus on psychodrama: Therapeutic aspects of psychodrama. London :Cromwell Press.

Kipper, D. A., (1978). Trends in the research on the effectiveness of psychodrama: Retrospect and prosepect. Journal of Group Psychotherapy, Psychodrama and Sociometry, 22,5-18.

Leutz, G. A., (1985 b). What is effective in psychodrama? In G. A. Leutz Mattre, Sa Vie En Scenne. Paris: Epi.

Moreno, J. L., (1953). Who Shall Survive? New York: Beacon House.

Moreno, J. L., (1969). Psychodrama,, Vol. 3. New York: Beacon House.

Moreno, J. L., (1977). Psychodrama. New York: Beacon House.

Moreno, Z. T., (1987). Psychodrama, role theory, and the concept of the social atom, In J. Zeig (Ed.), The evolution of psychotherapy(p. 341-358), New York: Brunner/Mazel.

Siroka, R. W., Siroka, R. E., & Schoss, C., (Eds.) (1971). Sensitivity training and group encounter-An introduction. New York: grosset & Dunlap. Includes a section on psychodrama.

제9장

모래상자 놀이치료

제9장

모래상자 놀이치료

제1절 모래상자 놀이치료의 이해

1. 모래상자 놀이치료의 본질

모래놀이는 모래상자라는 구조화되고 한정된 공간에서 모래의 감촉을 느끼며, 다양한 종류의 놀잇감으로 무의식에 있는 사고와 감정을 표현하게 함으로써 모래상자 안에서 자신의 문제를 외현화하여 갈등과 외상을 해결하고 통제감을 발달시킬 수 있다(Kalff, 1996). 모래상자는 '중간적인 공간'이어서 클라이언트가 자신의 세계를 만들고 새로운 통찰로 실제 세계를 변화시키는 기회를 가지는 자유롭고 텅 빈 공간인 동시에, 치료자와 클라이언트의 무의식과 의식이 만나서 상호작용하는 공간이다(Ammann, 1993). 이런 무의식을 언어 대신에 심상, 상징, 은유의 언어 등을 포함하는 환상적 놀이나 상징적 활동을 사용하여 나타냄으로써 의식과 무의식의 합일을 향해 나아가도록 한다(Allan, 1997). 모래상자 놀이치료는 클라이언트에게 가장 내부에 있는 자신의 핵심감정이나 정신에 대한 통로를 제공하며, 모래와의 연합하는 그 자체가 치유에 필요한 곳으로 클라이언트를 집중시키고 퇴행시키도록 돕는다. 모래상자 놀이치료는 치료자와 클라이언트 간의 신뢰로운 관계 속에서 자발적이고 자유스러운 자기표현의 기회를 제공하고, 클라이언트는 주어진 자기만의 공간에 자기 이미지 세계를 펼쳐나가면서 스스로 무의식의 세계를 체험하게 되며 괴리되어 있던 의식과 무의식의 통합을 촉진하게 되어 치료가 이루어질 수 있도록 한다.

모래상자 놀이치료 과정 중에는 클라이언트에게 분석이나 어떠한 해석도 주어지지 않지만, 치료자가 클라이언트의 모래놀이 과정에서 드러나는 것을 이해해 나가는 것이 매우 중요하다. 이러한 이해는 클라이언트에게서 출현하는 무의식적인 재료의 담아두기(containing)나 버텨주기(holding)가 모래놀이에서 결정적인 역할을 한다(Tuner, 1994). 모래상자 놀이치료에서 사용되는 다양한 촉감(모래의 젖은 정도, 모래의 거친 정도)의 모래는 클라이언트에게 다양한 정서적 자극을 깨우며, 모래는 그 자체가 하나의 상징으로 클라이언트에게 영향을 미친다. 모래상자 놀이치료에서 사용되는 소품은 클라이언트의 의식과 무의식을 드러내는 일종의 상징적인 언어이다. 모래상자 놀이치료는 언어와 사고를 중요시하는 치료적 접근과는 달리 모래상자라는 제3의 공간에서 치료자와 클라이언트 사이에 흐르는 에너지를 강조한다. 에너지가 흐른다는 것은 태도, 신념, 판단, 긍정적 및 부정적 감정이 때로는 의식적으로, 때로는 무의식적으로 두 사람 사이에 공유되는 것을 말한다. 이런 흐름의 궁극적 목표는 이 치료적 장(field)을 통해 치료자가 클라이언트의 무의식을 의식화하고, 클라이언트는 치료자를 통해 자신의 무의식을 의식하게 되는 것이다(장미경, 2017).

2. 모래상자 놀이치료의 구성요소

1) 모래와 모래상자

모래상자놀이에서 모래는 기본적인 재료로 클라이언트 스스로 자기치유의 힘을 발휘하게 돕는 중요한 역할을 하며, 클라이언트에게 원초적인 심리상태로 퇴행시켜 주는 최적의 재료라 할 수 있다. 모래는 클라이언트로 하여금 심리적 · 신체적 경험을 시각적 · 촉각적으로 표현하고 재건할 수 있게 해주며, 인간의 신체와 영혼, 신체와 마음을 연결해 주는 가장 원형적 상징이다. 모래는 신체를 구성하는 것으로 지구를 상징하며 또한, 이것은 사랑, 다산 등의 의미와 함께 여성성의 표현으로 볼 수 있고, 사람들을 어릴 때의 경험으로 퇴행시키는 경향이 있다. 이러한 요소는 자기의 재탄생 과정을 경험하도록 촉진하는 역할을 할 수도 있다(김경희 · 이희자, 2005). 모래상자는 보호와 제한의 기능을 가지고 있으며 클라이언트는 모래상자의 규격화된 상자라고 하는 제한 속에서 자신이 보호받는 느낌으로 인해 보다 자유롭게 자신을 드러내게 된다. 모래상자의 역할은 공간을 한정하여 공간에 대한 틀을 만들고, 이 공간이 클라이언트를 지키는 역할을 한다(김유숙, 2001).

2) 소품

모래상자에 사용되는 놀잇감은 클라이언트가 자신의 내면을 표현하여 자기의 완성을 이루는데 중요한 통로의 역할을 한다. 놀잇감은 클라이언트의 내적 세계와 외적 세계를 연결하고 소통시키는 촉진제이며 놀잇감을 통해 자신의 내적 세계를 드러낼 수 있는 독립적인 사고와 행동을 경험하게 된다.

칼프(Kalff, 1980)는 놀이에 사용하는 놀잇감을 특별히 지정하고 있지는 않지만, 클라이언트의 내면세계를 묘사하기 위해 가능한 선택의 폭을 넓힐 수 있도록 다양하게 제공하며 같은 종류의 놀잇감이라도 다양한 크기와 색깔을 갖추도록 하고 있다. 선택된 소품은 클라이언트의 개인적, 선택적, 문화적, 영적, 신체적인 모든 영역에 있어 최고의 표상으로 볼 수 있다. 반면 어떤 치료자들은 단순한 소품만을 제공하기도 한다.

3. 상징의 이해

1) 모래의 상징

모래는 시간의 흐름으로 가루가 된 물질이나 영원성과 같은 의미를 갖는다. 또한 모래는 지구상에서 가장 단순하고 일상적인 기본 원소들의 혼합물이다. 그래서 모래는 인간 정신의 조절과 치유에 가장 의미 있는 힘을 발휘한다. 모래는 여러 가지 상징적인 의미가 있고, 모래사용은 다양한 방법으로 이루어질 수 있다. 첫째는 모래 표면 작업을 다룬다. 클라이언트는 모래를 가지고 선을 그리고, 누르고, 모래를 모으고, 흙무더기를 만드는 것으로 시작한다. 둘째, 모래표면의 침투, 구멍을 파고, 모래로 터널을 만들기, 무언가를 묻거나 덮기도 한다. 셋째, 넘쳐 흐를 정도로 물을 사용하는 등의 통제되지 않은 방식을 포함한다. 클라이언트는 모래상자 안에서 모래를 이러한 세 범주의 작업들을 자발적으로 창조한다. 그 의미는 형상 그 자체와 그것이 발생하는 치료의 단계에 연결될 수 있으며, 상호작용을 하는 동안 떠오르는 문제의 구체적인 상징이 된다(Steinhardt, 2010). 모래상자 놀이치료는 클라이언트에게 신뢰적 관계와 운동감각적 경험, 두 가지 모두를 제공해준다. 클라이언트는 모래를 가지고 아무런 표현을 하지 못하거나 손가락으로 만지작거리는 행동을 취하다가 어느 정도 시간이 지나면 마치 모래로 인하여 감각기관이 자극되어 혀가 풀린 듯, 내면 깊은 곳에 있는 문제들에 대해 이야기 하는 것을 많이 볼 수 있다(Carey, 2002).

2) 모래상자 구성의 상징

모래상자에 나타난 표현은 어떤 의식적인 퇴행을 하지 않고 언어 이전의 수준에서 의식을 일깨운다. 모래상자에는 가로, 세로 치수 사이에 내적 관련성이 있다. 그것은 바로 눈을 통해 식별되지 않지만 정신적으로 안정감이 느껴지는 시각적인 균형을 제공한다. 또한, 모래상자 놀이치료에서 모래상자의 공간을 어떻게 사용하는가에 따라 그 의미가 달라질 수 있다. 공간의 위치에 따라 무의식과 의식, 정신과 육체, 미래와 과거, 아버지와 어머니로 대응시켜 해석할 수 있다(이부연, 2015). 만약 모래상자의 1/3이 빈 상태이면 텅 빈 세상은 클라이언트가 자신의 삶이 공허한 것으로 받아들임을 반영한다. 클라이언트는 정신적인 자원이 결핍된 상태라 볼 수 있다(Linda, Daniel, 2007). 모래상자의 공간은 치료과정에서 클라이언트의 내부의 상징성을 촉진할 수 있다. 클라이언트가 이러한 공간이 가진 상징성을 최대한 발휘한다면 모래상자 속에서 상실된 세계를 보거나 그 세계와 자기와의 연결을 통해 스스로의 존재에 대해 새로운 의미를 부여할 수 있을 것이다.

3) 피겨의 상징

모래상자 놀이치료는 클라이언트의 무의식의 세계를 모래놀이 치료과정 중에 다양한 피겨를 통해 상징적으로 나타난다. 모래상자 놀이치료에서 피겨의 역할은 클라이언트의 이미지 표현을 활성화시킨다. 클라이언트는 상징물인 피겨를 사용하여 자신의 이미지를 쉽게 표현할 수 있다. 또한, 클라이언트가 의식하지 못하는 이미지를 피겨가 자극하여 그것을 불러내는 역할을 하기도 한다. 상징은 언어로는 잘 설명하지 못하지만 클라이언트가 자신의 내면에서 느끼는 이미지를 적당한 형태로 상징화할 수 있도록 돕는다(김유숙, 야스히로, 2005). 클라이언트가 자신을 표현하기 위해 활용하는 피겨들은 개인의 경험이 관련되어 표현된다는 것을 알 수 있다. 반면, 피겨의 부재는 내부 세상과 외부 세상으로 피겨를 이끌어내는 능력이 부족하고, 초기 발달단계에서 애정의 결핍에서 초래된 결과일 수 있다. 또한, 이것은 에너지가 매우 낮거나 우울함을 나타내기도 한다. 그러므로 클라이언트가 모래상자에 가져온 사물들은 강한 정신세계의 역할을 담당하기 때문에 치료자는 피겨의 종류와 상징적 의미를 아는 것이 중요하다(Turner, 2009).

제2절 모래상자 놀이치료의 발달

1. 모래상자 놀이치료의 역사

모래상자 놀이치료가 정식으로 개발되기 전에도 인류는 땅에 원을 그리고 모래 그림을 만들었다. 일례로 아메리카 원주민인 나바호 족은 의례적인 모래 그림을 예언, 퇴마 등과 같은 목적뿐만 아니라 치유 의식에도 광범위하게 사용하였다(Weinrib, 1983). 베이커(Baker, 1996)는 이러한 나바호 족의 모래 그림과 모래 놀이가 모두 정신 에너지를 활성화하고 마음 상태에 변화를 가져오는 치유 양식이며 참여자 상호 간의 의사소통을 활발하게 하는 기능이 있다고 설명하였다. 모래상자 놀이치료는 영국의 소아과 의사인 로웬펠드(Lowenfeld)가 자녀들이 마루에서 놀이감을 놓고 노는 모습을 보고 고안한 놀이치료의 한 형태로 시작되었다. 1929년 초 로웬펠드는 연구소를 이전하면서 아이들의 놀이감이 들어있는 마술 상자(Wonder Box)를 서랍이 있는 캐비넷에 넣어 보관하였고, 아이들은 그것을 '세계(The World)'라고 불렀다. 로웬펠드는 아이들에게 이러한 소품과 함께 모래를 넣은 상자와 물을 제공하였는데 이 과정에서 아이들은 모래상자에 소품을 나열함으로써 자신의 의식적, 무의식적 생각을 전달하는 것을 발견하였다. 이것이 세계 기법(The World Technique)으로 발전하게 되었다(Lowenfeld, 1979). 스위스의 융(Jung) 학파, 분석가인 칼프는 이러한 로웬펠드의 세계기법에서 힌트를 얻어서 보다 여러 본질적인 점에 주목하여 모래놀이(Sandplay)라는 이름을 붙였다. 칼프는 모래놀이에 '자유롭고 보호받는 공간'의 개념을 사용하여 수용적으로 안아주는 환경의 개념을 제시하여 이를 새로운 기법으로 발전시켰다. 또한, 칼프는 모래상자 놀이치료 과정에서 일련의 발달단계를 발견하였으며, 이 기법의 치료적 요소가 치료자와 클라이언트의 안전한 관계에서 시작된다는 점에 있음을 주목하였다. 이것을 '모자 일체성'이라고 표현하기도 하는데, 치료자와 클라이언트 사이에 이와 같은 모자 일체성이 형성되면 클라이언트의 자기 치유력이 스스로 활성화되어 모래상자 속의 작품으로 표현된다는 것이다.

2. 모래상자 놀이치료의 정의

모래상자 놀이치료는 정신적 에너지를 활성화하고 정신의 한 단계에서 다른 단계까지의 통로를 가르치는 치료양식이며, 클라이언트 사이의 의사소통을 강화시키기도 한다(Baker, 1996). 모래상자 놀이치료는 1929년 런던의 소아과 의사인 로웬펠드에 의해 창시되었다. 모래상자 놀이치료란 모래, 모래상자, 소품을 이용한 치료기법으로 모래상자 안에서의 경험과 모래와의 촉감을 통해 내면의 상처와 문제를 치유해가는 심리치료이다(노치현, 황영희, 1998).

모래상자 놀이치료는 안전하고 보호된 공간 안에서 상징물을 통해 자유롭게 자신의 내면을 표현할 수 있으며 모래를 만지는 행위를 통해 클라이언트 스스로 치유해가는 자기치유의 경험을 하게 된다. 즉, 모래를 통해서 내면의 고통을 자연스레 표현하고 억압된 문제를 드러낼 수 있으며 모래상자를 통해 이러한 문제들을 해소시킬 수도 있다.

3. 모래상자 놀이치료의 원리

칼프(Kalff, 1980)는 모래놀이 과정이 외부 현실의 일상적인 문제를 다루는 것뿐만 아니라 원형, 상징, 개인 내적 세계의 표현을 촉진하는 자연스러운 치료양식으로 설명하였다.

1) 모래상자 놀이치료에서의 주제 표현

모래놀이의 주제 또는 이야기의 내용은 전반적인 모래놀이 과정을 이해할 수 있게 해준다. 전체 모래놀이 과정의 상징적인 이야기에서 어떤 흐름이나 변화뿐만 아니라, 각각의 모래상자가 나타내는 이야기나 주제 내용에 대해 생각하는 것이 중요하다. 모래놀이 과정에 특정 공식을 대입하는 것은 불가능하지만, 주제 유형들을 추적해 봄으로써 어떠한 과정에 관한 것인지 그리고 클라이언트의 작업이 어디를 향하고 있는지에 대한 의미를 파악할 수는 있다. 터너는 내용 주제, 공간 주제, 정서 주제, 동작 주제로 주제 유형들을 분류했다. 첫째, 모래놀이의 내용 주제를 검토하는 것은 모래놀이 과정과 관계를 맺는 또 다른 수단을 제공하여 모래상자에서 표현되는 클라이언트의 작업에 대한 이해와 적절한 '담아두기'를 촉진시킬 수 있다. 둘째, 공간 주제는 모래놀이 과정에 포함된 여러 요소 간의 공간적 관계를 의미한다. 모래상자의 배치에서 나타나는 패턴은 중요한 상징적 과정의 일부이다. 내용, 동작, 정서에 관한 주제들과 함께 공간 주제를 확실하게 파악하는 것은 모래상자 놀이치료 과정에 대한 치료자의 '담아두기'를 강화시켜 준다. 셋째, 동작 주제는 모래놀이를 이해하기 위한 주제로서 중요하다. 모래놀이에서는 전체적인 과정뿐만 아니라 개별적인 모래상자 내의 에너지 흐름과 방향, 질에 대해서도 충분히 이해하도록 주의해야 한다. 넷째, 정서 주제는 모래놀이의 감정과 정서적인 구성요소들을 탐색하는 것을 말한다. 모래놀이 과정을 통해 표출된 정서를 따라가는 것은 클라이언트의 모래놀이 작업을 돕고 치료자와의 관계 유지를 위한 수단이 된다(Turner, 2009).

상처와 치유의 주제는 모래상자 놀이치료 과정이 진행될수록 발달하고 진화하는데, 이 과정에서 각 모래놀이 내용, 주제들의 구성요소들이 확장되고 더욱더 풍부해진다. 상처의 주제 또는 치유의 주제로 분류되는 세부 요소들의 출현 빈도나 양상은 치료과정이 진행됨에 따라 변화한다. 치료 초기단계의 모래상자는 대체로 치유보다 상처의 주제를 더 많이 포함한다. 치료과정이 진행됨에 따라 치유와 통합의 주제는 점차적으로 더 많이 나타나게 된다. 또한, 세부 주제요소들의 표현내용이 발달 · 진화하고, 각 주제요소들도 더욱 우세 · 확장하면서 현실적이 되고 실생활의 모습과 유사해진다. 단절되고 균열된 테마들이 줄어들고 점차 전체적으로 통합된 주제로 변화해 간다(Mitchell, Friedman, 2009).

2) 모래상자 놀이치료의 해석

모래놀이에 표현된 여러 가지 주제나 장면, 놀잇감의 의미를 심상이나 상징으로 파악하는 것은 치료자가 클라이언트를 알고 느끼기 위한 수단이 되므로 1회만의 작품을 따로 보는 것이 아니라 몇 회에 걸쳐서 연속적으로 표현한 모래놀이의 전체 흐름을 보고 그것이 계속해서 어떻게 변화하고 관련지어 가는지를 총체적으로 이해하는 것은 의미 있는 과정이라고 할 수 있다. 칼프(1980)는 모래상자에 클라이언트의 세계를 표현하는 것이 자기를 나타내는 기회를 제공해 주는 전체성의 이미지를 촉진하며, 자기표현은 자아의 강화와 클라이언트의 발달을 위한 기초가 되므로 필수적이라고 하였다. 자기와 자아의 연결이 확립되어질 때, 클라이언트는 좀 더 균형있고 조화로운 방식으로 기능하게 된다. 모래상자의 작품을 해석할 때는 전체적으로 받은 느낌과 인상 등을 중요시해야 하고, 만들어진 작품 하나 하나에 치료자는 새로운 기분으로 대처해 나가야 한다. 잭슨(Jackson, 1991)은 모래상자 놀이의 작품을 해석할 때는 순간적으로 일어나는 감정에 충실해야 한다고 하였다.

(1) 통합성

통합성이란 분리, 조잡, 빈곤, 기계적, 고정적인 요소가 적은 것을 의미한다. 통합성 측면에서는 고립화되거나 분할된 부분이 전체 속에 통합되어 가는 과정, 조잡한 표현에서 정성을 들여 세부에 이르기까지 관심을 가진 표현으로 변화는 과정을 중요시한다. 모래놀이에는 분리된 표현이 많은데, 표현된 세계가 양분되어 있어도 두 세계 간에 힘의 관계가 작용하거나 다리로 연결되어 있다면 통합의 노력이 나타나는 것으로 본다. 동일한 주제로 놀이가 반복되어 표현되고, 놀잇감들 간의 상호작용과 역동성이 나타날 때 통합성이 높은 것으로 본다. 빈곤한 표현보다는 풍부한 표현이 통합성이 있다고 볼 수 있다. 빈곤하다는 것은 일반적으로 사용된 놀잇감의 수나 종류가 적다는 것에 관계되는데 꼭 그렇다고는 볼 수 없다. 적은 장난감으로써 풍부한 표현이 이루어지는 수도 있고, 반대로 사용된 장난감은 많지만 놀잇감의 배열이 지나치게 기계적으로 되어 있는 경우에는 통합된 표현이라고 말할 수 없다. 짜임새 있는 작품이라 할지라도 지나치게 움직임이 없거나 깊이를 느낄 수 없는 고정적인 인상을 주는 작품은 통합적이라 말할 수 없다. 통합성이 있다고 하는 것은 작품 속에 어떠한 힘의 균형이나 움직임이 깃들어 있는 것이어야 하며, 적은 수의 놀잇감이 사용되었어도 그 사이에 강한 힘의 관계를 느끼게 하는 요소가 있다.

(2) 공간배치

모래상자의 공간은 자유로움이다. 클라이언트가 모래상자 안에서 자연스럽게 전개한다는 것은 클라이언트가 자신의 집에 들어가서 누구의 방해도 받지 않고 하고 싶은 대로 하는 것을 의미한다. 왜냐하면 모래상자는 클라이언트 자신만의 공간이기 때문이다. 공간 상징이론에서는 왼쪽과 오른쪽은 무의식과 의식, 내계와 외계로 대응시키고 위와 아래를 정신과 육체, 미래와 과거, 아버지와 어머니로 대응시키는 것이다. 그리고 동물, 인물, 강 등의 움직임이 모두 일정한 방향으로 향했을 때 왼쪽으로 향한 경우는 퇴행, 오른쪽으로 향한 경우는 진행의 의미로 해석할 수 있다. 모래상자 밖에 소품을 놓는 경우를 보면 작품을 상자 안에 만들어 놓고 그 후에 상자 밖으로 꺼내는 경우, 그 존재를 희미하게 느끼지만 스스로 인정하기 어려운 심적 내용을 나타내는 경우가 많다. 특히, 어린이의 경우 상자의 테두리를 넘어서 장난감을 이동시키는 것은 자아의 경계가 아직 확실하지 않다는 것을 나타내고 있으며, 모래상자 주변에 놓을 경우는 자기를 표현하는데 대한 두려움이나 불안을 나타내는 경우가 있다. 한 작품 속에서 영역이 분할되고 폐쇄되는 경우, 그 폐쇄된 영역은 어떤 것은 꼭 지켜야만 되는 매우 중요한 의미를 가지는 경우와 그 반대로 그 중요한 것을 폐쇄함으로써 안전을 유지시키려는 의미를 가진다.

(3) 주제

모래놀이의 표현에 있어서는 한 번의 작품에 주목하는 것이 아니라 일련의 작품에 주의를 기울인다. 따라서 매회의 중심표현들이 어떻게 진행되고 있는지를 살펴봄으로써 주제를 파악할 수 있다. 첫째, 모래놀이에 표현되는 주제는 '자기상'이다. 자기상은 클라이언트가 자신의 현재 상태나 미래, 무의식 세계라는 주제를 표현하는 것이다. 둘째, 모래놀이에 표현되는 주제는 '두 세계의 통합'이다. 분할된 세계의 통합이 진행되는 과정에 있어서 방어의 약체화가 생겨나며 닫혀있던 울타리나 담이 열리고 허물어지는 표현 등으로 나타나게 된다. 두 개의 세계가 통합되는 과정에서 역전의 반전 현상이 일어나기도 한다. 또한, 통합으로 가는 과정에서 전쟁이 작품의 주제로 등장하는 경우가 많다. 이때 균형 잡힌 세력의 다툼이 나타날 경우에 통합성과 전체성이 높은 것으로 볼 수 있다. 셋째, 표현되는 주제는 '죽음과 재생'이다. 이는 인격의 변화과정을 확실히 나타내며 오랜 자아가 없어지고 새로운 자아가 생겨난 것을 죽음과 재생의 체험으로 표현하는 것이 적절한 상징으로 여겨진다. 하지만 이러한 표현을 하지 않는 경우라 할지라도 오래된 체계가 무너지거나 부서지고, 새로운 것으로 변화하는 과정이 생길 때 낡은 체계를 파괴하는 움직임이 모래상자의 작품에 나타난다. 칼프(1993)는 모래놀이를 해석할 때 구체적인 지침이 아닌 다차원적인 자세로 모래놀이를 이해하고자 하였으며, 이러한 다차원적 자세는 다음의 [표 9-1]과 같이 20가지로 요약할 수 있다.

표 9-1. 모래상자 놀이치료 이해를 위한 20가지 고려사항

1	클라이언트의 역사와 외적인 환경	클라이언트의 임상적인 역사에 따라 다른 의미를 가질 수 있다.
2	회기 내용	회기를 진행하는 동안 클라이언트와 치료자간의 상호작용 뿐 아니라 클라이언트의 언어적, 비언어적 표현, 심지어 꿈조차도 모래상자 놀이치료에서는 의미가 있다.
3	치료자의 감정	회기에 대한 치료자의 감정 및 투사를 알아내기 위한 치료자의 감정의 변화 등을 알아내야 한다.
4	공간	모래상자 공간에 나타나는 이미지는 무의식적 활동을 나타낸다.
5	모래의 선택과 사용	젖은 모래나 마른 모래를 선택하는 것에도 의미있는 정보가 있다. 모래와의 접촉이 이루어지는 여부, 양상 등을 통해 무의식적인 문제에 대한 단서를 찾아낼 수 있다.
6	피겨의 배열과 모래의 형태	모래로 모양을 만드는 것과 피겨의 배열에서 형태의 질과 지배적인 것이 무엇인지 관찰해야 한다.
7	색	모래놀이에서 나타난 지배적인 색깔의 선택에 다양한 의미가 있다.
8	모래상자의 푸른 바닥 사용	모래상자의 푸른 바닥은 일반적으로 물을 나타내기 위해 활용되므로 클라이언트가 물의 수준으로 어떻게 사용하는가를 관찰할 필요가 있다.
9	피겨	사용된 피겨 종류 뿐 아니라 피겨가 어떻게 사용되었는지 인식해야 한다. 특정 범주의 피겨만 한정적으로 사용하는 것은 클라이언트의 주요한 정보를 담고 있을 수 있다.
10	공간 안에서 피겨의 배치	예를 들어, 모래상자 대각선으로 사물을 배치할 경우 두 피겨가 가능한 멀리 배치되어 있는 것이며, 상징적 의미가 상반되는 특징일 수 있다.
11	분화의 수준	자아발달 수준은 모래놀이 장면의 분화로부터 인식 가능하다. 미분화된 채로 피겨를 상자 안으로 던지는 것부터 분명한 경계가 있는 잘 구성된 장면까지 다양한 가능성이 있다.
12	피겨와 장면 요소 간의 관계	피겨가 서로 연결되어 있는지, 어떻게 상호작용하는지 등을 주목해야 한다.
13	개인적 표현	모래로 얼굴이나 몸을 만드는 것에서 관찰될 수 있다. 때로는 자신만의 피겨를 만들거나 집에서 가져오기도 한다.
14	역동적이거나 정적인 특성	모래상자에서 움직임의 존재 혹은 방해는 클라이언트 에너지의 움직임에 대한 중요한 정보들을 제공해 준다.
15	모래 사용에 대한 두 가지 차원	모래상자와 피겨는 2차원적 그림을 그리는 것과 같이 사용될 수 있다. 3차원 맥락은 완전히 실현할 수 없음을 인식해야 한다.

16	의식의 접근	모래상자에서 나타나는 멀리 떨어진 장소와 시간에 대한 심상은 일상적인 생활의 장면과는 다른 의식의 차원이다.
17	상징적 내용	표현된 내용에 대한 상징적 해석은 신화, 상징, 종교, 동화, 꿈에 대한 해박한 지식이 요구되고 사례별로 다르게 적용된다.
18	전체 과정 맥락에서의 해석	모래상자들의 전후 관계 속에서 각 모래상자를 분석해야 한다.
19	내적인 발달 패턴에 따른 해석	장면에 대한 피겨와 요소 사이의 관계에 대한 주의 깊은 분석은 융(Jung) 학파의 개성화 과정의 발달 패턴에 대한 지표일 수 있다. 그림자, 아니마와 아니무스의 출현 등의 분석이 중요하다.
20	클라이언트와 치료자 간의 관계	모래놀이와 요소들은 치료자와 클라이언트의 관계, 전이, 역전이, 공동 전이 등의 지표가 될 수 있다. 이것은 클라이언트와 치료자 간의 의식적, 무의식적 행동과 반응의 복잡한 상호관계가 모래놀이에서 나타나는 것과 같다.

제3절 모래상자 놀이치료 과정

1. 진행과정

칼프(1989)는 모래상자놀이의 발달단계를 첫째 동물 · 식물의 단계, 둘째, 투쟁의 단계, 셋째, 집단에의 적응단계로 진행된다고 표현하였다. 첫째, 동식물의 단계는 첫 작품이나 초기에 해당되며 현재 클라이언트의 생활이나 그가 할 수 있는 것을 나타내며 정서적 혼란과 혼돈을 반영하는 작품을 꾸민다. 클라이언트는 소품들을 모래상자에 혼란스럽게 쏟아놓거나 빈약하고 건조한 생명이 없는 정지된 장면을 표현하기도 한다. 둘째, 투쟁의 단계는 동식물의 단계가 지난 후 클라이언트는 모래상자에 대극을 이루며 투쟁을 벌이거나 파괴하는 장면을 꾸미는 단계로 접어들게 된다. 대체로 초기에 양편이 모두 전멸하거나 한쪽이 일방적으로 승리하는 장면이 나타나며 중기 이후로 넘어가면서 투쟁은 보다 조직화되며 죽임을 당하기보다 감옥에 갇히거나 영웅이 등장해 상황을 해결하는 등 보다 균형 잡힌 투쟁의 모습으로 발전해 가는 양상을 보여준다(김경희, 이희자, 2005). 셋째, 집단에의 적응단계는 건설이 이루어지고 많은 움직임이 있는 모습과 창의적인 장면이 보다 많이 나타나는 단계로 질서가 회복되어 자연과 사람 사이의 균형이 잡히고 농작물들은 열매를 맺으며 생활에 리듬이 생긴다. 또한, 실생활에서도 정상적인 적응을 하는 것을 볼 수 있다. 종결이 가까워질수록 창의적인 장면을 만들게 되고, 자신을 독립되고 완전한 존재로 느끼기 시작한다. 치료 말기에는 상징적으로 완전함과 전체성을 표현하는 원이나 네모 등의 이미지가 나타나며 이는 모래상자놀이를 통한 본능적인 힘의 통합을 의미한다고 볼 수 있다. 전체성의 통합과정은 한 번에 종결되는 것이 아니라 마음의 발달로서 항상 반복되는데 이것이 자기실현의 과정이라고 볼 수 있다(Kalff, 1980).

2. 모래상자 놀이치료의 치료적 유용성

모래상자 놀이치료는 다른 기법에서 적용되지 않는 특징이 있는데, 다음과 같이 요약될 수 있다. 첫째, 비언어적인 의사소통을 할 수 있다. 심리치료는 무의식적인 것을 의식화하는 것이다. 의식화하는 과정으로 언어화를 들 수 있으며 언어화하는 것은 중요한 심리치료의 한 가지 방법이며 과정이 될 수 있다. 둘째, 적용 대상의 연령이 다양하다. 모래상자 놀이치료는 대개 3세 이상의 아동부터 성인에 이르기까지 실시할 수 있다. 셋째, 치료관계 확립의 매개로서의 역할을 한다. 작품을 만들어 가는 사이에 클라이언트와 치료자의 신뢰관계가 형성되면 치료적 인간관계가 촉진되기도 하고 확립되기도 한다. 넷째, 놀잇감을 사용하므로 흥미를 불러일으키고 제작하기 쉽다. 놀잇감은 클라이언트의 내적 세계를 상징적으로 투영한다. 놀잇감으로 표현되어진 작품은 입체적이고 눈으로 볼 수 있는 작품, 즉 시각상으로 잡힌다. 자신이 제작한 작품을 보고 클라이언트는 반작용적인 자극을 받는다. 다섯째, 클라이언트의 저항을 극복하는데 효과적이다. 모래상자놀이는 비위협적이며 매력적인 성질을 가지고 있기 때문에 자발적이지 않은 클라이언트나 과묵한 클라이언트에게 적절하며, 치료에 저항감을 갖고 있는 가족 구성원들이 갈등을 언어화 하는데 느끼는 두려움을 전환시켜 주는 의사소통의 수단이 될 수 있다. 또 억압된 문제를 드러낼 수 있고, 해소할 수 있는 공간과 클라이언트가 해방감을 느끼는 안전한 장소가 될 수 있다. 클라이언트는 자연적 재료인 모래를 만질 때, 모래의 부드러운 질감을 통하여 심리적 · 정서적 안정감을 갖게 된다.

3. 모래상자 놀이치료자의 역할

모래상자 놀이치료자는 놀이 상황에서 지시를 하는 입장이 아니라 클라이언트를 지지하는 역할을 한다. 클라이언트에 대한 공감, 인간성에 대한 존중은 클라이언트의 심리적 에너지를 이해하고 존중할 수 있게 한다. 치료자가 모래상자놀이를 지지하여 치료를 촉진하는 것은 클라이언트에게 자신을 완전히 표현하고 탐색할 수 있는 기회를 제공하는 것이며, 자기표현과 자기탐색은 놀이치료의 중요한 토대가 된다. 칼프(1987)는 치료자의 자기 탐색을 강조하면서 모래상자놀이를 통해 자기표현을 이끌어냄으로써 내면을 꿰뚫어 볼 수 있다고 했으며, 모래상자놀이가 진행되는 동안에 치료자와 클라이언트 사이에 기본적인 신뢰 관계가 형성되어야 한다는 것을 강조하였다. 클라이언트는 치료자와의 신뢰로운 관계 속에서 자신 속에 있는 자기 치유력을 발휘하여 깊은 자기표현을 전개해 나가고 내면세계를 표현하는 것을 치료자가 함께 보고, 지켜준다는 것을 느낌으로써 자유롭게 보호된 공간에서 자신이 표현하고 싶은 자신의 내적 세계의 이미지를 표현할 수 있다.

제4절 모래상자 놀이치료 실제

사랑/증오, 자유/속박, 강함/약함, 선/악, 희생양/공격자 등의 반대되는 주제가 상담 중에 떠오르나 언어적으로는 이러한 주제를 다루기를 회피하려 할 때 피겨(figure)와 사진을 활용한 적극적 명상의 방법을 활용하여 성인, 청소년, 아동에게 적용가능하다. 시각적으로 분명하게 드러난 내면의 갈등과 상징을 통해, 보다 쉽게 갈등을 명료화하고, 그 갈등을 해소하는 새로운 시각을 발견할 수 있다.

〈진행 방법〉

1. 내적 갈등을 상징하는 반대되는 두 개의 피겨를 선택하도록 한다.
   예) 곰과 유아를 선택한 여성 클라이언트(힘/취약함의 주제)
   두 개의 피겨는 클라이언트가 해결하고 통합해야 할 이분법을 상징하며, 문화적으로 클라이언트에게 익숙한 것이 좋다.
2. 이 두 개의 피겨로 대립구도를 만들고, 기타 미술재료를 활용하여 하나의 장면을 만들어보도록 요청한다(모래상자 이외에도 흰 도화지 등에 가능). 이 장면을 사

진으로 찍는다.

3. 이제 각각의 피겨 입장을 느껴보고, 그 안에 들어가 호흡하듯이 자세를 취해보며, 그 입장에서 주장하는 것을 표현해본다.
4. 이러한 대립구도를 해결하기 위해 필요한 새로운 피겨, 혹은 사진을 선택한다. 혹은 제3의 관점(중간지대)을 표현하는 자신의 자세, 표정을 즉석카메라로 찍어서 표현해도 된다.
5. 대립구도 중간 지점에 이 새로운 관점을 상징하는 사진, 혹은 피겨를 놓고 잠시 이 중간지대의 관점을 음미하고 느껴본다. 갈등을 해소하는 새로운 관점의 메시지를 들어본다. 기타 미술재료를 활용하여 장면을 완성해본다.

   이 때, 이분법을 나타내는 피겨들은 작업 중 바뀔 수 있다. 또한 갈등 해소가 쉽게 되지 않을 때는 확장(amplification)의 방법으로 1개 이상의 장면을 재구성하여 갈등을 해소할 수 있는 관점을 찾을 때까지 몇 회기동안 연속적으로 진행할 수도 있다.
6. 자신 내부의 갈등이 명료화되고, 그를 해소할 수 있는 관점까지 명확해지면 다시 완성된 장면을 사진으로 찍어 남긴다.
7. 치료자는 이 사진을 바탕으로 하여, 클라이언트의 갈등이 일상에서 여러 가지 방식으로 표출될 때마다 클라이언트와 사진을 논의하며 이 문제를 다룰 수 있고, 이러한 과정을 통해 장기간의 갈등이 보다 빠른 시간 내에 해소될 수 있다.

〈사례〉 제레미(Jeremi)

제레미는 그의 머리 속에서 들리는 목소리에 대해 불평하였다. 목소리 하나는 그에게 아버지 지갑의 돈을 훔치라고 이야기했다; 다른 목소리는 그에게 그렇게 하지 말라고 하였다. 그는 두 개로 분열된 얼굴을 그렸다. 한 쪽은 말하길, “나쁜 쪽 말은 듣지마.” 다른 쪽에서 말하길, “좋은 쪽 말은 듣지 마.” 이와 같은 환청과 미술 작품은 종종 전-병리적인 정신분열증의 징후가 된다.

제레미가 가장 좋아하는 미술치료 매체는 모래놀이였다. 그는 군인과 공룡과 수퍼 히어로들 간의 전쟁을 자주 묘사했다. 어떤 회기에서, 치료자는 그가 모래판 안에, 모래 위에 펼쳐진 그의 전투 장면 안에 참여하기를 바라는지 물어보았다. 그는 진심으로 좋아했다. 제레미는 그가 포스터 보드의 작은 조각 위에 붙일 사진을 위해 자세를 취하였으며 그 다음에 그것을 오려냈다. 그는 그 다음에 자신의 이미지를 작은 포스터 보드 조각을 이용해 세웠다. 제레미가 그의 모래놀이를 준비할 때, 그는 좋은 편 인물들을 모래판 한 편에 놓았고 나쁜 편 인물들은 반대편에 놓았다. 그 자신은 검은 거인 괴물의 그늘 아래서 보호받고 있었다. 제레미는 언제나 적극적인 모래놀이 창조자였으며 갈등의 두 대극 사이의 전쟁을 행동으로 나타냈다. 제레미는 모래판 위의 전쟁에 몰두하고 승리를 한 다음에는, 보다 고요하고 자신감에 차 있는 듯 보였다. 제레미는 그 자신의 직관적인 방법으로, 그의 정신의 분열된 측면들을 함께 모으려고 시도하였다. 그것은 제레미가 안전과 자유를 발견할 수 있으며 그의 가장 큰 두려움을 상징적인 방식으로 탐색하고 극복할 수 있는 성역(temenos), 혹은 안전한 모래판 안에서 이루어졌다. 이후의 회기에서, 제레미의 내면의 목소리는 멈추었고 그의 작품에서 나타난 한 쪽으로 기울어진 이미지들은 똑바로 섰다. 몇 주 후에, 제레미의 아버지는 그가 학교에서 바쁘게 지내고 운동을 하면서 행복해 한다고 보고하였다(Fryrear, Corbit, 1992).

사진 9. 나의 현재 모습과 닮은 소품 발견하기

알아차린 점 예 :

이 소품은 손목시계입니다. 2년 전에 친한 친구와 같이 여행을 갔을 때 명품 시계가게를 구경했습니다. 제가 원래 사고 싶은 마음이 있긴 한데 처음 이 시계를 보았을 때 저는 그것의 단순한 디자인에 매료되었습니다. 이 소품을 구매한 후 지금까지 가지고 있습니다.
왜 이 손목시계가 나와 닮았을까?
겉으로 보면 시계줄이 얇고 마른 편입니다. 제 몸에 보면 마른 편이고 약해 보였습니다. 이 소품 색상을 보니 네이비와 블랙의 결합으로 어두운 색깔을 구성하여 제 차분한 성격과 닮았습니다. 검은색은 저에게 가진 의미는 강한 색깔입니다. 내성적임, 불안함, 두려움과 의미를 대표하는 동시에 멋있고 매력적으로 느낄 수 있게 됩니다. 네이비 파란색은 저에게 가진 의미는 안정한 색깔입니다. 슬픔, 우울함, 소극적인 느낌을 가지고 있는데 겸소함, 아름답고 편안한 느낌을 가질 수 있게 됩니다. 삶에서 저는 복잡한 마음을 갖고 있는데 이 두 색깔이 저와 함께 만나면 마음이 편안해집니다. 그러므로, 제 옷장에는 대부분 의복 색깔이 검은색과 파란색으로 갖고 있는 것입니다.
또, 손목시계를 자세히 보면 시계줄은 먼지가 있고 시계본체 곁에 나사는 조금 빠졌고 시계표면은 여러 뚜렷하지 않은 기스들이 있게 됩니다. 그리고 이 손목시계 안에서 날짜 설정하는 것도 있는데 고장이 났습니다. 인생을 사는 과정에서 여러 형태의 상처가 있습니다. 예를 들면, 내적이나 외적, 깊은 상처나 얇은 상처, 긴 상처나 짧은 상처, 큰 상처나 작은 상처, 지울 수 있는 상처나 몸에 남은 상처가 있게 됩니다. 즉, 상처를 가지고 있는 의미는 사는 여러 과정이고, 상처가 생기면 어떤 추억이 남을 수 있게 되어 어떤 감정을 떠올릴 겁니다.
이 손목시계는 저에게 자신을 어떤 사람인지 완벽하게 나타낼 수 없는데 자신의 기본적인 모습과 의미있는 성격을 충분히 표현했고 제시했습니다.
위의 소품을 고르고 싶지 않았다면 그 이유는 실은 고르고 싶은 마음도 있었고 고르고 싶지 않은 생각도 있습니다. 고르고 싶은 이유는 이 소품은 너무 예쁘고 멋있기 때문입니다. 그리고 이 소품은 남에게 보여주고 싶고 자랑하고 싶은 마음까지 갖고 있습니다.
이 소품을 고르고 싶지 않은 이유는 저와 너무 닮았기 때문이고 사생활이나 비밀을 남에게 보여주는 느낌일 것 같은데 마음이 불안하고 겁나게 느꼈습니다.

참고문헌

김경희, 이희자, (2005). 모래상자 놀이치료 상징과 판타지. 경기: 양서원.

김유숙, (2001). 모래상자 놀이치료의 이론과 실제. 한국아동학회 제3·4차 아동상담사 워크샵 자료집, 213-230.

김유숙, 야스히로, (2005). 모래놀이치료의 본질. 서울: 학지사.

노치현, 황영희, (1998). 모래놀이치료: 경험과 표현. 서울: 동서문화원.

장미경, (2017). 분석심리학적 모래놀이치료. 서울: 학지사.

Allan, J., (1997). Jungian play Psychotherapy. In O'coner, K. J., & Braveman, L. Play Therapy Theory and Practice. New York; John Wiley & Sons, INC.

Ammann, R., (1993). The Sandtray as garden of the soul. Journal of Sandplay, 4(1), 40-65.

Baker, K. R., (1996). Let's play outdoors. Washington, D. C: NAYC.

Carey, L. J., (2002). 모래놀이치료. (이정숙, 고인숙, 공역). 서울: 하나의학사.

Fryrear, J. L., & Corbit, I. E., (1992). Photo art therapy: A Jungian perspective. Springfield, IL:Charles Thomas. 김준형 외 역(2011). 사진미술치료, 서울: 북스힐.

Jackson, B., (1991). Before reaching for the symbols dictionary. Journal of sandplay. Therapy, 1(1), 55-58.

Kalff, D. M., (1980). Sand play : A psychotherapeutic approach to the psycho. Santa Moica Califorinia: Sigo Pres.

Kalff, D. M., (1989). Sandplay. Boston: Sigo.

Kalff, D. M., (1993). Twenty points to be considered in the interpretation of a sandplay. Journal of Sandplay Therapy, 2(2), 17-35.

Kalff, D. M., (1996). The archetype as a healing factor. Psychology, 9, 17-184.

Linda E, H., & Daniel S, S., (2007). 모래상자 기법-실제 지침서. (황명숙, 역). 서울: 학지사.

Lowenfeld, M., (1979). The word pictures of children. Brif. J. Med. Psychol, 18, 65-101.

Mitchel, R. R., & Friedman, H. S., (1994). Sandplay; post, present and future. New York: Routlege.

Steinhardt, l., (2010). 미술치료 관점에서 본 융의 모래놀이치료. (김옥경, 역). 서울: 학지사.

Turner, B., (1994). Symbolic process and the role of the therapist in sandplay. Journal of Sandplay Therapy, 3(2), 84–95.

Turner, B., (2009). The handbook of sandplay therapy. 모래놀이치료 핸드북(김태련 외, 공역). 서울: 학지사.

제10장

상담의 과정과 기술

제10장

상담의 과정과 기술

제1절 상담의 이론적 배경

1. 상담의 이해

1) 상담의 정의

상담은 내담자가 자신의 감정을 탐색하고 통찰하여 자신의 인생에 긍정적인 변화를 만들 수 있도록 도움을 주는 것이다. 이런 목표를 이루고자 상담자와 내담자는 함께 작업을 하는데 상담자는 변화과정을 촉진시키며 내담자는 무엇을 어떻게 변화하고 싶은 것인지를 결정한다(Seligman, Reichenberg, 2014).

2) 상담의 촉진적인 측면

상담은 첫째, 정서적으로 괴로움을 겪는 사람에게 필요한 지지와 위안을 준다. 둘째, 상담은 정서적 치유만이 아니라 개인의 인생에 지침을 만들어 가는 것을 도울 수 있다. 가장 효율적인 상담자는 내담자의 꿈과 가치관, 능력에 맞는 목표 달성을 스스로가 할 수 있도록 도와주는 능력을 가진 사람들이다. 셋째, 상담은 내담자가 타인에게 어떻게 보이는지 다른 사람이 말하기 어려운 것을 피드백을 통해 상담자가 말해 줄 수 있다. 넷째, 상담은 내담자가 타인과 건강하고 파괴적이지 않은 관계를 형성하는데 도움을 준다. 즉, 부모역할-상담자와의 따뜻한 관계를 통해 내담자가 과거의 주요 인물로부터 받은 고통을 감소할 수 있다. 다섯째, 내담자는 더 효율적인 삶을 살고 자신의 잠재력을 발휘할 수 있는 기술을 배울 수 있다. 여섯째, 상담은 또한 실존적인 문제에 대처하는데 도움을 준다. 일곱째, 효과적인 상담을 통해 궁극적으로 내담자는 자신의 감정과 사고를 파악하고, 자신의 직관을 믿으며, 적극적인 삶을 사는 귀중한 방법을 배울 수 있다(Sharp, 2013).

2. 상담의 효과

연구자들 대부분은 상담과 심리치료는 효과가 있고 대부분의 내담자들은 치료를 받지 않은 경우에 비해 크게 나아진다는 결과를 주장한다. 치료를 받는 내담자는 치료를 받지 않은 내담자에 비해 80%가 심리적으로 건강하다. 또 어느 특정 종류의 치료가 다른 유형의 치료보다 더 효과가 있다는 것은 아니라는 결론을 내렸다. 그러나 심리치료 결과를 평가하는 측정이 정교하지 못하기에 다양한 치료접근의 차이를 찾아내지 못할 수도 있으므로 지속적인 연구가 필요하다. 또한, 치료는 정서적인 문제와 대인관계에서 어려움을 느끼는 사람들에게 효과적인 방법이다(이형득 외, 1984).

제2절 상담과정

1. 상담의 3단계 모델

이건(Egan, 2008)의 상담의 3단계 모델을 살펴보면 다음과 같다.

1) 탐색단계

(1) 탐색의 기능

탐색은 내담자가 그들의 감정을 표현하고 복잡한 문제를 통한 그들의 생각을 표현하는 기회를 제공한다는 점에서 매우 중요하다. 치료자에게 내담자의 관점으로부터 내담자를 더 잘 알 수 있는 기회를 제공해 준다. 탐색단계는 관계 발전을 촉진하고, 내담자의 관심사를 탐색하게 하고 직접적인 경험을 통해 상담에 열중하게 한다. 또한,

상담자에겐 내담자의 문제를 공부할 기회를 주고 내담자의 평가를 듣기 때문에 중요하다. 따라서 로저스(Rogers) 이론을 따르는 사람들에게 탐색단계는 상담에 요구되는 전부라고 할 수 있다.

로저스는 상담자의 자세로 무조건적 긍정적 존중, 정확한 공감적 이해 그리고 진솔성의 세 가지로 요약하여 제시하였다.

If ~	then ~
치료자의 3가지 태도적 조건	**내담자의 성장적 변화**
① 진솔성(일치성) ② 무조건적인 긍정적 존중 ③ 정확한 공감적 이해	① 경험에의 개방성 ② 유기체적 신뢰의 증대(자신에 대한 신뢰) ③ 평가의 내적 소재 ④ 자발적 삶의 의지

(2) 로저스의 인간중심상담

① 이론

모든 인간은 건강하고 창조적인 성장 잠재력을 가졌으며, 인간은 누구나 현실을 각기 달리 지각하고 이런 주관적인 경험이 행동을 지배한다고 믿는다. 따라서 개인을 이해할 수 있는 방법은 자신의 내적 참조체제(internal frame of reference)를 이해하는 것이라 믿었다(Rogers, 2007).

② 성격발달 이론

유아들은 있는 그대로 경험을 지각하는데 이를 유기체적인 가치화 과정(Organismic Valuing Process: OVP)이라고 한다. 이는 내부의 안내서와도 같아, 유아들이 긍정적인 노력과 삶에 대한 자연적인 호기심을 가져 내적인 느낌을 신뢰할 수 있다고 믿는다. 자아의 형성은 유아가 자기 경험과 외부 환경에서 타인이나 사물이 겪는 경험을 구별하면서 발달한다. 로저스는 사람들이 자신에 대해 갖고 있는 조직적이고 지속적인 인식을 "자아(self)"라고 정의했다. 이 과정에서 부모의 무조건적인 긍정적 수용을 통해 아이는 자기 수용과 자기애를 표현하기 시작할 수 있다. 하지만, 부모들은 아이에게 가치에 대한 조건을 세우게 되고 이 조건은 아이들로 하여금 자아개념과 내면의 경험 사이의 갈등을 느끼도록 한다. 로저스는 상담관계 그 자체가 내담자의 성장을 저절로 제공한다고 믿었는데, 이러한 변화를 위한 필요충분조건으로 아래 여섯 개의 조건을 제시했다(Mearns, Thorne, 2012). 첫째, 심리적인 접촉 : 치료적 관계 또는 감정적 관계 맺기, 둘째, 내담자는 부조화 상태에서 불안을 통해 동기화 되기, 셋째, 치료자는 관계에 진실되고 통합되기, 넷째, 무조건적 긍정적 존중하기, 다섯째, 공감(empathy)하기 : 동정과 감정이입은 구별해야 한다. 여섯째, 촉진적인 조건 경험하기 : 진실성과 무조건적 긍정적 존중, 공감을 통해서 가능하도록 하는 것이다. 요약하면, 치료자가 내담자를 수용하면 내담자도 자신을 스스로 받아들인다는 것이다(Sharp, 2013).

(3) 탐색단계의 목표 : 신뢰관계의 성립

① 라포와 치료적 관계 형성하기

상담자는 내담자들이 편안하게 탐색할 수 있도록 라포를 형성해야 하는데, 이 단계는 내담자의 내적 참조체제에서 내담자를 이해하도록 노력하는 것이다. 이러한 관계형성을 위해 수용과 공감 그리고 존중의 태도가 필요한 것이다.

② 내담자 자신의 이야기를 하도록 돕기

내담자가 내부적으로 무슨 일이 진행되려 하는지를 소리 내어 말할 수 있도록 표현할 기회를 주어야 한다.

③ 감정의 표출을 촉진하기

내담자가 문제와 관련된 감정을 경험하도록 도와서 그들이 억제하도록 학습, 부인하거나 왜곡한 감정을 느끼게 해주어야 한다. 그러기 위해서 현재 순간에 즉각적으로 느끼는 것에 대해 초점을 맞추고, 때로는 단호하게 언급하지 않은 부분에 질문을 던져 표현하기 힘든 감정을 탐색하도록 권유할 필요가 있다. 또한, 변화를 위해 필요한 감정의 각성을 통해 감정인식과 변화에 개방적이 되기를 꾀하여야 한다.

④ 내담자에 관해 공부하기

내담자가 스스로 선택과 결정에 이르도록 돕기 위해서 먼저 내담자가 얘기하는 것과 또 어떻게 느끼는가를 주의 깊게 들을 필요가 있다. 그 안에서 단서를 찾아내어 내담자 요구에 주목해, 상담관계에 참여하도록 동기가 유발되었는지, 자신의 관심사를 탐색하도록 촉진이 되었는지를 살펴야 한다.

⑤ 탐색단계에서 사용되는 기술들

라포와 치료적 관계 형성, 감정과 사고의 탐색 촉진, 내담자에 대해 알기, 개방형 질문, 재진술, 감정반영 등 깊은 수준으로 탐색하는 것이다.

2) 통찰단계

(1) 통찰의 기능

통찰은 내담자들이 새로운 밝은 면을 볼 수 있도록 돕기 때문에 중요하다. 통찰은 내담자가 왜 그들이 그렇게 행동하고, 생각하고, 느끼는가에 관하여 이해할 수 있게 해 준다. 내담자가 자신의 행동에 대해 지각하고 있을 때 변화되기가 쉽다. 따라서 통찰단계는 내담자 자신과 문제에 대해 새로운 이해를 갖도록 도움을 주는 중요한 단계이다. 통찰단계는 우선 탐색단계가 전제되어야 하고 실행단계의 바탕역할을 한다.

(2) 정신분석/역동치료

① 프로이트(Freud)의 심리성적 발달 이론(김계현 외, 2011)

프로이트의 생물학적 이론은 성격발달의 주요 특징으로 보편적인 단계를 통한 심리성적 단계를 제시하였다. 그는 어린이가 선천적으로 쾌락을 추구하고 원초아의 충동에 의해 완전하게 다스려진다고 믿는다.

원초아는 모든 생물학적 강한 충동의 중심이고 개개인의 움직이는 리비도 충동을 대표한다. 구강기 단계(탄생-18개월)에서 전력을 기울이는 것은 자신과 다른 사람 그리고 환경 안에서 신뢰를 얻기 위함이다. 항문기 단계(18개월-3세)에서는 독립과 자율로 향하고 좌절에 대처하며 자아에 대한 감을 구체화하기 시작한다. 자아는 원초아와 바깥 세계와의 사이에서 중개인으로서의 역할을 하고 아이가 현실을 접해야 하는 구강기와 항문기 단계 동안 주로 발달한다. 남근기(3세-6세)에서 에너지는 생식기 부위로 옮겨가고 외디푸스 콤플렉스나 일렉트라 콤플렉스는 같은 성의 부모와 서서히 동일시 할 때 해결된다. 잠복기(6세-12세)에서는 개개인은 다른 사람들과 상호작용을 하기 위해 사회화되며 그들 자신에 대한 관심을 갖게 된다. 마지막 단계인 생식기(12세-성인)는 리비도 에너지의 성숙한 표출을 위해 에너지가 다시 생식기 부위로 옮아간다. 건강한 발달은 모든 단계를 잘 마친 사람에 의해 성취되며 사람들은 어떤 고착이나 퇴행 없이 모든 단계를 마치기 힘들다(김계현 외, 2011).

② 에릭슨(Erikson)의 심리사회 발달 이론

에릭슨은 프로이트(Freud)의 성에 대한 강조에 동의하지 않고 인간 발달의 사회와 대인관계 측면에 초점을 맞추었다. 그는 심리사회학적 관점에 있어서 자아의 중요성을 다루는 8단계 모델을 제시했다. 8단계는 신뢰 대 불신, 자율성 대 수치심, 솔선 대 죄책감, 근면 대 열등감, 정체성 대 역할 혼미, 친밀 대 고립, 생산과 침체, 통합 대 절망이다(임은미 외, 2013).

(3) 통찰단계의 목표

통찰단계 동안 상담자의 가장 큰 목표는 통찰을 촉진시키는 것이다.

① 무엇이 통찰인가?

통찰의 전형적인 세 가지 측면으로 새로운 관점으로 자신을 보는 것이다. 첫째, 관련시킬 수 있거나 패턴, 연계성, 이유, 원인, 범주, 대응, 이해하기, 둘째, 갑작스러움, 놀라운 느낌 혹은 모든 것이 한꺼번에 합쳐진 듯한 '아하'를 경험하는 것, 셋째, 새로움 혹은 같은 방법으로 생각한 것보다 새로운 느낌을 경험하는 것이 통찰이다.

② 왜 통찰이 필요한가?

어떠한 사건에 대한 내담자의 해석은 다음의 행동과 감정에 영향을 주고 상담장면에서 어떤 특정한 주제에 대해 다루려는 의지를 갖게 하며, 통찰은 행동을 앞서야 한다고 믿는다. 통찰이 없는 행동은 의미가 없으며 내담자는 문제가 발생할 때마다 어떻게 해야 할지를 다른 사람에게 의존한다.

(4) 상담자가 할 일

통찰단계에서는 상담자들이 내담자들의 관점에 도전하고, 그들에게 아이디어를 제공하며, 내담자들이 새로운 길로 사물을 바라볼 수 있도록 돕는데 그들의 경험을 사용한다. 치료자가 똑 부러지는 통찰이나 올바른 관점을 표출하는 것과 내담자에게 무조건 치료자의 관점을 받아들이도록 강요하지 않는 것이 중요하다.

① 내담자의 사고와 감정, 행동을 이해할 수 있도록 돕는다.
② 상담자들은 내담자들과 함께 새로운 통찰과 이해를 구축할 수 있도록 노력한다.
③ 상담자들은 내담자들이 그들의 생각과 감정과 행동 속에서 규칙(규범)을 결정할 수 있도록 용기를 북돋아 준다.
④ 상담자들은 치료관계에 있어서 발생하는 문제에 대해 내담자들과 함께 작업한다. (예; 애착, 오해)

(5) 통찰단계에서 사용되는 기술들

집중해서 듣기, 재진술, 개방형 질문, 감정반영 등 탐색 단계에서 기초가 되는 것과 도전, 해석, 자기개방, 즉시성 등 깊은 수준으로 통찰하도록 하는 것이다(Egan, 2005).

3) 실행단계

(1) 실행의 기능

새롭게 사고하는 것을 실행에 옮김으로써 내담자들은 사고 속에서 변화를 확고히 할 수 있다. 행동없이 통찰단계에서의 사고 변화는 일반적으로 그 수명이 짧다. 치료자에게나 내담자에게나 상담의 3단계 중에서 실행단계는 가장 힘들다고 볼 수 있다. 그렇더라도 상담자는 내담자가 자신의 삶에 긍정적이고 지속적인 변화를 만들 수 있도록 도와야 한다는 것을 잊어서는 안 된다. 그리고 또 중요한 것은 내담자에 대한 공감을 가지고 행동에 접근해야 한다.

(2) 인지-행동적 이론들

행동과 정서, 인지는 학습된다는 원리하에 고전적 혹은 반응적 조건 형성, 조작적 조건 형성, 모델링, 인지적으로 중재된 학습 등의 4가지 학습 유형이 있다.

인지-행동적 이론은 내담자의 변화를 돕기 위해 구체적인 전략-이완 훈련과 체계적 둔감법, 행동변화를 위한 조작적 방법, 행동 시연 혹은 역할극, 인지적 재구조화 등-을 제공하기 때문에 행동단계 모델에 잘 맞는다(김계현 외, 2011).

(3) 실행단계의 목표

실행단계의 목표는 가능성 있는 새 행동을 표현하고 탐색하도록 내담자를 격려하는 것이다. 행동의 변화(실행)를 방해하는 요인은 첫째, 내담자가 그의 요구를 변화시키기 위한 기술을 가지고 있지 않을 수 있다. 둘째, 비록 상담과정 동안 통찰에 도달할지라도 오래된 습관은 깨기가 어렵고, 사람은 변화와 미지의 세계에 대한 위험보다는 오히려 그들이 알고 있는 것을 바탕으로 해결하려는 경향이 있어 변화하기 어렵다. 셋째, 내담자 주변 인물들은 내담자들의 변화에 대해 강한 반응을 보일 수 있기 때문에, 변화로 인해 생기는 인간관계의 방해 요소를 다루는 방법을 이해하도록 해 주어야 한다.

(4) 상담자가 할 일

내담자가 변화를 원하는지, 인생에 있어서 변화에 대한 의미를 탐색하려 하는지 결정한다. 탐색, 통찰단계와 마찬가지로 내담자와 협력한다.

① 탐색과 통찰에 근거하여 내담자가 어떤 행동을 취해야 할 것인가를 결정하도록 돕는다. 즉, 내담자들이 가능한 새로운 행동을 탐색할 수 있도록 용기를 준다.
② 상담자는 행동을 위한 발전 방법을 용이하게 한다.
③ 상담자는 시도된 변화에 관한 피드백을 제공한다.
④ 상담자는 변화를 측정하고 행동계획들을 수정하도록 내담자를 돕는다.
⑤ 상담자는 변화에 관한 감정의 과정을 돕는다.

(5) 실행단계에서 사용되는 기술들

실행단계에서 자주 사용되는 기술들은 탐색과 통찰단계에서도 사용되는 것들이지만 첫째로 쓰이는 효과적인 기술은 정보주기(상담 과정에 대한 자료, 의견)와 직접적인 안내(조언과 지시)이다. 이때 중재의 결과 혹은 진행의 기술들을 조합하는 것이 요구된다(Egan, 2008).

제3절 상담의 기술

상담에서의 내담자와의 촉진적 관계형성과 문제해결을 위한 기본적인 상담의 기술들을 살펴보면 다음과 같다(Egan, 2005).

1. 경청하기 – 관심 기울이기

경청이란 남의 말을 주의 깊게 열심히 듣는 것이다. 내담자를 보지 않으면서도 면담에 적극적으로 참여하는 것이다. 적극적 경청은 효과적으로 내담자를 상담과정에 참여하게 하고, 또 자신의 이야기에 대하여 책임을 갖고 임하게 하며 통찰의 기회를 제공한다. 내담자의 말과 행동에 경청하는 것은 상담을 성공적으로 이끄는 주요 요인이 된다. 따라서 내담자가 자기의 생각이나 감정을 자유롭게 표현할 수 있도록 북돋아 주고 상담에 대한 책임감을 느끼게 하는 중요한 상담기법으로 효과를 발휘하게 한다. 효과적인 경청은 내담자에게 소리의 반응을 통해 상담자가 내담자의 이야기를 놓치지 않고 듣고 있음을 알려주어 내담자로 하여금 자신의 이야기가 존중되고 있음을 느끼도록 듣는 자세이다.

1) 내담자의 비언어적 반응에 대한 감지

내담자의 언어적 반응뿐만 아니라 비언어적인 반응도 내담자의 심리상태를 나타낸다. 내담자를 관찰하여 정확하게 내담자의 심리상태를 파악하기 위해 예민한 관찰력과 풍부한 대인관계가 필요하다.

2) 내담자에 대한 언어적 관심 기울이기

(1) 단순 음성 반응

"그래요", "아", "...으음". "예", "...저런", "어쩌나", "그러셨겠네요" 등 단순한 반응만으로도 내담자에 대하여 관심을 기울이고 있다는 표현을 할 수 있다.

(2) 면접기법의 사용

부연, 반영, 요약, 공감 등의 면접기법을 적절하게 사용한다면 내담자는 상담자가 자기의 말에 관심을 기울이고 있구나라고 느끼게 된다.

2. 반영하기

사실 확인 반영, 감정 확인 반영, 태도 확인 반영, 원함 확인 반영 등을 들 수 있다. 반영이란 내담자에 의해서 표현된 주요 내용과 태도를 거울로 되비추어 주듯 상담자의 언어로 다시 부연해 확인시켜 되돌려 주는 것이다. 반영의 기술에는 내담자가 진술한 내용에 대한 사실 확인의 반영기법과 사건을 기술하는 언어기술에 대한 태도의 반영, 그 내용의 밑바탕에 흐르고 있는 감정을 파악해 읽어주는 감정 확인의 반영기법으로 나누어 설명될 수 있다. 내담자의 감정은 표면감정과 내면감정이 있는데 상담자는 내면적 감정과 욕구, 원함을 정확히 파악하여 내담자에게 전달해 주어야 한다(이장호 외, 1992).

반영 시 주의할 점은 첫째, 반영은 내담자의 표현의 범위 내에서 이루어져야 한다.

둘째, 내담자가 한 말을 그대로 다시 반복하는 형식의 반영은 될 수 있으면 피한다.

셋째, 내담자의 감정을 잘 파악하고 일상적이고 구체적인 용어를 사용한다.

넷째, 내담자가 말을 하는 도중에 중단하고 반영할 수 있으나 이러한 경우 각별한 주의를 필요로 한다.

3. 공감하기 – 공감적으로 이해하기

1) 공감의 정의

다른 사람의 사적인 지각 세계에 들어가서 거기서 철저히 거한다는 것을 뜻한다. 이는 순간순간 이 사람 속에 흐르는 느껴진 의미의 변화와 두려움, 분노, 상냥함, 혼란, 또는 그가 경험하는 모든 것에 민감하게 대응하는 것을 포함한다. 이는 일시적으로 그 사람의 삶을 살며, 판단하지 않고 그 속에서 부드럽고 섬세하게 옮아 다니면서, 그가 거의 인식하지 못하는 의미까지도 감지하는 것을 말한다. 그러나 이것이 너무 위협적일 때는 그가 완전히 인식하지 못한 느낌을 드러내지 않으려고 할 수 있다. 이는 그 개인이 두려워하는 요소를 겁먹지 않은 눈으로 바라보면서 상담자가 감지한 그의 세계를 전달해 주는 것도 포함한다(Rogers, 2007).

2) 공감적 이해

자신이 직접 경험하지 않고도 다른 사람의 감정을 거의 같은 내용과 수준으로 이해하는 것이다. 공감적이라는 것은 내담자가 말하는 것(관찰될 수 있는 것)으로부터 그의 감정, 태도 및 신념(잘 관찰할 수 없는 것)에 대하여 정확하게 의미를 포착하는 것이라고 풀이할 수 있다. 즉, 공감하는 상담자는 내담자가 표현한 말 뿐 아니라 그 밑에 깔려있는 중요한 감정, 태도, 신념 및 가치 기준을 포착하여야 하며 이를 내담자와 의사소통이 되도록 하여야 한다. 다시 말해 상담자는 내담자를 이해하기 위하여 내담자의 현상세계에 초점을 맞추어야 함을 의미한다. 상대의 말을 적극적으로 경청하고 공감적으로 반응하면 그 상대는 스스로 자율성을 찾게 되고 기능성을 발휘하게 된다.

3) 공감에서의 주의사항

- 일부만 듣고 성급하게 판단하거나 내담자가 말하는 도중에 끼어들지 않는다.
- 내담자보다 말을 많이 하거나 질문을 많이 하지 않는다.
- 사건 중심이 아니라 사람을 중심으로 보며 판에 박힌 듯이 공감하지 않는다.
- 지나치게 자기개방을 하지 않는다.
- 상담자가 내담자에게 반드시 필요한 존재가 되어야 한다는 욕구를 버린다.

4. 수용

'수용(acceptance)' 이란 '예 예', '으음', '그래서요'와 같이 짧은 문구로 표현되는 상담자의 반응을 말한다. 상담자의 이러한 반응은 상담자가 내담자에게 주의를 기울이고 있으며 내담자의 말을 받아들이고 있다는 것을 의미하기 때문에 상담에 대한 내담자의 참여를 증진시켜 준다. 수용은 상담 전반에 걸쳐서 이루어지며 내담자의 제스처, 목소리 크기, 말의 속도, 손놀림과 내담자가 사용하는 주요 단어, 구를 맞추어 가면서 친근감과 편안함을 느낄 수 있도록 하며 상담관계를 고려할 때 이는 상담 초기에 보다 적극적으로 이루어질 필요가 있다. 사람이 이야기할 때 자신이 선호하는 지각양식에 일치하는 감각에 특정적인 단어를 사용하는 경향이 있다. 내담자가 감각체계를 알면 그 감각체계와 관련된 것으로 바꾸어 편안하고 친밀한 상담관계를 형성할 수 있다. 내담자가 하는 비언어적 단서뿐만 아니라 선호하는 감각단어인 언어적 반응까지 일치시키면 훨씬 더 신뢰감을 줄 수 있다.

5. 명료화

명료화는 내담자의 실제반응에서 나타난 감정 또는 생각 속에 암시되었거나 내포된 관계와 의미를 내담자에게 보다 분명하게 말해 주는 것이다. 즉 어떤 중요한 문제의 밑바닥에 깔려있는 혼돈되고 갈등적인 느낌을 가려내어 분명히 해주는 대화 기술이다.

6. 요약하기 – 단락 짓기, 정리하기

'요약'이란 내담자의 생각이나 감정, 욕구, 기대를 하나로 묶어 정리하는 것이다. 즉 요약이란 상담과정에서 나온 대화의 내용과 감정들의 요체, 그리고 일반적인 줄거리를 잡아내는 작업이다. 요약은 상담이 어디로 진행되고 있으며 현재 어디에 위치하고 있는지를 내담자에게 알려 줌으로써 내담자가 상담을 보다 객관적으로 파악하게 하고, 내담자의 문제에 대한 이해의 실마리를 제공해 준다. 요약은 내담자에게 상담자가 문제에 대하여 주목하고 있다는 것을 알려 주는 계기가 되기 때문에 내담자가 상담에 참여하는 동기를 강화할 수 있으며 내담자가 미처 의식하지 못한 면을 학습시키고 문제해결의 과정을 밝히며 자신의 생각과 느낌을 탐색하도록 할 뿐만 아니라 새로운 해결책을 강구할 수 있게 한다. 그러나 요약하는 과정에서 다음과 같은 사항은 주의하여야 한다.

1) 주기적으로 요약한다.

면접 초기와 각 회기의 끝 무렵에는 가능하면 이전 회기나 금번 회기 면담 내용을 간략하게 요약하도록 한다. 이는 상담의 연속성을 유지하는데 도움을 준다.

2) 초기에는 섣부른 요약을 하지 않는다.

상담 초기에 섣부른 요약은 내담자가 급하다고 느끼는 화제의 표현을 막을 수 있다는 점에서 주의가 필요하다.

3) 해석을 요약한다.

요약은 상담의 전체 줄거리를 잡는 작업이지만, 요약의 주요 대상은 내담자의 표현 중에서 중요하다고 판단되는 내용과 감정이다.

4) 상담자의 새로운 견해를 추가하지 않는다.

요약은 내담자가 표현한 범위 내에서만 이루어져야 한다. 특히 내담자와 논의하지 않았음에도 상담자가 이론적인 추측으로 요약하는 것은 금물이다.

5) 대개의 요약은 상담자에 의해 이루어진다.

내담자에 의한 요약은 내담자가 문제를 어느 정도 이해하고 있는지를 알게 해주며 상담에 대한 참여 정도를 향상시킬 수 있다는 점에서 권장된다.

7. 질문하기

1) 개방적 질문 / 폐쇄적 질문

길을 터주는 질문이라고도 불리는 '개방적 질문'은 내담자에게 답변할 수 있는 가능성을 최대한 열어 주는데 반해 폐쇄적 질문은 특정한 답변만을 하도록 유도한다. 또한, 개방적 질문은 내담자의 관점과 의견, 사고, 감정까지도 끌어내는데 반하여 폐쇄적인 질문은 오로지 명백한 사실만을 요구한다. 개방적 질문은 내담자가 표현할 수 있는 길을 열어 준다는 점에서 널리 활용된다.

2) 직접질문 / 간접질문

질문방법에는 '직접질문'과 '간접질문'이 있다. 말 그대로 간접질문이란 '넌지시 물어보는 것'임에 비해 직접질문은 '직선적으로 물어보는 것'이다. 간접질문은 말끝에 물음표가 없는데도 불구하고, 상대방은 질문에 답변하도록 요구받는 형태의 질문이다. 반면에 직접질문은 물음표가 붙으며 내담자의 분명한 답변을 요구하는 질문이다. 간접질문은 질문을 하면서도 질문 같은 느낌을 주지 않는다는 면에서 의의가 있다.

3) 이중질문 / 단일질문

'이중질문'은 내담자가 양자택일해야 하거나 최악의 경우에는 어느 질문에도 답을 하지 못하게 만드는 형식의 질문방식이다. 또한 상담자 쪽에서도 내담자의 답변이 어느 질문에 대한 것인지를 잘 알지 못하게 만든다. 만일 두 개의 질문이 동시에 주어진다면 두 개의 질문은 충족되기 어려울 것이다.

4) 구체적 질문 / 추상적 질문

내담자는 모호하거나 추상적인 질문에 대해 난감해 하거나 모호하게 답변할 수 있다.

8. 정보 제공

'정보 제공'이란 내담자에게 특정한 자료, 사실, 자원, 질문에 대한 대답, 의견을 제공하는 것으로 정의할 수 있다. 상담에서 정보를 제공하는 목적은 내담자가 자신의 행동과 사고, 감정을 변화시킬 수 있도록 교육하고, 가르치고, 지시하는 것이다. 내담자들은 때때로 사안을 결정하고, 행동을 실행하며, 그들이 필요로 하는 것을 어떻게 획득할 수 있는지, 계획을 어떻게 실행해야 하는지에 대한 지식이나 방법을 알 필요가 있다. 이러한 정보의 제공은 첫째, 내담자가 정보를 필요로 한다거나, 둘째, 정보를 받아들일 준비가 되어 있거나, 셋째, 상담자에 대한 내담자의 질문이 현실적으로 타당하다고 판단될 경우, 상담자는 세심한 배려 속에서 문제해결과 관련된 정보를 제공한다. 정보 제공은 주로 실행단계(문제해결 단계)에 이루어진다. 흥미로운 사실은 상담 장면에서 정보를 제공하는 일은 대단히 빈번하게 일어나며, 내담자들이 문제해결과 관련하여 다양한 정보를 상담자들로부터 제공받고자 하는 욕구가 대단히 높음에도 불구하고, 상담자들은 이런 사실을 별로 중요하지 않은 것으로 치부하는 경향이 많다는 것이다. 상담자가 내담자들의 정보 제공에 대한 다양한 욕구들을 있는 그대로 다루지 않고 대신에 내담자의 내면세계를 파악하는 일에 지나치게 많은 관심을 기울인다면 내담자는 지치기 쉬우며, 이는 상담 관계를 저해하는 요인이 될 수도 있다. 정보의 제공은 상담이 추구하는 중요한 문제해결의 방법이다. 따라서 상담자는 내담자가 원하는 다양한 정보를 제공하는 데 숙달된 능력을 구비할 필요가 있다.

9. 피드백

피드백은 내담자에게 그의 행동의 결과가 어떠한지에 관하여 정보를 제공해 주는 것이다. 내담자의 행동이 문제의 원인을 야기하는 경우, 피드백은 그러한 행동이 타인에게 미치는 영향을 깨닫게 한다. 상담 관계에서 피드백을 줄 때는 부정적인 피드백과 긍정적인 피드백도 주어야 한다. 피드백을 할 때는 상담자의 생각이나 느낌을 나타내는 데 그쳐야 하고, 내담자의 행동을 강제로 바꾸도록 하는 것은 바람직하지 못하다. 즉, 하나의 지각적 사실로 주어져야 하고, 도덕적 또는 가치판단이 개입되어서는 안 된다. 또한, 변화 가능한 행동에 대해 피드백을 주어야 하며, 가능하면 대안까지 마련해 주어야 한다.

10. 자기개방

상담자가 자신을 내담자에게 드러내는 것이 바람직하다는 근거는 많지만 드러내지 않는 것이 더 낫다는 근거 또한 없다. 상담자의 자기개방의 일부는 치료를 촉진하기도 하고 또 일부는 문제를 야기할 수도 있기 때문에 적절한 수준의 자기개방이 필요하다. 상담자의 자기개방에는 치료의 메커니즘, "지금-여기"의 감정, 상담자의 사생활이라는 3가지 영역에서 이루어질 수 있다.

제4절 상담의 실제

1. 탐색단계

1) 라포형성

파트너와 짝을 지어 한 사람은 내담자, 한 사람은 상담자 역할을 한다.

(1) 사진 선택하기(비지시적 접근)

내담자 역할은 펼쳐진 사진 중에서 대인관계와 관련하여 자신이 가지고 있는 또는 있었던 기억이나 문제를 떠오르게 하는 사진을 1장 선택한다.

(2) 질문하기(상담자)

- 사진을 선택한 이유가 무엇인가요?
- 사진이 어떤 기억이나 감정을 불러일으키나요?
- 어떤 장면이나 상황이었는지 구체적으로 말해 보실 수가 있을까요?
- 이야기를 하는 동안 느껴지는 지금 심정은 어떠한가요?
- 어떤 이유로 그런 문제가 생겼다고 생각하나요?

• 더 하고 싶은 말이 있나요?

사진 10-1. 문제 사진

진행과정 예 :

- 사진을 선택한 이유가 무엇인가요?
  남북전쟁의 사진을 가지고 왔다. 내가 상담하고 싶은 이야기는 부모님의 부부싸움에 관한 이야기인데, 부모가 싸우면 아이가 느끼는 스트레스는 전쟁을 겪는 사람들의 스트레스와 같다고 한다.
- 사진이 어떤 기억이나 감정을 불러일으키나요?
  그때의 부모님의 냉담한 분위기와 무섭기도 한 감정이 난다.
- 어떤 장면이나 상황이었는지 구체적으로 말해 보실 수가 있을까요?
  항상 추석이나 설날에 일어나는 일이였다. 이제는 많이 줄었지만 내가 어렸을 때는 정말 일 년에 2번 항상 연례행사처럼 싸움이 일어났는데 나는 그저 빨래가 되어서 포개어져 있던 옷을 그냥 빤히 보면서 시간을 버텼던 기억이난다.
- 이야기를 하는 동안 느껴지는 지금 심정은 어떠한가요?
  좀 슬프다. 어느 누구도 해결할 수 없는 상황이였고, 지금이야 일어나지 않게 내가 조절하겠지만 어렸을 때의 나의 모습은 무척 안쓰러웠다.
- 어떤 이유로 그런 문제가 생겼다고 생각하나요?
  서로의 가치관에 안맞는 문제 때문에 이런 일이 생겼다고 생각한다.
- 더 하고 싶은 말이 있나요?
  아니요.

2) 요약하기

내담자가 지금까지 한 내용을 2-3줄로 요약하여 말해주고 자신의 요약이 정확했는지 내담자에게 확인한다.

• 제가 맞게 이해했나요?

진행과정 예 :

- 제가 맞게 이해했나요?
  과거의 부부싸움으로 인한 어린 시절의 스트레스가 아직까지 강한 기억으로 남아있고, 지금은 조절이 가능하지만 슬픔을 가지고 있는 상황이다.

3) 공감하기

상담자 역할은 펼쳐진 사진 중에서 자신이 들은 내담자의 말이나 느낌, 상황에 대해 공감하는데 도움을 주는 사진을 1장 선택하여 사진을 통해 공감하도록 한다.

- 공감해주기

사진 10-2. 공감 사진

진행과정 예 :

이 사진은 역사책에 많이 나오는 한국 전쟁의 피난민의 모습입니다. 그때의 스트레스는 지금 말로 할 수 없을 정도로 강한 기억으로 남아 있다는 것은 잘 알고 있습니다.
하지만 이제는 역사로 남아 교과서에 실리는 것처럼 잊어서는 안되며 꼭 기억해야겠지만 중요한 것은 지나간 일이라는 겁니다. 앞으로의 상황에 있어서 다시는 그러한 일이 일어나지 않도록 많은 대화와 서로의 의견을 나눈다면 더 이상의 반복은 없겠죠.
그때의 스트레스의 강한 기억은 알겠으나 앞으로의 그런일이 일어나지 않도록 반복하고 노력하는 것이 중요한 것 같습니다.

☞ 역할 바꾸기

역할을 바꾸어 1)~3) 과정을 진행한다.

4) 소감 나누기

진행 과정을 통해 느낀 점이나 알아차린 점에 대해 집단원들과 나눈다.

5) 질문하기

(1) 사진 선택하기

관심이 가는 상징 사진을 1장 선택하여 개방형 질문/패쇄형 질문을 각각 5개 정도 만들어 본다.

사진 10-3. 상징 사진

개방형 질문 :
- 당신은 이 사진 속의 오리들이 어디로 가고 있는 거라고 생각합니까?
- 여긴 어디일 것 같아요?
- 이 장소를 보면 어떤 생각이 드나요?
- 지금 떠나고 싶은 강가가 있나요?

패쇄형 질문 :
- 이런 장소를 언제 어디서 방문했었나요?
- 누구랑 갔었나요?
- 그때의 마음은 어땠나요?
- 다시 가고 싶은 마음이 있나요?
- 다시 간다면 누구랑 가고 싶은가요?

▶질문 만들기 예)
- 개방형 질문 : 당신은 지난번 그 모임이 어떠셨어요?
- 패쇄형 질문 : 당신은 지난번 그 모임이 재미있었어요?

(2) 나누기

각자 작성한 질문들을 사진과 함께 나누고 집단원들은 질문에 대해 적절한 피드백을 한다.

2. 통찰단계

1) 직면 또는 통찰하기

(1) 사진 선택하기(지시적 접근)

상담자 역할은 연습 1에서 탐색한 대인관계에서의 내담자의 문제에 대해 어떤 부분을 직면 또는 통찰이 오도록 해야 할지 생각해보고 내담자가 직면이나 통찰을 하는데 도움을 줄 수 있는 사진을 1장 선택한다.

사진 10-4. 직면 사진

(2) 직면 또는 통찰하기(상담자)

- 자신의 문제와 관련하여 이 사진을 보면 어떤 생각이 드나요?
- 그렇게 생각하게 된 어떤 이유가 있나요?
- 문제가 발생하게 된 배경에 살펴보면 그런 문제가 발생하도록 한 자신의 역할은 무엇인 것 같아요?
- 사진에서 자신이 한 역할을 찾아본다면 어떤 부분일 것 같아요?
- 어떻게 해서 그 부분이 자신이 한 역할이라고 생각하나요?
- 상대방이 사진의 그 부분에 대해 말을 한다면 어떤 말을 할 것 같은가요?
- 이 과정을 통해 알아차린 점이 있다면 무엇인가요?

진행과정 예 :

- 자신의 문제와 관련하여 이 사진을 보면 어떤 생각이 드나요?
  화목한 가정의 모습이 보이며 부러움을 느낀다.
- 그렇게 생각하게 된 어떤 이유가 있나요?
  물론 지금은 아무런 문제가 없지만 그때의 냉담한 집안 분위기가 참 견디기 힘들었는데 화목한 모습을 보면서 저렇게 대화를 통해 문제를 해결했다면 참 좋았겠다 라고 생각이 든다.
- 문제가 발생하게 된 배경을 살펴보면 그런 문제가 발생하도록 한 자신의 역할은 무엇인 것 같아요?
  나의 문제는 없다고 본다.
- 사진에서 자신이 한 역할을 찾아본다면 어떤 부분일 것 같아요?
  웃고 있는 아이처럼 부모가 우리에게 무언가를 좋은 것을 보여주려고 하는 것처럼 사랑받는 역할이 중요하다고 본다.
- 어떻게 해서 그 부분이 자신이 한 역할이라고 생각하나요?
  결국 내가 남아있기에 가정이 지켜졌다고 생각이 든다.

- 상대방이 사진의 그 부분에 대해 말을 한다면 어떤 말을 할 것 같은가요?
  대화만 한다면 화를 내지 않는다면 충분히 해결할 수 있다.
- 이 과정을 통해 알아차린 점이 있다면 무엇인가요?
  어떠한 다른 예시보다 사진 속에서 좋은 점을 찾는 과정이 생각을 많게 해주고 스스로가 해결방안을 찾게 하는 과정이 좋은 것 같다.

2) 알아차리기

이 과정을 통해 내담자 역할이 알아차린 점이 무엇인지 요약하여 말한다.

알아차차린점 예 :

내담자 스스로가 해결방안을 찾고 생각하며 치유해 나가는 과정을 할 수 있게 유도하는 것이 중요한 것 같다.

3) 역할 바꾸기

역할을 바꾸어 (1)-(2) 과정을 진행한다.

4) 나누기

진행과정 동안 느낀 점에 대해 집단원들과 나눈다.

3. 실행단계

1) 해결방법 찾아보기

(1) 사진 선택하기(내담자)

자신의 문제가 해결되었다면 그 결과를 보여줄 수 있는 사진을 1장 선택한다.

사진 10-5. 해결 결과 사진

(2) 질문하기(상담자)

- 사진을 선택한 이유가 무엇인가요?
- 사진의 어떤 부분이 자신의 문제가 해결되었는지를 보여주나요?
- 어떻게 하면 사진의 그 부분처럼 자신의 문제가 해결될 수 있을까요?
- 사진의 그 부분이 자신에게 말을 한다면 어떤 말을 할까요?

진행과정 예 :

- 사진을 선택한 이유가 무엇인가요?
  결국 가족은 떼어 낼 수 없다는 생각이 드는 가족사진으로 골랐다.
- 사진의 어떤 부분이 자신의 문제가 해결되었는지를 보여주나요?
  결국 다 같이 사진을 찍었듯이 우리 가족도 가족사진을 돈을 주고 크게 찍어 본적이 있다. 우리 가족은 그때의 기억을 가지고는 있지만 지금까지 가족이라는 이름으로 묶여있다.
- 어떻게 하면 사진의 그 부분처럼 자신의 문제가 해결될 수 있을까요?
  많은 대화와 그때의 기억을 생각하며 스스로의 언행과 시간을 해결해 줄 것이다.
- 사진의 그 부분이 자신에게 말을 한다면 어떤 말을 할까요?
  너희 가족사진도 보여주라.

(3) 알아차린 점

이 과정을 통해 내담자 역할이 알아차린 점이 무엇인지 요약하여 말한다.

☞ 역할 바꾸기

역할을 바꾸어 (1)–(3) 과정을 진행한다.

(4) 나누기

진행과정 동안 느낀 점에 대해 집단원들과 나눈다.

2) 자원 찾기

(1) 사진 선택하기(내담자)

자신의 문제가 해결되는데 도움을 줄 것 같은 사진을 1장 선택한다.

사진 10-6. 도움을 주는 사진

(2) 질문하기(상담자)

- 사진을 선택한 이유가 무엇인가요?
- 사진의 어떤 부분이 자신의 문제를 해결하는데 도움을 줄 것 같은가요?
- 그 부분을 짧은 단어나 문구로 요약해 본다면 어떤 단어나 문구가 될까요?
- 자신이 찾은 짧은 단어나 문구를 자신의 문제에 적용해 본다면 문제가 해결될 수 있을까요?
- 문제해결을 위해 자신이 해야 할 대안이나 행동은 무엇인가요?

진행과정 예 :

- 사진을 선택한 이유가 무엇인가요?
  평화로운 오리의 모습이 마음에 큰 영향을 준다.
- 사진의 어떤 부분이 자신의 문제를 해결하는데 도움을 줄 것 같은가요?
  다정한 오리가족의 모습이 무척 보기 좋아 보인다. 이러한 부분을 부러워하며 이루어내려고 노력한다면 큰 도움이 될 것 같다.

- 그 부분을 짧은 단어나 문구로 요약해 본다면 어떤 단어나 문구가 될까요?
  다정한 가족의 모습을 멀리서 찾지 말자.
- 자신이 찾은 짧은 단어나 문구를 자신의 문제에 적용해 본다면 문제가 해결될 수 있을까요?
  멀리서 찾는 것이 아니라 내 가족과 대화를 한다면 문제해결에 큰 도움이 될 것 같다.
- 문제해결을 위해 자신이 해야 할 대안이나 행동은 무엇인가요?
  내가 먼저 나서서 대화를 주선하고 문제에 있어서 해결하려는 모습을 보여야 한다고 생각이 든다.

(3) 알아차린 점

이 과정을 통해 내담자 역할이 알아차린 점이 무엇인지 요약하여 말한다.

알아차린점 예 :

문제점을 파악하고 해결하기 위한 대안을 고민하고, 그 대안을 정확하게 설정하는 것이 중요한 것 같다.

☞ 역할 바꾸기

역할을 바꾸어 (1)–(3) 과정을 진행한다.

(4) 나누기

진행과정 동안 느낀 점에 대해 집단원들과 나눈다.

3) 종결하기

(1) 이야기 만들기(내담자)

자신이 선택한 4장의 사진을 펼쳐 놓고 전체적인 사진 스토리텔링을 한다.

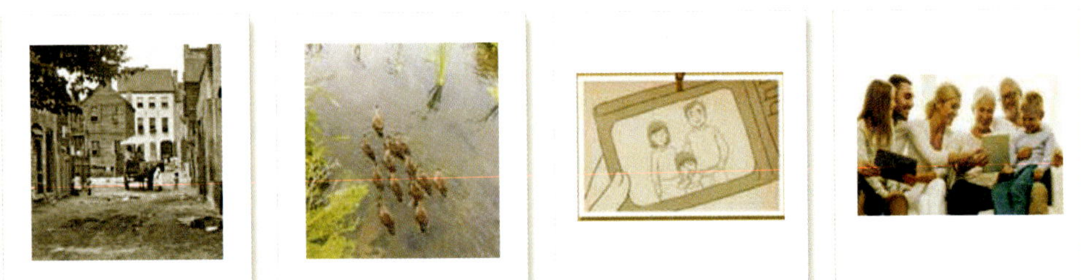

사진 10-7. 스토리텔링 사진

> **알아차린점 예 :**
>
> 어떠한 상황이든 가족이 주는 힘은 강하다. 의지하고 서로 유일하게 터 놓을 수 있으며 자신의 편이 될 수 있은 유일한 내편은 가족이라고 생각한다. 전쟁이 나서 모두가 서로를 피하더라도 오리처럼 다같이 같은 방향으로 나아가는 모습을 보여야 하며 자신의 모습을 사진으로 남겨 추억을 하며 그것을 보며 대화를 한다면 진정으로 서로 의지하는 가정의 모습을 가질 수 있다고 생각한다.

(2) 피드백 주기(상담자)

- 내담자의 문제 행동을 해결하는데 용기와 지지를 보낼 수 있는 사진을 1장 선택하고, 사진을 선택한 이유와 사진 속의 상징 등을 통해 내담자를 지지하고 격려하도록 한다.

사진 10-8. 피드백 사진

> **피드백 주기 예 :**
>
> 언제나 볼 수 있는 푸른 하늘이지만 때때로 올려다 보면 새로운 모습을 보여주는 하늘이다. 이러한 하늘을 유일하게 계속 볼 수 있는 관계가 가족이며 항상 기억해야 한다.

- 상담을 종결짓는다.

☞ 역할 바꾸기

역할을 바꾸어 (1)–(2) 과정을 진행한다.

(3) 나누기

전체적인 진행 과정 동안 느낀 점이나 소감 등을 집단원들과 나눈다.

참고문헌

김계현 외, (2011). 상담학 개론. 서울: 학지사.

이장호, 금명자, (1992). 상담연습교본. 서울: 법문사.

이형득 외, (1984). 상담의 이론적 접근. 서울: 영설출판사.

임은미 외, (2013). 인간발달과 상담. 서울: 학지사.

Egan, G., (2003). Essentials of Skilled Helping: Managing Problems, Developing Opportunities, 1st Edition. Egan 상담모델과 상담기술. (제석봉 역). 서울: 시그마프레스.

Egan, G., (2005). Exercises in helping Skills. 7/e. 상담기술 연습서. (서미진 역), 서울: 시그마프레스.

Mearns, D., & Thorne, B., (2012). Person-centered Counselling in Action (3rd. ed.) (주은선 역). 인간중심 상담의 임상적 적용. 서울: 학지사. (Original work published 2007).

Rogers, C. R., (2007). The way of being (오제은 역). 칼 로저스의 사람-중심 상담. 서울: 학지사. (Original work published 1980).

Seligman, L., & Reichenberg, L. W., (2014). Theories of Counseling and Psychotherapy: systems, strategies, and skills, 4th Edition. (김영혜 외 역). 상담 및 심리치료의 이론. 서울: 시그마프레스.

Sharp, R. S., (2013). Theories of psychotherapy and counseling: Concepts and cases (5th ed.) (천성문 외 역). 심리치료와 상담이론: 개념 및 사례. 서울: 박영사. (Original work published 2012).

찾아보기

그림/사진 차례

예술치료의 이론과 실제 값 25,000원

2021년 2월 25일 제1판 1쇄 발행
2021년 11월 15일 개정판 1쇄 발행
2023년 6월 15일 개정판 2쇄 발행

저 자 : 김 선 명 · 김 준 형
발행인 : 주 영 일
발행처 : **계 축 문 화 사**

서울특별시 종로구 통일로12길 16-17
우편번호 : 03029
TEL : 735-2257 · 738-9746
FAX : 723-9025
E-mail : gyechuk@hanmail.net
홈페이지 : http://gyechuk.co.kr
1973. 10. 31 등록번호 제300-1973-8호
ISBN 978-89-5629-655-5 03180